Nicky Cruz · Flieh, Kleiner, flieh

NICKY CRUZ

mit Jamie Buckingham

FLIEH, KLEINER, FLIEH

CHRISTLICHE VERLAGSANSTALT KONSTANZ

KONSTANZER TASCHENBUCH NR. 55

Die amerikanische Originalausgabe erschien unter dem Titel RUN BABY RUN by Logos, Plainfield, New Jersey. Copyright © 1968 by Nicky Cruz and Jamie Buckingham. All rights reserved. Aus dem Amerikanischen übertragen von Hans-Georg Noack.

59. – 63. Tausend 1985
Deutsches © Christliche Verlagsanstalt Konstanz
Schutzumschlagentwurf: Werner G. Krüger Leinfelden
Satz: MZ-Verlagsdruckerei Memmingen
Druck: Jacob Druck GmbH Konstanz
Bindearbeiten: Christliche Verlagsanstalt Konstanz
Printed in Germany
ISBN 3 7673 7055 7

Die Geschichte des jungen Nicky Cruz ist bemerkenswert. Sie umschließt alle Elemente der Tragödie, der Gewalt, der Intrige — dazu das wichtigste aller Elemente: die Macht des Evangeliums von Jesus Christus.

Die ersten Kapitel bilden den dunklen, drohenden Hintergrund, vor dem die Entwicklung sich vollzieht.

Nicky ist ein junger Mann, und heute übt er einen mächtigen Einfluß auf große Teile der Jugend in den Vereinigten Staaten aus. Die Erwachsenengeneration kann die Jugend mit ihren drängenden Problemen des zwanzigsten Jahrhunderts nicht mehr länger übergehen. Diese Jugend sucht einen Sinn. Sie ist nicht durch unsere veralteten sozialen Tabus abgeschirmt. Sie drängt nach Aufrichtigkeit in der Religion, nach Ehrlichkeit in der Politik, nach Fairneß für die Notleidenden. An diesen jungen Menschen, die schon 1970 die Erwachsenen in der Zahl übertreffen werden, ist ermutigend, daß sie verzweifelt nach Antworten suchen. Bei meinen Kontakten mit Tausenden von jungen Menschen an den Schulen und Universitäten bin ich immer wieder von ihrem Verlangen nach Wahrheit, nach Wirklichkeit und nach ehrlichen Antworten beeindruckt. Viele dieser Jungen verlangen stürmisch nach Gerechtigkeit in unserer Gesellschaft, und das ist gut so. Einige von ihnen werden von den Predigern der Gewalt beeinflußt und lassen sich leicht in Aufruhr und Aufstand hineinziehen. Nicky Cruz ist ein leuchtendes Beispiel dafür, daß die unruhige Jugend in Christus Sinn und Ziel finden kann.

Bei unseren Kreuzzugsveranstaltungen sind fast die Hälfte der Zuhörer noch keine 25 Jahre alt. Sie kommen nicht, weil sie uns verspotten wollen, sondern weil sie aufrichtig nach der Wahrheit suchen; und Hunderte von ihnen folgen dem Ruf Christi.

Dieses Buch bietet eine erregende Geschichte! Ich hoffe, daß es viel gelesen werde, und daß jene, die es lesen, erfahren, daß Christus es war, der das leere, ruhelose Herz des Nicky Cruz verwandelte und ihn zu einer legendären christlichen Figur unserer Zeit werden ließ.

BILLY GRAHAM

Niemand kümmert sich um mich

„Haltet den verrückten Kerl fest!" schrie jemand.

Die Tür der Panam-Constellation hatte sich gerade geöffnet, und ich rannte die Stufen hinunter zu den Ankunftsschaltern des Idlewild-Flughafens in New York. Es war am 4. Januar 1955, und der kalte Wind biß mir in Wangen und Ohren.

Erst wenige Stunden zuvor hatte mich mein Vater in San Juan zum Flugzeug gebracht: einen rebellischen, verbitterten, 15jährigen Puertoricaner. Man hatte mich der Aufsicht des Piloten anvertraut und mir eingeschärft, an Bord der Maschine zu bleiben, bis mich mein Bruder Frank in Empfang nahm. Sobald aber die Tür geöffnet wurde, wischte ich als erster hinaus und rannte quer über das Rollfeld.

Drei Männer stürzten sich auf mich und drängten mich an die Eisenkette neben dem Tor. Der eiskalte Wind pfiff durch meine dünne Tropenkleidung, während ich versuchte, mich zu befreien. Ein Pförtner packte meinen Arm, und die drei anderen Männer kehrten an ihre Arbeit zurück. Für mich war es ein Spiel. Ich sah dem Pförtner grinsend ins Gesicht.

„Was fällt dir eigentlich ein, du verrückter Puertoricaner?" brummte er mich an.

Mir verging das Lachen, als ich den Haß in seiner Stimme hörte. Seine dicken Backen glühten vor Kälte, und seine Augen tränten vom Wind. Zwischen den Lippen hielt er einen kalten Zigarrenstummel. Ich fühlte, wie sich mein ganzer Körper spannte. Es war derselbe Haß, den ich gegen Vater und Mutter, gegen die Lehrer und gegen die Polizei von Puerto Rico empfunden hatte. Haß! Ich versuchte angestrengt, mich aus dem Griff des Mannes zu befreien, doch er hielt meinen Arm wie mit einer Zange umspannt.

„Los, Junge! Zurück zum Flugzeug!" Ich sah ihn an und spuckte aus.

„Schwein!" schnarrte er. „Du dreckiges Schwein!" Er lockerte den Griff an meinem Arm und wollte meinen Nacken fassen, ich tauchte unter seinem Arm hindurch, sprang durch das offene Tor und stand im Inneren des Flughafengebäudes.

Hinter mir hörte ich Stimmen und eilige Schritte. Ich lief durch den langen Gang, wand mich um die Menschen herum, die zu den Maschinen gingen. Plötzlich war ich in einer weiten Halle, sah eine Tür, lief hindurch und stand auf der Straße.

Ein Omnibus wartete mit laufendem Motor und offener Tür am Straßenrand. Leute stiegen ein, und ich drängte mich in ihre Reihe. Der Fahrer hielt mich am Ärmel fest und verlangte das Fahrgeld. Ich zuckte die Achseln und antwortete auf Spanisch. Er schob mich unwillig beiseite und hatte zuviel zu tun, um sich lange mit einem Jungen aufzuhalten, der nicht einmal richtig Englisch verstand. Während er seine Aufmerksamkeit einer Frau zuwandte, die mit ihrer Geldbörse nicht zurechtkam, zog ich den Kopf ein und schlich mich an ihrem Rücken vorbei in den Bus. Ein Blick über die Schulter sagte mir, daß der Fahrer mich nicht bemerkt hatte; ich schob mich weiter nach hinten und setzte mich auf einen Fensterplatz.

Als der Bus anfuhr, sah ich den dicken Pförtner keuchend auf der Straße stehen und nach allen Seiten Ausschau halten. Ich konnte der Versuchung nicht widerstehen, ans Fenster zu klopfen und dem Mann zuzuwinken. Ich hatte es geschafft!

Dann ließ ich mich in den Sitz zurücksinken, stemmte die Knie gegen den Vordersitz und legte die Stirn gegen das schmutzige Fenster.

Der Bus bahnte sich seinen Weg durch den dichten New Yorker Verkehr bis zur Stadtmitte. Schnee und Matsch bedeckten Fahrbahn und Bürgersteige. Bisher hatte ich mir den Schnee immer sauber und wunderschön vorgestellt — als etwas, das sich meilenweit über ein märchenhaftes Land erstreckte. Aber hier war er wie klebriger Schlamm. Mein Atem beschlug das Fenster, und ich malte mit dem Finger einen kreisrunden Kopf.

Ich dachte an gestern zurück. Da hatte ich noch am Hügel vor unserem Haus gestanden. Ich erinnerte mich an das grüne Gras unter meinen Füßen, das von bunten Blüten

9

gesprenkelt war. Die Felder senkten sich sanft zum Dorf hinunter. Ich erinnerte mich an den leisen Windhauch an meiner Wange und an die Sonnenwärme auf meinem bloßen, gebräunten Rücken.

Puerto Rico ist ein wunderbares Land voller Sonnenschein und barfüßiger Kinder. Es ist ein Land, in dem die Männer keine Hemden tragen und die Frauen müßig durch die Sonne schlendern. Tag und Nacht sind dort die Klänge der Trommeln und Gitarren zu hören. Es ist das Land des Gesangs, der Blumen, der lachenden Kinder und des azurblauen Wassers.

Aber es ist auch ein Land der Unwissenheit, des Aberglaubens und der Zauberei. In der Dunkelheit dröhnt der Trommelklang über die palmenbedeckten Berge, während die Zauberer an ihrer Arbeit sind und den Göttern opfern und im flackernden Feuerschein mit ihren Schlangen tanzen.

Meine Eltern waren Geisterbeschwörer, die ihren Lebensunterhalt damit verdienten, daß sie Dämonen austrieben und Verbindungen zu den Geistern Verstorbener herstellten. Papa war einer der gefürchtetsten Männer der Insel. Er war über einen Meter achtzig groß und sehr breitschultrig. Darum nannten ihn die Inselbewohner den Großen. Im zweiten Weltkrieg war er verwundet worden. Deshalb bekam er eine Rente von der Regierung. Aber zur Familie gehörten siebzehn Jungen und ein Mädchen, und so wandte er sich nach dem Kriege wieder seinen Geistern zu, damit wir alle zu leben hatten.

Mama diente ihm als Medium. Unser Haus war das Hauptquartier für alle möglichen Zeremonien, Sitzungen und Zaubereien. Hunderte von Menschen kamen von der ganzen Insel, um an Geisterbeschwörungen und Meditationen teilzunehmen.

Von unserem großen Haus auf dem Hügel schlängelte sich ein Weg zum Dorf Las Piedras hinunter, das sich in das Tal kuschelte. Seine Bewohner kamen zu jeder Tages- und Nachtzeit den Pfad herauf, um das „Zauberhaus" aufzusuchen.

Papa war zwar der Oberste der Spiritisten, doch es gab auch noch viele andere, die unser Haus als Standquartier wählten. Manche blieben gleich wochenlang, um böse Geister zu beschwören und Teufel auszutreiben.

Im Vorderzimmer stand ein langer Tisch, an dem die Leute saßen, die in Verbindung mit den Geistern Verstorbener treten wollten. Papa war auf diesem Gebiet sehr bewandert und besaß eine Bibliothek über Zauberei und Geisterbeschwörung, die auf der ganzen Insel ihresgleichen suchte.

Eines frühen Morgens brachten zwei Männer eine von Dämonen besessene Frau zu uns. Mein Bruder Gene und ich stiegen aus den Betten und sahen durch einen Türspalt zu, wie die Männer die Frau auf den langen Tisch legten. Die Frau drehte und wand sich und stöhnte unaufhörlich, während die Männer zu beiden Seiten standen und sie festhielten. Mama saß zu ihren Füßen, hatte die Augen zur Decke erhoben und sang seltsame Worte. Papa ging in die Küche und kam mit einer kleinen schwarzen Urne zurück, in der Weihrauch brannte. Er hatte auch einen großen grünen Frosch, den er der Frau auf den Leib setzte. Dann hing er die Urne an einer dünnen Kette über ihren Kopf und verstreute ein Pulver über ihren sich krampfhaft windenden Leib.

Wir zitterten vor Angst, als er den bösen Geistern befahl, aus der Frau auszufahren und sich in den Froschleib zu begeben. Plötzlich warf die Frau den Kopf zurück und stieß einen schrillen Schrei aus. Der Frosch sprang mit einem Satz auf die Türschwelle. Die Frau stieß und schlug um sich, sie riß sich aus den Händen der Männer frei, rollte vom Tisch und fiel schwer zu Boden. Ihr Mund verzerrte sich, sie zerbiß sich die Zunge, blutiger Schaum stand auf ihren Lippen.

Endlich beruhigte sie sich und lag sehr still. Vater erklärte sie für geheilt, und die Männer gaben ihm Geld. Dann nahmen sie die Frau, trugen sie rückwärts aus der Tür und bedankten sich immer wieder bei Papa, den sie nur Wundermann nannten.

Meine frühe Kindheit war von Furcht und Abscheu erfüllt. Die große Familie bedeutete, daß jedem einzelnen Kind nur wenig Aufmerksamkeit geschenkt wurde. Ich fürchtete Papa und Mama, und ich mochte die Zauberei nicht, die täglich bei uns stattfand.

In dem Sommer, bevor ich zur Schule kam, sperrte Vater mich in den Taubenschlag. Es war spät am Abend, und er hatte mich erwischt, als ich der Mutter ein paar Münzen aus der Geldbörse gestohlen hatte. Ich wollte ausreißen, doch er packte mich am Nacken. „Fortlaufen kannst du nicht, Junge! Wer stiehlt, der muß auch den Preis dafür zahlen!"

„Ich hasse dich!" schrie ich ihn an.

Er hob mich vom Boden auf und schüttelte mich wie einen jungen Hund. „Ich will dich lehren, so mit deinem Vater zu reden!" fuhr er mich an. Dann nahm er mich wie einen Kornsack unter den Arm und ging quer über den dunklen Hof zum Taubenschlag. Ich hörte, daß er am Schloß hantierte und dann die Tür öffnete. „Hier kannst du bei den Vögeln bleiben, bis du dich gebessert hast!"

Er schob mich durch die Tür und schlug sie hinter mir zu. Dann ließ er mich in völliger Dunkelheit zurück. Ich hörte noch das Schloß einschnappen, und dann drang Papas Stimme durch die Ritzen in der Wand: „Und Abendessen kriegst du auch nicht!" Langsam entfernten sich seine Schritte.

Vor Angst war ich wie versteinert. Mit den Fäusten hämmerte ich gegen die Tür, stieß mit den Füßen dagegen, tobte und schrie. Plötzlich war der Stall vom Flügelschlag der aufgescheuchten Vögel erfüllt, die in der Dunkelheit gegen mich flogen. Ich schlug die Hände vor das Gesicht und schrie entsetzt, während die Vögel gegen die Wände flogen und mir in Gesicht und Nacken pickten. Endlich ließ ich mich auf den schmutzigen Boden fallen, vergrub den Kopf in den Händen und versuchte, meine Augen zu schützen und das Geräusch der schlagenden Flügel zu überhören.

Eine Ewigkeit schien vergangen zu sein, als Papa endlich die Tür öffnete, mich emporriß und auf den Hof zerrte.

„Beim nächstenmal denkst du daran, daß du nicht stehlen und dann auch noch freche Widerworte geben darfst!" sagte er streng. „Und nun wasch dich und geh zu Bett!"

An jenem Abend weinte ich mich in den Schlaf und träumte von den flatternden Vögeln, die mich umdrängten.

Ich lehnte Papa und Mama ebenso ab wie die Schule. Ich haßte jede Autorität. Und dann, als ich acht Jahre alt war, wandte ich mich völlig gegen meine Eltern. Es war an einem heißen Sommernachmittag. Mama und ein paar andere Frauen, die als Medien dienten, saßen am großen Tisch im Wohnzimmer und tranken Kaffee. Ich hatte genug mit meinen Brüdern gespielt, trat ins Wohnzimmer und prallte dabei einen Ball auf den Boden. Eine der Frauen sagte zu Mama: „Dein Nicky ist ein hübscher Junge! Er sieht dir sehr ähnlich. Bestimmt bist du sehr stolz auf ihn."

Mama sah mich starr an, dann begann sie, auf ihrem

Stuhl langsam vor- und rückwärts zu schwingen. Ihre Augen verdrehten sich, bis nur noch das Weiße zu sehen war. Die Arme hielt sie quer über den Tisch von sich gestreckt. Ihre Finger versteiften sich und zitterten, als sie langsam die Arme über den Kopf hob und in einem seltsamen Sing-Sang sagte: „Das ist nicht mein Sohn ... Nein, nicht Nicky ... Er ist es nie gewesen ... Er ist das Kind des größten aller Zauberer ... Nein, er ist nicht meiner ... Er ist ein Sohn Satans ... Ein Sohn des Teufels ..."

Ich ließ den Ball fallen, und er rollte durch das Zimmer. Langsam zog ich mich bis zur Wand zurück, während Mama in ihrer Trance weitersprach und ihre Stimme sich abwechselnd hob und senkte: „Nicht meiner ... Nicht meiner ... Die Hand des Teufels ist über seinem Leben ... Der Finger Satans berührt seinen Leib ... Der Finger Satans berührt seine Seele ... Er hat das Zeichen des Raubtiers im Herzen ... Nein, er ist nicht meiner ..."

Ich sah, daß ihr Tränen über die Wangen liefen. Plötzlich wandte sie sich mir mit weit aufgerissenen Augen zu und kreischte: „Hinaus mit dir, Teufel! Weg! Fort! Hinaus mit dir!"

Ich konnte mich vor Angst nicht rühren. Dann lief ich in mein Zimmer und warf mich aufs Bett. Die Gedanken stürzten durch meinen Kopf wie Wasserfälle durch eine schmale Schlucht: Nicht ihr Kind ... Sohn des Teufels ... Sie liebt mich nicht ... Keiner kümmert sich um mich ... Keiner ...

Dann kamen die Tränen, und ich weinte und stöhnte. Der Schmerz, den ich empfand, war unerträglich, und ich hämmerte mit den Fäusten auf das Bett, bis ich erschöpft war.

Haß überschwemmte meine Seele wie eine Sturzwelle

ein Korallenriff. Ich haßte meine Mutter. Ach, Gott, wie ich sie haßte! Ich wollte ihr wehtun, wollte sie quälen, es ihr heimzahlen. Ich riß die Tür auf und rannte schreiend in das Wohnzimmer. Die Frauen saßen noch immer beisammen. Ich schmetterte die Hände auf die Tischplatte und schrie. So besessen war ich von meinem Haß, daß ich ins Stottern geriet. Die Worte wollten mir nicht gehorchen. „Ich hasse dich!" Zitternd deutete ich auf Mama. „Ich hasse dich... Du wirst mir alles bezahlen, hörst du? Alles wirst du mir bezahlen!"

Zwei meiner jüngeren Brüder standen neugierig an der Tür. Ich stieß sie beiseite und stürzte ins Freie, sprang die Stufen hinunter und verkroch mich unter der Veranda, an dem schattigen, kühlen Platz, an dem ich mich schon so oft versteckt hatte. Während ich dort im pulvrigen Staub kauerte, hörte ich über mir die Frauen lachen, und die Stimme meiner Mutter klang über alle anderen hinweg, als sie rief: „Seht ihr? Ich hab's euch doch gesagt! Er ist ein Sohn Satans!"

Wie ich sie haßte! Ich wollte sie vernichten, wußte aber nicht wie. Ich weinte vor Enttäuschung. „Ich hasse dich! Ich hasse dich! Ich hasse dich!" schrie ich. Aber niemand hörte es. Niemand kümmerte sich um mich. In meiner Verzweiflung packte ich den Schmutz rundum mit den Fäusten und schleuderte ihn um mich. Er legte sich auf mein Gesicht und wurde zu Schlamm, während er sich mit den Tränen vermischte.

Endlich beruhigte ich mich. Auf dem Hof hörte ich die Geschwister spielen. Eines sang von Vögeln und Schmetterlingen. Aber ich fühlte mich allein, von allen verlassen. Ich wurde von Rachsucht gequält und war zugleich voller Furcht. Ich hörte, daß die Tür zum Taubenschlag geschlossen wurde, dann klangen Papas Schritte über den Kies, als er um das Haus herum und dann die Stufen hinaufging. Er blieb stehen und lugte durch eine Spalte. „Was machst du denn da unten, Junge?" Ich schwieg und hoffte, er würde mich nicht erkennen. Er zuckte die Achseln, ging weiter und schlug die Tür hinter sich zu.

Niemand kümmert sich um mich, dachte ich.

Drinnen hörte ich jetzt noch mehr Gelächter, als die Baßstimme meines Vaters sich mit denen der Frauen vermischte. Ich wußte, daß sie immer noch über mich lachten.

Wieder überflutete mich der Haß, wieder kamen die Tränen, und wieder schrie ich: „Ich hasse dich, Mama! Ich hasse dich!" Meine Stimme hallte im leeren Raum unter dem Haus wider.

In einem Zustand äußerster Verzweiflung ließ ich mich auf den Rücken niedersinken, rollte mich im Staub, der mich über und über einhüllte. Erschöpft schloß ich die Augen und weinte, bis ich in einen unruhigen Schlaf fiel.

Die Sonne war bereits untergegangen, als ich erwachte und unter der Veranda hervorkroch. Sand knirschte zwischen meinen Zähnen. Frösche quakten und Grillen zirpten, und ich fühlte kühlen Tau unter meinen bloßen Füßen.

Papa öffnete die Hintertür, und ein gelber Lichtstrahl fiel auf mich, als ich auf der untersten Treppenstufe stand. „Du Schwein!" schrie er mich an. „Was hattest du so lange da unten zu suchen? Sieh dich nur einmal an! Ferkel können wir hier nicht brauchen! Los, mach dich sauber, und dann komm zum Abendessen!"

Ich gehorchte. Doch während ich mich unter der Pumpe wusch, wußte ich, daß ich nun immer hassen würde. Ich wußte, daß ich niemals mehr lieben konnte. Keinen Menschen. Und ich wußte auch, daß ich niemals mehr weinen würde. Niemals. Für den Sohn des Teufels gab es nur noch Angst, Schmutz und Haß. Ich hatte meine Flucht begonnen.

Bei vielen puertoricanischen Familien ist es üblich, die Kinder nach New York zu schicken, sobald sie alt genug sind, um für sich selbst zu sorgen. Sechs meiner älteren Brüder waren schon dort, und alle waren verheiratet und hatten es irgendwie geschafft.

Aber ich war noch zu jung. Im Laufe der nächsten fünf Jahre hatten meine Eltern aber begriffen, daß auch ich nicht in Puerto Rico bleiben konnte. In der Schule war ich zum Rebellen geworden. Besonders mit kleineren Kindern suchte ich ständig Streit. Eines Tages schlug ich einem kleinen Mädchen mit einem Stein auf den Kopf. Dann stand ich da und sah unberührt zu, wie das Blut durch ihr Haar sickerte. Das Kind schrie und weinte, und ich stand lachend dabei.

An diesem Abend schlug mein Vater mir ins Gesicht, bis mein Mund blutete. „Blut für Blut!" schrie er.

Ich kaufte mir ein Luftgewehr, um damit Vögel zu schießen. Aber das Töten reichte nicht aus. Ich wollte ihre kleinen Leiber verstümmeln. Meine Brüder zogen sich von mir zurück, weil sie mein ungewöhnliches Verlangen nach Blut abschreckte.

In der 8. Klasse hatte ich Streit mit meinem Klassenlehrer. Er war ein großer, hagerer Mann. Eines Tages nannte ich ihn während des Unterrichts einen Nigger. In der Klasse wurde es still. Die anderen Kinder ließen ihre Arbeit sinken und spürten die Spannung in der Luft.

Der Lehrer kam durch die Klasse zu mir. „Weißt du was, mein Junge?" sagte er. „Du bist ein Großmaul!"

„Tut mir leid, Nigger", gab ich zurück. „Ich wollte nicht großmäulig sein."

Ehe ich mich rühren konnte, holte er mit seinem knochigen Arm aus, und ich spürte, wie meine Lippen unter dem Schlag gegen die Zähne schlugen. Ich schmeckte Blut in meinem Mund und fühlte es über das Kinn laufen.

Mit schwingenden Armen drang ich auf ihn ein. Er war ein Erwachsener, und ich wog damals noch keinen Zentner, doch ich war voller Wut, und das Blut erhöhte meine Erregung. Er drückte mir eine Hand gegen die Stirn und hielt mich mit dem ausgestreckten Arm von sich fern, während meine Fäuste hilflos in die Luft hämmerten.

Als ich die Hoffnungslosigkeit meiner Lage begriff, zog ich mich zurück. „Jetzt ist es genug, Nigger!" schrie ich ihn an. „Ich gehe zur Polizei!" Damit lief ich aus der Klasse.

Er lief mir nach und rief: „Warte doch! Es tut mir ja leid!" Aber ich war schon fort.

Ich ging nicht zur Polizei, sondern zu meinem Vater. Ihm erzählte ich, der Lehrer hätte versucht, mich umzubringen. Er war wütend, ging in das Haus, und als er wiederkam, steckte ein schwerer Revolver in seinem Gürtel. „Komm, Junge! Mal sehen, wer hier wen umbringt!"

Wir gingen wieder zur Schule. Ich konnte kaum mit Papa Schritt halten. Dabei freute ich mich die ganze Zeit darauf, diesen großen Lehrer zu sehen, wenn er dem Zorn meines Vaters begegnen mußte.

Aber der Lehrer war nicht in der Klasse. „Warte hier, Junge!" sagte mein Vater. „Ich spreche mit dem Direktor und kläre die Sache auf." Ich schrumpfte schon etwas zusammen, doch ich wartete.

Papa war lange im Büro des Direktors. Als er wieder herauskam, packte er mich beim Arm. „Ich glaube, mein

Junge, du wirst einiges zu erklären haben! Los, wir gehen nach Hause!"

Wieder gingen wir durch das kleine Dorf und dann den Pfad zum Haus hinauf. Vater zog mich am Arm hinter sich her. „Du dreckiger Lügner!" sagte er, als wir vor dem Haus standen. Er hob die Hand und wollte mich schlagen, doch ich duckte mich und lief wieder den Pfad abwärts.

„Ja, so ist es richtig!" schrie er mir nach. „Flieh, Kleiner, flieh! Du wirst schon wiederkommen, und dann erhältst du deine Tracht Prügel!"

Ich kam nach Hause, doch das war erst drei Tage später. Die Polizei griff mich an einer Straße auf, die in das innere Bergland führte. Ich bat die Beamten, sie sollten mich laufen lassen, doch sie brachten mich zu meinem Vater zurück. Und er hielt, was er versprochen hatte.

Doch ich würde wieder fliehen und immer wieder, bis ich einmal so weit fort war, daß niemand mich mehr zurückbringen konnte. In den nächsten zwei Jahren lief ich fünfmal fort. Jedesmal fand mich die Polizei und brachte mich heim. Endlich schrieben meine Eltern verzweifelt an meinen Bruder Frank und fragten ihn, ob ich nicht bei ihm wohnen könne. Er stimmte zu, und so wurden die Vorbereitungen für meine Abreise getroffen.

Am Morgen meines Abflugs versammelten sich alle Geschwister an der Haustür. Mutter drückte mich fest an sich und wollte etwas sagen, doch die Worte gehorchten ihr nicht. Ich empfand nichts für sie. Gleichgültig nahm ich meinen Koffer und stieg dann in den kleinen Lieferwagen, in dem Vater bereits wartete. Kein einziges Mal wandte ich mich um.

Bis zum Flughafen San Juan waren 45 Minuten zu fahren. Dort gab Papa mir mein Flugticket und steckte mir dann einen Zehn-Dollar-Schein in die Hand. „Ruf Frank an, sobald du in New York bist", sagte er. „Der Pilot wird sich um dich kümmern, bis dein Bruder kommt."

Er sah mich lange an, und er überragte mich hoch, während sein welliges krauses Haar im leichten Wind wehte. Für ihn muß ich sehr klein und mitleiderregend ausgesehen haben, wie ich dort mit meinem Pappkoffer in der Hand neben dem Tor stand. Seine Unterlippe zitterte, als er mir die Hand gab. Dann umschlang er mich plötzlich mit seinen langen Armen, zog mich an sich, und ich hörte ihn schluchzen: „Hijo mio" (mein Sohn).

Er ließ mich wieder los und sagte schnell: „Bleib ein guter Junge, kleiner Vogel." Ich wandte mich ab, rannte die Treppe hinauf und sicherte mir einen Fensterplatz.

Draußen konnte ich die große, einsame Gestalt meines Vaters sehen, des „Großen", der dort am Zaun stand. Einmal hob er die Hand, als wollte er winken, doch das machte ihn verlegen. Er wandte sich ab und ging schnell zum Lieferwagen zurück.

Wie hatte er mich genannt? „Kleiner Vogel." Ich erinnerte mich, daß Papa mich vor vielen Jahren manchmal so genannt hatte.

Er saß auf einem Schaukelstuhl auf der Veranda, rauchte seine Pfeife und erzählte mir von dem Vogel, der in Puerto Rico zur Legende geworden ist. Er hatte keine Beine und mußte sich deshalb immer auf seine Flügel verlassen. Papa sah mich traurig an. „So bist du auch, Nicky. Du bist ruhelos. Wie ein kleiner Vogel, der immer unterwegs sein muß." Langsam schüttelte er den Kopf, sah zum Himmel hinauf und blies eine Rauchwolke nach den Blättern, die vom Verandadach herabhingen.

„Der Vogel ist schmächtig und sehr leicht. Er wiegt nicht

mehr als eine Feder, und er fängt die leisesten Luftströmungen auf und schläft auf dem Wind. Immer ist er auf der Flucht. Er flieht vor den Falken, vor Adlern und Eulen, vor allen Raubvögeln. Er versteckt sich, indem er sich stets zwischen seinen Feinden und der Sonne hält. Wenn sie jemals höher hinaufsteigen als er, dann können sie ihn vor dem dunklen Hintergrund der Erde sehen. Aber seine kleinen Flügel sind durchsichtig wie das klare Wasser in der Lagune. Solange er sehr hoch fliegt, können sie ihn nicht sehen. Er ruht sich niemals aus."

Papa lehnte sich zurück und blies eine blaue Rauchwolke in die klare Luft. „Aber wie ißt er denn?" fragte ich.

„Er ißt im Flug", erwiderte Papa. Er sprach langsam und bedächtig, als sähe er das zierliche Tier vor sich. „Er fängt Insekten und Schmetterlinge. Er hat keine Beine, keine Füße, er muß immer weiterfliegen."

Die Geschichte faszinierte mich. „Aber wenn nun schlechtes Wetter ist?" fragte ich. „Wenn die Sonne nicht scheint, was dann? Wie kann er dann seinen Feinden entkommen?"

„Bei schlechtem Wetter fliegt er so hoch, daß niemand ihn mehr sehen kann, Nicky", sagte Vater. „Nur ein einziges Mal hört er auf zu fliegen. Nur einmal kommt er zur Erde. Das ist, wenn er stirbt. Wenn er einmal die Erde berührt hat, kann er nie mehr fliehen."

Papa klopfte mir auf den Hosenboden und schob mich vom Hause fort. „Los, kleiner Vogel! Flieg fort! Dein Vater wird dich rufen, wenn es genug ist."

Ich lief über die Wiese und schwang die Arme, als wollte ich fliegen. Aber aus irgendeinem Grunde, den ich nicht begriff, war ich niemals schnell genug, um mich in die Luft zu erheben.

Die Motoren des Flugzeugs husteten, stießen schwarzen

Rauch aus und erwachten zu brüllendem Leben. Endlich sollte ich fliegen! Ich war unterwegs ...

Der Omnibus hielt an. Draußen flackerten und glitzerten bunte Lampen und Reklameschriften in die kalte Dunkelheit. Der Mann auf der anderen Seite des Mittelganges stand auf, um auszusteigen. Ich folgte ihm durch die Hintertür. Hinter mir schloß sich die Tür zischend, und der Omnibus verschwand hinter der nächsten Straßenecke. Ich war allein inmitten von acht Millionen Menschen.

Ich nahm eine Handvoll von dem schmutzigen Schnee auf und wischte die harte Kruste ab. Da war er: funkelnd weiß und rein. Ich wollte ihn in den Mund stecken und essen, doch während ich ihn noch ansah, zeigten sich winzige schwarze Flecken auf dem blendenden Weiß. Plötzlich merkte ich, daß die Luft voll war vom Ruß der Schornsteine ringsum, und der Schnee sah bald aus wie ein Hüttenkäse, der mit schwarzem Pfeffer durchsetzt ist.

Ich warf ihn fort.

Zwei Tage strolchte ich durch die Stadt. In einer Seitenstraße fand ich einen alten Mantel, den jemand auf einen Müllkübel geworfen hatte. Die Ärmel reichten mir bis über die Hände, und der Saum schleifte über den Boden. Die Knöpfe fehlten, die Taschen waren zerrissen, doch der Mantel hielt mich warm. In dieser Nacht schlief ich, auf einem Sitz zusammengerollt, in der Untergrundbahn.

Am Ende des zweiten Tages hatte die Erregung sich verflüchtigt. Ich war hungrig und fror erbärmlich. Zweimal schon hatte ich versucht, Menschen anzusprechen und sie um Hilfe zu bitten. Der erste Mann übersah mich einfach. Er ging vorbei, als wäre ich gar nicht da. Der zweite Mann stieß mich zurück. „Hau ab, Kerl! Faß mich nicht mit deinen dreckigen Pfoten an!" Ich fürchtete mich und versuchte, meine Angst zu bezwingen.

Am Abend ging ich wieder durch die Straßen. Der lange Mantel schleifte über das Pflaster, den kleinen Koffer trug ich noch immer in der Hand. Leute wichen mir aus und sahen sich nach mir um, doch niemand schien mein Anblick zu kümmern. Sie sahen sich nur um und gingen weiter.

An diesem Abend gab ich die zehn Dollar aus, die Vater mir gegeben hatte. Ich betrat ein kleines Restaurant und bestellte ein heißes Würstchen, indem ich auf ein Bild deutete, das über der schmuddligen Theke hing. Ich schlang es herunter und erklärte dann, daß ich noch eines haben wollte. Der Mann hinter der Theke schüttelte den Kopf und streckte die Hand aus. Ich faßte in die Tasche und zog den zusammengefalteten Schein hervor. Der Mann wischte sich die Hände an der Schürze ab, entfaltete den Schein, strich ihn glatt und ließ ihn dann in seiner Tasche verschwinden. Dann brachte er mir noch ein heißes Würstchen mit Chilisoße. Als ich fertig war, hielt ich nach dem Mann Ausschau, doch er war in der Küche verschwunden. Ich nahm meinen Koffer und trat wieder auf die kalte Straße hinaus. Meine erste Erfahrung mit dem amerikanischen Geschäftsleben hatte ich hinter mir. Und woher sollte ich wissen, daß die Würstchen in Amerika nicht fünf Dollar das Stück kosten?

Ich ging die Straße abwärts und blieb vor einer Kirche stehen. Ein schweres Eisengitter versperrte die Tür und war mit einem Vorhängeschloß gesichert. Ich stand vor dem grauen Gebäude und sah zum Turm hinauf, der gegen den Himmel wies. Die kalten Steinwände und die dunklen Glasfenster schienen hinter dem Eisengitter Schutz zu suchen. Die Statue eines Mannes mit einem freundlichen Gesicht und traurigen Augen war hinter den Gitterstäben zu erkennen. Seine ausgestreckten Arme waren schneebedeckt. Aber er war eingeschlossen ... Und ich war ausgesperrt.

Ich schlurfte weiter durch die Straßen, weiter, weiter.

Die Panik meldete sich wieder. Es war jetzt fast Mitternacht, und ich zitterte nicht nur vor Kälte, sondern auch vor Angst. Immer noch hoffte ich, jemand würde stehenbleiben und mich fragen, ob er mir helfen könnte, wenn ich auch nicht wußte, was ich sagen wollte, wenn jemand mir Hilfe anböte. Aber ich war allein, verängstigt und verloren.

Eilige Menschen hasteten an mir vorüber und ließen mich zurück. Ich hatte noch nicht gewußt, daß man inmitten von Millionen Menschen allein sein kann. Einsamkeit, das hatte für mich bisher immer Verlorensein in einer Wüste oder auf einer einsamen Insel bedeutet. Aber das hier war die schlimmste von allen Einsamkeiten. Ich sah feingekleidete Menschen, die vom Theater heimkamen ... Alte Männer, die an ihren kleinen Ständen Zeitungen oder Obst verkauften ... Polizisten, die ihre Streifen zu zweit gingen ... Bürgersteige voller geschäftiger Menschen. Aber wenn ich in ihre Gesichter sah, dann schienen auch sie voller Einsamkeit zu sein. Niemand lachte. Niemand lächelte. Alle hatten es eilig.

Ich setzte mich auf den Bordstein und öffnete meinen kleinen Koffer. Dort war ein kleiner Zettel in Mamas Handschrift mit Franks Telefonnummer. Plötzlich spürte ich, daß mich etwas von hinten anstieß. Es war ein alter, klappriger Hund, der meinen riesigen Mantel beschnüffelte. Ich schlang ihm den Arm um den Hals und zog ihn an mich; er leckte mir die Wangen, und ich verbarg das Gesicht in seinem struppigen Fell.

Ich weiß nicht, wie lange ich dort saß und zitternd den

Hund streichelte. Als ich aber aufblickte, sah ich Stiefel und Beine von zwei Polizeibeamten vor mir. Ihre Stiefel waren naß und schmutzig. Der Hund witterte Gefahr und lief in langen Sätzen davon.

Einer der Polizisten tippte mir mit dem Gummiknüppel auf die Schulter. Der andere kniete neben mir auf dem Bürgersteig nieder. „Kann ich dir helfen, Kleiner?"

Ich nickte und zeigte den Zettel mit Franks Namen und Telefonnummer. „Bruder!" sagte ich. Er nickte, half mir auf die Füße und ging mit mir zur Telefonzelle hinter dem Zeitungsstand. Dann fingerte er eine Münze aus der Tasche und wählte die Nummer. Als Franks schläfrige Stimme sich meldete, gab er mir den Hörer. Eine knappe Stunde später war ich in Franks Wohnung in Sicherheit.

Die heiße Suppe schmeckte gut, und im sauberen Bett war es schön. Am nächsten Morgen erklärte mir Frank, ich sollte bei ihm bleiben, sie wollten sich um mich kümmern und mich auch zur Schule schicken. Aber irgend etwas in mir sagte, daß ich nicht bleiben würde. Ich hatte meine Flucht begonnen, und nichts konnte mich mehr aufhalten.

Im Dschungel der Schule

Zwei Monate blieb ich bei Frank und lernte, mit der englischen Sprache umzugehen. Aber ich war nicht froh, und meine inneren Spannungen trieben mich weiter.

In der ersten Woche meldete Frank mich in der 10. Klasse an. In der Schule gab es fast nur Neger und Puertoricaner, und sie wurde eher wie ein Erziehungsheim, nicht wie eine Schule geleitet. Die Lehrer hatten alle Hände voll zu tun, die Disziplin aufrechtzuerhalten, und sie kamen kaum zum Unterrichten. Die Schule war ein Haus der wilden Prügeleien, der Unmoral und der beständigen Auflehnung gegen jene, die Autorität in Händen hielten.

An jeder Schule in Brooklyn gab es mindestens zwei

oder drei Gangs. Sie bestanden aus Jungen und Mädchen bestimmter Wohngegenden. Oft waren sie untereinander verfeindet, was unvermeidlich zu heftigen Kämpfen führte.

Für mich war das ein ganz neues Erlebnis. Tag für Tag gab es in den Klassen oder auf den Korridoren Schlägereien. Ich drückte mich dann gegen die Wand und fürchtete, einer der größeren Jungen könnte es auf mich absehen. Nach dem Unterricht gab es jedesmal eine Prügelei auf dem Schulhof, bis irgendeiner blutig zurückblieb.

Frank warnte mich immer wieder davor, bei Dunkelheit auf die Straße zu gehen. „Die Gangs, Nicky! Die Gangs bringen dich um! In der Dunkelheit sind sie wie Wolfsrudel unterwegs, und sie töten jeden Fremden auf den Straßen!"

Bald lernte ich, daß ich nicht nur die Gangs zu fürchten hatte. Da war auch noch das kleine Volk — die Neun- und Zehnjährigen, die am Nachmittag die Straßen durchstreunten oder vor ihren heruntergekommenen Häusern spielten.

Als ich eines Nachmittags von der Schule heimging, stürmten etwa zwölf Kinder im Alter von acht bis zehn Jahren aus einem Hauseingang heraus und rannten mich fast um.

„He, ihr Kinder! Macht die Augen auf!"

Einer der kleinen Burschen fuhr herum und sagte: „Geh zur Hölle!" Ein anderer schlich sich hinter mich und kniete nieder, und ehe ich es noch bemerkt hatte, lag ich schon auf dem Rücken auf dem Pflaster. Ich wollte aufspringen, doch einer der Kerle packte meinen Fuß und fing an zu ziehen. Dabei schrien und lachten sie unaufhörlich.

Ich wurde böse, schlug zu und warf den Jungen, der mir am nächsten war, zu Boden. In diesem Augenblick hörte ich eine Frau kreischen. Ich blickte auf und sah sie im zweiten Stock aus einem Fenster lehnen. „Laß meinen Jungen in

27

Ruhe, du stinkender Lausejunge, sonst kriegst du's mit mir zu tun!"

Ich wünschte nichts sehnlicher, als möglichst weit von ihrem Jungen fort zu sein, denn jetzt fielen auch die anderen über mich her. Einer warf eine Colaflasche nach mir. Sie schlug neben meinem Kopf auf das Pflaster, und die Splitter überschütteten mein Gesicht.

Die Frau schrie immer lauter: „Laß meinen Jungen in Ruhe! Hilfe, Hilfe! Er will meinen Kleinen umbringen!"

Plötzlich tauchte eine Frau mit einem Besen in der Hand in der Haustür auf. Den Besen hoch über den Kopf erhoben, watete sie in die Flut der Kleinen hinein. Ich versuchte, mich seitwärts zu rollen, doch ihr Besen traf meinen Rücken. Ich rollte weiter, und der zweite Schlag traf meinen Kopf. Dabei schrie sie unaufhörlich, und ich bemerkte, daß jetzt noch mehr Frauen aus den Fenstern sahen und nach der Polizei riefen. Die dicke Frau traf mich ein drittes Mal, ehe ich auf die Beine kam und fortlaufen konnte. „Und wenn du noch einmal hier auftauchst und unsere Kinder störst, bringen wir dich um!" war das letzte, was ich von ihr hörte.

Am nächsten Nachmittag ging ich von der Schule auf einem Umweg nach Hause.

Eine Woche darauf hatte ich meinen ersten Zusammenstoß mit einer Gang. Auf dem Heimweg hatte ich mir Zeit gelassen und lungerte in einem Park herum und sah einem Mann zu, der einen sprechenden Papagei hatte. Ich tanzte um den Mann herum und sprach mit dem Papagei, bis der Mann plötzlich alles Interesse verlor, den Vogel gegen seine Brust drückte und gehen wollte. Ich blickte auf und sah, daß ungefähr fünfzehn Jungen im Halbkreis hinter mir standen. Diesmal war es kein kleines Volk. Es waren kräftige Burschen, die meisten größer als ich. Sie kreisten mich schnell ein, und einer der Jungen fragte: „He, Kleiner, worüber lachst du denn so?"

Ich deutete auf den Mann mit dem Papagei, der sich jetzt eilig aus dem Staub machte. „Über seinen verrückten Vogel lachte ich."

„Wohnst du hier in der Nähe?" fragte der Junge, dessen Gesicht hinterhältig und verschlagen wirkte.

Ich spürte, daß etwas faul war, und wurde unsicher. „Ich wohne bei meinem Bruder, ein Stück die Straße 'runter."

„Und du meinst, bloß weil du da unten wohnst, kannst du in unseren Park kommen und wie eine Hyäne lachen? Wie? Glaubst du das? Weißt du nicht, daß hier das Gebiet der Bischöfe ist? Wir dulden keine Fremden auf unserem Gebiet, klar? Und ganz besonders keine hergelaufenen Kerle, die wie Hyänen lachen!"

Ich sah mich um und wußte, daß sie es ernst meinten. Ehe ich noch antworten konnte, zog der Junge ein Messer aus der Tasche und ließ eine zwanzig Zentimeter lange, blitzende Klinge herausschnellen.

„Weißt du, was ich jetzt mache?" fragte er. „Ich schneide dir den Hals durch und lasse sich verbluten wie das Tier, dem du gleichst."

„He", stammelte ich. „Was ist denn los mit dir? Du kannst mir doch nicht den Hals durchschneiden!"

„Doch, kann ich. Du gefällst mir nämlich nicht, mußt du wissen", gab er zurück, richtete das Messer auf meinen Magen und kam auf mich zu.

Ein anderes Mitglied der Gang, ein langaufgeschossener farbiger Junge, mischte sich ein. „Ach was, Big Daddy, laß doch das Baby laufen! Es ist gerade erst aus Puerto Rico gekommen und hat noch keine Ahnung, was hier los ist."

29

Der Junge mit dem Messer gab nach. „Okay! Aber er wird bald wissen, was hier los ist. Und er soll sich gefälligst merken, daß er in unserem Gebiet nichts zu suchen hat."

Sie wandten sich um und gingen. Ich lief in die Wohnung zurück und dachte den Rest des Nachmittags nach.

Am nächsten Tag hatten einige Jungen aus der Schule von dem Zwischenfall im Park gehört. Ich erfuhr, daß der Kerl mit dem Messer Roberto hieß. Am Nachmittag spielten wir im Sportunterricht Baseball. Roberto schlug mich absichtlich zu Boden. Alle anderen Jungen fingen an zu schreien: „Auf ihn, Nicky! Spring ihn an! Zeig ihm, daß er halb so gefährlich ist, wenn er kein Messer hat! Los, Nicky! Wir halten zu dir! Auf ihn!"

Ich stand auf und klopfte mir den Staub ab. „Okay", sagte ich. „Wir wollen doch mal sehen, wie gut du mit den Fäusten bist!"

Wir stellten uns auf, und die anderen bildeten einen Kreis um uns. Ich hörte die aufgeregten Zurufe und wußte, daß die Zahl der Zuschauer wuchs.

Roberto grinste, weil ich die übliche Boxerstellung eingenommen und die Fäuste vor das Gesicht gehoben hatte. Er beugte sich vor und hob ungeschickt ebenfalls die Fäuste. Offensichtlich war er daran nicht gewöhnt. Ich tänzelte auf ihn zu, und ehe er sich noch bewegen konnte, traf ich ihn mit einem linken Haken. Blut spritzte aus seiner Nase, er trat einen Schritt zurück und sah überrascht aus. Ich ging auf ihn zu.

Plötzlich stürmte er mit gesenktem Kopf auf mich ein und warf mich rücklings zu Boden. Ich versuchte wieder auf die Beine zu kommen, doch er sprang auf meinen Rükken, zog meinen Kopf zurück und grub die Finger in meine Augen.

Ich dachte immer noch, die anderen Jungen würden sich einmischen und mir helfen, doch sie standen nur dabei und schrien.

Ich wußte nicht auf solche Art zu kämpfen. Bisher hatte ich mich immer an die Boxregeln gehalten. Aber ich hatte das sichere Gefühl, dieser Junge würde mich umbringen, wenn ich nichts unternahm. So packte ich zu, zog seine Hand aus meinen Augen und schlug ihm die Zähne in die Finger. Er heulte vor Schmerz und rollte von meinem Rücken.

Ich sprang auf und nahm wieder meine Boxerstellung ein. Er kam langsam auf die Beine und hielt sich die verletzte Hand. Wieder tänzelte ich auf ihn zu und brachte zwei Linke an seinem Kopf an. Die Schläge taten ihm weh, und ich wollte abermals zuschlagen, als er meine Hüften umschlang und mir die Arme an den Seiten festhielt. Den Kopf als Rammbock benützend, schlug er mir immer wieder die Stirn ins Gesicht. Es war ein Gefühl, als schlüge er mit einem Schmiedehammer zu. Meine Nase blutete, und ich konnte vor Schmerz nichts mehr sehen. Endlich ließ er mich los und schlug mich zweimal mit den Fäusten, ehe ein Lehrer kam und ihn zurückriß.

Am Abend schimpfte Frank mit mir. „Sie bringen dich um, Nicky! Ich habe dir gesagt, du sollst dich von den Gangs fernhalten! Sie bringen dich bestimmt um!" Mein Gesicht war übel zugerichtet, und ich hatte das Gefühl, meine Nase wäre gebrochen. Mein Kopf schmerzte, und meine Gedanken gingen wirr im Kreis. Sie drehten sich nur um das eine Thema, wie ich es verhindern könnte, daß jemand mich noch einmal so fertigmachte. Ja, ich würde genauso hinterhältig kämpfen wie die anderen — noch gemeiner. Und beim nächstenmal würde ich vorbereitet sein.

Das nächste Mal kam einige Wochen später. Der Unterricht war vorüber, ich ging allein über den Schulhof und merkte, daß einige Jungen mir folgten. Ich sah über die Schulter zurück. Hinter mir waren fünf Negerjungen und ein Mädchen. Ich wußte, daß es zwischen den Puertoricanern und den Negern schon manchen harten Kampf gegeben hatte. Deshalb ging ich schneller, doch ich spürte, daß auch sie ihre Schritte beschleunigten.

Ich trat aus dem Hof und ging den Betonweg zur Straße entlang. Die jungen Neger holten mich ein, und einer von ihnen, ein stämmiger Kerl, stieß mich gegen die Wand. Ich ließ meine Bücher fallen, und ein anderer Junge stieß sie in einen Abfluß, in dem etwas Wasser stand.

Ich sah mich um, entdeckte aber niemand, den ich zu Hilfe rufen konnte. „Was hast du auf unserem Gebiet zu suchen, Kleiner?" fragte der Junge. „Weißt du nicht, daß hier unser Gebiet ist?"

„Mensch, hier ist die Schule! Die gehört überhaupt keiner Gang!"

„Spiel dich nicht auf, Kleiner", entgegnete der andere. „Du gefällst mir nicht." Er legte mir die Hand auf die Brust und drückte mich gegen die Wand. In diesem Augenblick hörte ich ein Klicken und wußte, daß es das Geräusch eines Klappmessers war.

Fast alle Jungen unseres Alters hatten Messer bei sich. Am liebsten waren ihnen die Klappmesser, bei denen eine Feder auf einen Knopfdruck hin die Klinge herausschnellen läßt.

Der große Junge setzte mir die Messerspitze auf die Brust und tippte auf meine Hemdknöpfe. „Paß auf, was jetzt wird, mein Kleiner", sagte er. „Du bist noch neu hier in der Schule, und wer neu ist, der braucht Schutz, verstehst du? Du zahlst uns jeden Tag 25 Cents, und wir sorgen dafür, daß dir keiner etwas tut."

Einer der anderen Jungen kicherte und ergänzte: „Ja, wir sorgen sogar dafür, daß wir selbst dir nichts tun, verstehst du?"

Die anderen lachten.

„So?" gab ich zurück. „Und wenn ich euch wirklich die 25 Cents am Tag gebe, welche Garantie habe ich dann, daß ihr mich wirklich in Ruhe laßt?"

„Überhaupt keine, du Schlaukopf, denn du gibst sie uns sowieso. Sonst bringen wir dich nämlich um", antwortete der Große.

„Na gut, dann bringt mich am besten gleich um. Sonst werde ich nämlich einen nach dem anderen von euch fertigmachen." Ich sah genau, daß die anderen schon ein wenig Angst hatten. Der große Junge, der mir das Messer gegen die Brust hielt, dachte, ich wäre ein Rechtshänder, deshalb erwartete er nicht, daß ich plötzlich seinen Arm mit der linken Hand packte, von meiner Brust fortriß und auf den Rücken drehte. Er ließ das Messer fallen, und ich nahm es auf. Es lag mir gut in der Hand. Dann drückte ich sein Gesicht gegen die Wand, während die Messerspitze dicht unter seinem Ohr lag. Das Mädchen schrie auf.

Ich wandte mich ihr zu. „He, Baby! Dich kenne ich doch! Ich weiß, wo du wohnst! Heute abend komm ich zu dir und bring dich um! Wie gefällt dir das?"

Sie schrie noch lauter, packte einen der anderen Jungen und wollte ihn fortziehen. „Lauft, lauft!" schrie sie. „Der Kerl ist verrückt! Lauft!"

Sie liefen fort. Auch der große Junge, den ich mit dem Messer gegen die Wand gedrückt hatte.

Ich ging zu dem Ablauf, wo meine Bücher lagen, nahm

sie auf und schüttelte das Wasser ab. Das Messer hatte ich immer noch in der Hand. Lange blieb ich stehen und ließ die Klinge immer wieder herausspringen. Zum erstenmal in meinem Leben hielt ich ein Klappmesser in der Hand. Es war ein angenehmes Gefühl. Ich ließ es in meine Jackentasche gleiten und ging heim. Von nun an, so dachte ich, werden sie es sich wohl zweimal überlegen, ehe sie sich mit Nicky anlegen.

Es sprach sich bald herum, daß ich ein Draufgänger war. Das ließ mich erst recht zu einer lockenden Beute für jeden werden, der einen Streit suchte. Ich begriff bald, daß es nur eine Frage der Zeit war, bis sich etwas Entscheidendes ereignen mußte. Aber ich war vorbereitet.

Die große Explosion fand nach ungefähr zwei Monaten statt. Der Lehrer hatte die Klasse gerade zur Ruhe gebracht und rief jetzt die Namensliste auf. Ein Negerjunge hatte sich verspätet. Er kam mit wiegendem Gang herein und lachte. In der letzten Reihe saß ein hübsches kleines puertoricanisches Mädchen. Er beugte sich zu ihr nieder und küßte ihr den Hals.

Sie fuhr vor ihm zurück und saß steil aufgerichtet an ihrem Platz. Er umarmte sie und küßte sie auf den Mund. Sie sprang auf und fing an zu schreien. Die anderen Jungen in der Klasse lachten und riefen: „Los, Junge, mach weiter!"

Ich sah den Lehrer an. Der stand auf und ging durch den Mittelgang. Ein großer Junge verstellte ihm den Weg und sagte: „Aber, aber, Sie wollen doch wohl kein Spielverderber sein, wie?" Der Lehrer sah den Jungen an, der größer war als er selbst. Dann ging er an seinen Platz zurück, und die Klasse heulte vor Begeisterung.

34

Inzwischen hatte der Junge das Mädchen gegen die Wand gedrängt, während er wieder versuchte, ihren Mund zu küssen. Sie schrie und stieß ihn weg.

Endlich gab er es auf und setzte sich an seinen Platz. „Hat ja keinen Zweck, sich soviel Mühe zu geben", erklärte er den anderen. „Ich schnappe sie mir heute abend, und wenn ich fertig bin, wird sie mir gern alles geben, was ich haben will."

Ich hörte, daß der Lehrer sich räusperte.

Irgend etwas hakte in mir aus. Ich stand auf und ging in den hinteren Teil der Klasse. Das Mädchen hatte sich wieder gesetzt und schluchzte. Ich trat hinter den Jungen, der jetzt an seinem Platz saß und sich die Fingernägel beschnitt. Dann griff ich einen schweren Stuhl, der an der Rückwand stand. „Guck mal, Junge! Hier habe ich etwas für dich!"

Als er sich umsah, schmetterte ich ihm den schweren Stuhl auf den Kopf. Er brach in seiner Bank zusammen, und Blut floß aus einer breiten Kopfwunde.

Der Lehrer stürzte aus der Klasse und kam gleich darauf mit dem Direktor wieder. Der packte mich beim Arm und zog mich über den Flur in sein Büro. Dort saß ich, während er einen Krankenwagen anrief und dafür sorgte, daß sich jemand um den Verletzten kümmerte.

Dann wandte er sich mir zu. Er sagte mir, daß er in den letzten zwei Monaten immer nur gehört habe, daß ich in Schwierigkeiten stecke, und fragte mich dann, was in der Klasse geschehen sei.

Während meines Berichts rötete sich sein Gesicht. Dann sprang er wütend auf und sagte: „Ich habe jetzt genug und werde mit diesen Schlägereien endgültig aufräumen. Ihr Kerle kommt hier in die Schule und denkt, ihr könntet euch wie die Wilden benehmen. Ich denke, es wird höchste Zeit, daß wir einmal zeigen, wer hier etwas zu sagen hat. Ich sitze nicht mehr länger hier herum und höre mir Tag für Tag an, wie ihr Burschen euch herausschwindeln wollt, wenn ihr einander fast umgebracht habt. Ich rufe jetzt die Polizei an."

„Mister, die Polizei wird mich einsperren", sagte ich.

„Das hoffe ich", entgegnete der Direktor. „Dann werden wenigstens die anderen Ungeheuer einmal lernen, daß es noch Autorität gibt."

„Rufen Sie die Polizei", sagte ich, während ich rückwärts auf die Tür zuging und vor Furcht und Wut zitterte. „Und sobald ich aus dem Gefängnis komme, bin ich wieder hier. Einmal erwische ich Sie allein, und dann bringe ich Sie um!"

Der Direktor wurde blaß und dachte einen Augenblick nach. „Gut, Cruz, diesmal lasse ich dich noch laufen. Aber ich will dich nie wieder in dieser Schule sehen. Mir ist es gleich, wohin du gehst. Meinetwegen zur Hölle. Aber laß dich nie wieder hier blicken. Los, verschwinde! Hast du verstanden?"

Ich verstand. Ich ging . . . Ich lief.

Auf eigenen Füßen

In einem Leben, das von Haß und Furcht getrieben wird, ist kein Platz für andere. Ich haßte alle, Frank eingeschlossen. Er vertrat die Autorität. Und als er anfing, an mir herumzunörgeln, beschloß ich fortzugehen.

„Nicky", sagte er, „die Stadt ist ein Dschungel. Die Menschen leben hier nach dem Gesetz des Dschungels. Nur die Härtesten überleben. Du hast noch keine Ahnung, wie das ist, Nicky. Ich wohne jetzt seit fünf Jahren in New York, ich weiß Bescheid. Es wimmelt von Prostituierten, Rauschgiftsüchtigen, Trinkern und Totschlägern. Die Leute dort draußen werden dich umbringen. Und keiner wird auch nur wissen, daß du tot bist, bis einmal ein Süchtiger über deinen faulenden Leichnam unter einem Haufen Abfall stolpert."

Frank hatte recht. Aber ich konnte nicht bleiben. Er bestand darauf, daß ich wieder zur Schule gehen sollte, aber ich wußte, daß ich meinen eigenen Weg gehen mußte.

„Nicky, ich kann dich nicht zwingen, wieder zur Schule zu gehen. Aber wenn du es nicht tust, bist du verloren!"

„Aber der Direktor hat mich doch 'rausgeworfen! Er hat gesagt, ich soll mich nie mehr dort sehen lassen!"

„Das interessiert mich nicht. Du gehst wieder hin, weil du hier wohnst. Schließlich mußt du ja irgendwo zur Schule gehen."

„Wenn du glaubst, daß ich wieder dahin gehe", gab ich zurück, „mußt du verrückt sein! Und wenn du mich zwingen willst, kannst du was erleben."

„Nicky, du bist mein Bruder. Red also keinen Unsinn. Mama und Papa haben gesagt, ich soll mich um dich kümmern. Ich dulde nicht, daß du so mit mir sprichst. Geh doch, lauf, wenn du willst! Aber du kommst wieder, weil du nicht weißt, wohin du dich wenden sollst. Du kannst gern bleiben, aber dann gehst du wieder zur Schule. Das ist mein letztes Wort!"

Das war am Freitagmorgen, bevor Frank zur Arbeit ging. Am Nachmittag legte ich einen Zettel auf den Küchentisch und schrieb ihm, ein paar Freunde hätten mich übers Wochenende eingeladen. Ich hatte keine Freunde, aber ich konnte auch nicht mehr bei Frank bleiben.

An diesem Abend streifte ich durch den Bedford-Stuyvesant-Bezirk von Brooklyn und suchte eine Unterkunft. Dabei stieß ich auf eine Gruppe von Jugendlichen, die an einer Straßenecke herumlungerten.

„He, weiß vielleicht einer von euch, wo ich eine Bude finden kann?"

Einer der Jungen drehte sich um, sah mich an und zog an seiner Zigarette. „Ja", sagte er und deutete mit dem Daumen über die Schulter in Richtung auf die High School. „Mein Alter ist der Hausmeister von dem Wohnblock dort drüben. Mit dem mußt du reden. Der findet schon etwas für dich. Er sitzt dort drüben auf der Treppe und spielt Karten."

Der Wohnblock, von dem der Junge gesprochen hatte, gehörte zum Greene Place und lag im Herzen einer der größten Wohnsiedlungen der Welt. Mehr als 30 000 Menschen lebten in den hohen Häusern, zumeist Neger und Puertoricaner.

Ich ging zu den Kartenspielern hinüber und fragte den Hausmeister, ob er ein Zimmer zu vermieten hätte. Er sah kaum von seinen Karten auf und brummte: „Ja, hab' ich. Warum?"

Ich zögerte und stammelte dann: „Hm, weil ich eben ein Zimmer brauche, in dem ich wohnen kann."

„Hast du fünfzehn Dollar?" fragte er und spuckte mir Tabaksaft vor die Füße.

„Im Augenblick nicht, aber..."

„Dann hab' ich auch kein Zimmer", sagte er und wandte sich wieder seinen Karten zu.

„Aber ich kann doch das Geld bekommen", sagte ich.

„Hör zu, Junge! Wenn du mir fünfzehn Dollar im voraus zeigen kannst, gehört das Zimmer dir. Woher du das Geld kriegst, geht mich nichts an. Meinetwegen kannst du es dir bei einer netten alten Dame besorgen. Aber solange du kein Geld hast, fall mir gefälligst nicht auf die Nerven!"

Ich ging zum Lafayette zurück an den zahllosen Kneipen vorüber. Hinter der letzten bog ich in eine breite Straße ein und dachte nach, wie ich an das Geld kommen könnte.

Wenn ich versuchte, jemanden zu berauben und mich dabei erwischen ließ, kam ich ins Gefängnis. Aber ich war verzweifelt. Frank hatte ich geschrieben, daß ich am Montag wiederkäme. Ein Zimmer kostet auf jeden Fall Geld, und ich besaß keinen roten Cent. Es war schon fast zehn Uhr abends, und der Winterwind war eiskalt.

Ich stand im Schatten der Straße und sah Menschen auf dem Bürgersteig vorübergehen. Dann zog ich das Klappmesser aus der Tasche und drückte auf den Knopf. Mit einem leisen Klicken sprang die Klinge heraus. Meine Hand zitterte. War es am besten, mein Opfer in die Allee hereinzuzerren? Sollte ich es erstechen, oder sollte ich ihm nur Angst einjagen? Und wenn es schrie?

Meine Gedanken wurden unterbrochen, als zwei Menschen am Eingang der Allee miteinander sprachen. Ein alter Säufer hatte einen jungen Mann angehalten, der einen großen Sack Lebensmittel trug. Der Alte bettelte um ein bißchen Geld für eine Tasse Kaffee.

Mir schoß der Gedanke durch den Kopf, daß der Alte vielleicht die Taschen voll erbetteltem oder gestohlenem Geld hatte. Wenn ich es ihm abnahm, würde er wahrscheinlich gar nicht wagen, um Hilfe zu schreien.

Der junge Mann setzte den Sack mit den Lebensmitteln ab und suchte in seiner Tasche nach einer Münze. Der Alte murmelte etwas und humpelte davon.

Verflucht, dachte ich. Was mache ich jetzt?

In diesem Augenblick stolperte der junge Mann über den Sack. Ein paar Äpfel rollten heraus. Er bückte sich, um sie aufzulesen. Ohne zu überlegen, zog ich ihn hoch und drückte ihn gegen die Hauswand. Wir waren beide völlig verängstigt, doch ich hatte den Vorteil der Überraschung auf meiner Seite. Er erstarrte, als ich ihm mein Messer vor das Gesicht hielt.

„Ich will dir nichts tun, aber ich brauche Geld. Gib es mir! Jetzt! Schnell!"

Meine Hand zitterte so sehr, daß ich fürchtete, ich würde das Messer fallen lassen.

„Bitte, bitte, nimm alles, aber tu mir nichts!" bettelte er und zog seine Brieftasche heraus. Dabei ließ er sie fallen, und ich stellte den Fuß drauf.

„Hau ab!" sagte ich. „Lauf, Mann, lauf! Und wenn du nicht mindestens zwei Blocks weit läufst, bist du ein toter Mann!"

Er sah mich mit entsetzten Augen an. Gleich darauf verschwand er um die Ecke. Hastig hob ich die Brieftasche auf und jagte die Straße hinunter, erreichte De Kalb, sprang über die Kette, die den Park begrenzt, und duckte mich zwischen den Bäumen. Dann setzte ich mich, damit ich wieder zu Atem kam und mein wildklopfendes Herz sich beruhigte. In der Brieftasche fand ich 19 Dollar. Es war ein gutes Gefühl, die Scheine in der Hand zu halten. Die Brieftasche warf ich fort, dann zählte ich das Geld noch einmal, ehe ich die Scheine faltete und in die Tasche steckte.

Gar nicht schlecht, dachte ich. Die Gangs bringen manchmal Leute für weniger Geld um, und ich habe gleich beim ersten Versuch 19 Dollar erwischt, dachte ich.

Aber dieser Erfolg konnte meine Furcht nicht ganz überwinden, und ich blieb bis nach Mitternacht im Park hocken. Dann war es zu spät, um noch das Zimmer zu mieten, und ich ging an die Stelle zurück, wo ich meinen ersten Raub ausgeführt hatte. Jemand hatte bereits die verstreuten Le-

41

bensmittel aufgesammelt, abgesehen von einer zerdrückten
Schachtel mit Keks. Ich nahm sie und schüttelte die Krümel
heraus. In Gedanken erlebte ich den ganzen Vorfall noch
einmal und grinste. Ich hätte ihn wenigstens ein bißchen
stechen sollen, nur um zu spüren, wie das ist, dachte ich.

Ich ging zur U-Bahn und bestieg den ersten besten Zug.
Diese Nacht verbrachte ich in der U-Bahn, und am nächsten Morgen war ich wieder am Greene Place, um das Zimmer zu mieten.

Der Hausmeister führte mich drei Treppen hinauf. Das
Zimmer lag zur Straße hin genau gegenüber der Techni-
schen Hochschule. Es war klein, und die Zimmerdecke war
voller Risse. Der Hausmeister erklärte mir, daß im zweiten Stock das Badezimmer sei und wie ich die Heizung re-
gulieren könne. Dann gab er mir die Schlüssel und sagte,
die Miete sei jeden Samstag im voraus fällig. Die Tür schloß
sich hinter ihm, und ich hörte ihn die Treppe hinunter-
gehen.

Ich sah mich im Zimmer um. Zwei Einzelbetten standen
darin, ein Stuhl, ein kleiner Tisch, ein Waschbecken an der
Wand und ein kleiner Schrank. Ich ging zum Fenster und
sah auf die Straße hinunter. Der starke Morgenverkehr
floß mit einem unaufhörlichen Dröhnen vorüber. Gegenüber reckte sich die Brooklyn Technische Hochschule in den
Himmel. Sie war so breit wie der ganze Häuserblock und
versperrte jede Aussicht, die ich sonst vielleicht gehabt
hätte. Aber das machte mir wenig aus. Ich war endlich
selbständig.

Später machte ich meine erste Runde durch die Nachbar-
schaft. Als ich die Vortreppe hinunterging, sah ich unter
den Stufen einen Mann hervorkommen. Sein Gesicht war

kalkweiß, und die Augen lagen tief in den Höhlen. Seine dreckige, zerschlissene Jacke hing ihm über eine Schulter. Ich konnte nicht erkennen, ob er vom Alkohol oder vom Rauschgift hoch war. Ich stand am Geländer und sah zu, wie er über die Straße schwankte. Dann blieb er stehen und übergab sich. Eine Horde von Kindern lief schnatternd vorbei, ohne den Mann zu beachten. Der Mann setzte sich auf den Bordstein und blickte ausdruckslos vor sich hin.

Ich hörte, wie sich über mir ein Fenster öffnete und sprang gerade noch rechtzeitig zur Seite, um einer Ladung Abfall zu entgehen, die aus dem dritten Stock auf die Straße geworfen wurde. Vor dem Nachbarhaus hockte ein kleiner Junge und benutzte einen verwahrlosten Kellereingang als Latrine. Ich schauderte zusammen, redete mir aber ein, ich könnte mich daran gewöhnen.

Hinter dem Haus war ein freier Bauplatz, kniehoch mit Unkraut und Buschwerk bewachsen. Ein paar klapprige Bäume reckten ihre dürren Äste in den grauen Himmel. Der Frühling war zwar schon angebrochen, aber die Bäume schienen keine neuen Knospen ansetzen zu wollen, als legten sie keinen Wert auf einen neuen Sommer in diesem Getto. Ich stieß eine leere Bierdose vor mir her. Der Platz war damit übersät. Alte Pappkartons, Zeitungen und verfaulende Bretter lagen im Unkraut verstreut. Ein niedergerissener Drahtzaun verlief quer über den unbebauten Platz bis zur St. Edward Street hin. Ich sah mich nach meinem eigenen Haus um. An einem Fenster drückten Negerkinder ihre Nasen an der schmutzigen Fensterscheibe platt und sahen zu, wie ich durch das Unkraut strolchte. Sie erinnerten mich an eingesperrte kleine Tiere, die sich nach Freiheit sehnten und sich doch nicht hinauswagten, weil sie Angst hatten, herumgestoßen oder gar geschlagen zu werden. Ein Teil der Fensterscheiben war herausgebrochen und durch Kartons ersetzt. Ich zählte fünf kleine Gesichter.

Ich ging zurück zur Vorderseite des Hauses. Die Kellerwohnung unter Nummer 54 war leer. Die eiserne Pforte hing lose in den Angeln. Ich stieß sie auf und ging hinein. Der Gestank von Urin, Wein, Rauch und Dreck war so schlimm, daß ich ihn nicht ertragen konnte. Hustend zog ich mich zurück. Ich hatte wenigstens ein Zimmer im 3. Stock.

Ich ging die Straße entlang. Die Frauen vor den Häusern boten einen mitleiderregenden Anblick. Die weißen Mädchen arbeiteten auf der rechten Straßenseite und wohnten in den Apartments im nächsten Block. Die farbigen Mädchen arbeiteten auf der anderen Straßenseite und wohnten in der Nähe der U-Bahn-Station. Alle diese Mädchen waren süchtig. Sie standen in dünnen Kleidchen und fadenscheinigen Mänteln herum. Manche gähnten, weil sie krank waren oder weil sie ein Weckmittel brauchten, eine morgendliche Heroinspritze, die sie erst lebendig werden ließ.

Nach zwei Monaten hatte ich mich noch immer nicht an New York gewöhnt. Zu Hause in Puerto Rico hatte ich Bilder von der Freiheitsstatue und vom Gebäude der Vereinten Nationen gesehen. Aber hier in den Gettos gab es, soweit das Auge reichte, nichts als Wohnungen, die mit Menschenfleisch vollgestopft waren. Jedes Fenster bedeutete eine Familie, die in einer winzigen Wohnung ein miserables Leben führte.

An der Ecke Myrtle Avenue blieb ich stehen und wartete darauf, daß die Ampel umsprang. Über mir ratterte und polterte eine Hochbahn vorbei und überschüttete mich mit einer feinen Schicht von Ruß und Schmutz.

Hinter den Häusern hingen die Wäscheleinen von einem

Balkon oder von einer Feuerleiter zur anderen. Die blauen Hemden und die Khakihosen flatterten im Wind.

Es war Samstagmorgen, und die Geschäftsleute hatten meist schon die schweren Eisengitter von ihren Schaufenstern weggenommen. Nirgends gab es einen Laden, der nicht auf diese Weise vor nächtlichen Überfällen der Gangs geschützt worden wäre.

Doch am meisten bedrückten mich die Wohnungen. Hin und wieder deutete etwas darauf hin, daß die Bewohner sich bemühten, in diesem Betondschungel noch irgend etwas Persönliches zu bewahren. Doch das war ein hoffnungsloses Unterfangen — wie ein im Moor versinkender Mensch die Finger noch um den letzten Strauch am Rande krampft und mit diesem vermeintlichen Rettungsast in der Faust allmählich eingesogen wird. Ein schmutzigroter Blumentopf stand hinter einer Fensterscheibe, und eine schmächtige Geranie lehnte sich müde gegen das Glas.

Hin und wieder war eine Treppe vor einer Wohnung frisch gestrichen, oder der Anstrich eines Fenstersimses hob sich von der Einförmigkeit der Mauer ab. Vor einem anderen Fenster hing ein aus Kistenholz zusammengezimmerter Blumenkasten. Ein paar künstliche Blumen trotzten darin dem Winterwind.

Ich war bis zur St. Edward Street gegangen und blieb vor der Walt-Whitman-Bücherei stehen. Auf der anderen Straßenseite lag ein riesiges Apartmenthaus, 12 Stockwerke hoch und einen ganzen Block lang. Seine sechshundert Fenster waren der Straße zugekehrt, und jedes erzählte von einem armseligen Stück Menschheit, das dahinter lebte. Die meisten Fenster waren ohne Gardinen und starrten wie die gefrorenen Augen einer nackten Leiche auf die Straße hinaus.

45

Ich kehrte um und ging zum Washington Park zurück. Wie können die Menschen in dieser verrußten und schmutzigen Gegend existieren? Ich dachte darüber nach. Warum müssen sie so leben? Keine Höfe. Kein Gras. Keine Bäume. Ich wußte noch nicht, daß man zum Gefangenen wird, sobald man in einen dieser Betonkäfige zieht. Den Asphaltdschungel kann man nie mehr verlassen.

Am Nachmittag ging ich wieder auf die Straße. Hinter der katholischen Kirche in der St. Edward Street hatte ich so etwas wie einen Rummelplatz entdeckt. Am Eingang umstanden ein paar Jungen einen italienischen Drehorgelmann. Sie trugen schwarze Jacken, auf deren Rücken ein scharlachrotes doppeltes M gestickt war. Die Musik der Drehorgel wurde fast von ihrem Lärm ertränkt; sie klatschten in die Hände und tanzten auf dem Bürgersteig.

Inmitten der Gruppe war ein dunkelhaariger, hellhäutiger Junge ungefähr in meinem Alter. Sein hübsches Gesicht war zu einem Grinsen verzogen, während er die Beine in hurtigen Bebop-Schritten bewegte. Mit den Händen in den Hüften kreiste er im Takt der Musik. Plötzlich begegneten seine schwarzen Augen den meinen. Er blieb stehen, und das Lächeln in seinem Gesicht wurde von einem harten, kalten Ausdruck abgelöst.

„He, Kleiner! Was hast du hier zu suchen? Das ist Mau-Mau-Gebiet! Wir mögen es nicht, wenn sich hier andere herumtreiben!"

Ich sah ihn an und bemerkte, daß die anderen Jungen in den schwarzen Jacken einen Kreis um uns geschlossen hatten. Der Junge mit den kalten Augen kam auf mich zu, stieß mich mit der Brust an und fragte: „Zu welchem Verein gehörst du denn, he?"

„Zu gar keinem", antwortete ich. „Ich wollte mir bloß

mal den Rummelplatz ansehen. Ist das vielleicht ein Verbrechen?"

Ein Junge aus der Gruppe trat vor. „Sag mal, weißt du, was das ist?" fragte er und zeigte mir sein Messer. „Das ist eine Klinge, Kleiner! Damit kann ich dir den Wanst aufschneiden, verstehst du? Ich bin nämlich nicht so sanft wie Israel!"

Der als Israel bezeichnete Junge winkte den anderen zurück und sagte: „Du siehst, ein Spitzel kann hier mächtig schnell sterben. Vielleicht bringe ich dich selbst um. Wenn du also am Leben bleiben willst, dann verschwinde lieber!"

Ich war wütend und tastete in der Tasche nach meinem eigenen Klappmesser. Aber ich begriff, daß meine Lage alles andere als gut war. Zwar wollte ich kein Feigling sein, aber sicher ergab sich noch eine andere Gelegenheit, bei der ich meinen Mut beweisen konnte. Also nickte ich, wandte mich um und ging wieder dem Washington Park und meinem Zimmer zu. Hinter mir hörte ich die Bande lachen und prahlen. „Du hast es ihm gegeben, Israel! Dieser kleine Dreckskerl hat schnell begriffen! Ehe der sich hier nochmal sehen läßt, muß es schon in der Hölle frieren."

Ich fühlte mich gedemütigt. Ich ging unter der Hochbahn hindurch in den Park und setzte mich auf eine Bank. Daß ein Junge von vielleicht dreizehn Jahren mir gefolgt war, hatte ich gar nicht bemerkt. Jetzt wandte ich mich um und sah ihn an. Er lächelte und setzte sich neben mich auf die Bank. „Die waren ziemlich böse, wie?" sagte er.

„Wie meinst du das?" fragte ich. „Jeden einzelnen von ihnen könnte ich fertigmachen, aber ich wollte es nicht mit der ganzen Bande auf einmal zu tun haben."

„Die Gangs hier in der Gegend sind wenig zimperlich", sagte er, griff unter sein Hemd und holte eine selbstge-

47

drehte Zigarette hervor. „Wer da nicht mitmacht, ist soviel wie geliefert."

Er zündete seine Zigarette an und bemerkte, daß ich ihn beobachtete. „Rauchst du Hasch?" fragte er.

Ich schüttelte den Kopf.

„Willst du mal versuchen? Die hier ist gut, sage ich dir!"

„Sicher", antwortete ich. An diesem Nachmittag hatte ich schon einmal gekniffen, und jetzt wollte ich meinen Mann stehen.

Er angelte eine zerdrückte und verbogene Zigarette aus seiner Hemdtasche. Sie war an beiden Enden zugedreht und an der Seite fleckig, wo er sie angeleckt hatte.

„Du mußt aber gut ziehen", sagte er, „sonst geht sie aus." Er zündete sie für mich an, und ich begann zu paffen.

„Nein", lachte er. „So!"

Er nahm einen langen Zug aus seiner Zigarette und sog den Rauch tief in seine Lungen. „Mann, das ist gut! Wenn du nur so paffst, dann verbrennt sie, und du hast nichts davon. Lunge rauchen, Mann!"

Ich inhalierte den Rauch. Er schmeckte süßlich und roch stark.

„Was hat man davon?" fragte ich und merkte schon die berauschende Wirkung.

„Das Zeug bringt einen zum Lachen", antwortete er. „Du hast das Gefühl, du wärst der beste Tänzer, der beste Liebhaber, der stärkste Kämpfer. Die Jungen da hinten am Rummelplatz hatten alle Hasch geraucht. Hast du nicht gesehen, wie rot ihre Augen waren? Wenn sie so leuchten, weißt du gleich, daß sie hoch sind."

„Woher bekommt ihr das Zeug?" fragte ich.

„Ach, das ist ganz leicht. Hier in der Gegend haben wir mindestens hundert Händler. Die meisten großen Jungen können es besorgen. Die haben eben bessere Verbindungen, nach Kuba, nach Mexiko und so. Und ich? Mein Alter zieht das Zeug auf dem Hof. Da wächst eine Menge Unkraut. Kein Mensch kümmert sich darum. Und mein Alter hat ein bißchen von dem Zeug zwischen das Unkraut gepflanzt, und jetzt ziehen wir unseren eigenen Stoff. Der ist zwar nicht so gut wie der andere, aber dafür kostet er auch nichts."

„Und wieviel muß man bei einem Händler zahlen?" fragte ich, weil ich gern dazulernen wollte und mich ein bißchen schämte, weil dieser kleine Junge besser Bescheid wußte als ich.

„Manche nehmen einen Dollar für die Zigarette. Manchmal kann man sie auch für 75 Cents kriegen. Aber besser ist, man kauft eine Büchse. Aber da muß man höllisch aufpassen. Manche von den Kerlen mischen alles mögliche dazwischen, und man kriegt keinen reinen Stoff."

Ich hatte die Zigarette aufgeraucht, streckte die Füße von mir und legte den Kopf auf die Bank zurück. Ich schien den kalten Wind jetzt weniger zu spüren, und der leichte Schwindel war gewichen. Ich hatte das Gefühl, auf einer Traumwolke zu schwimmen.

Ich drehte das Gesicht zur Seite, damit ich den Jungen sehen konnte. Er saß auf der Bank und stützte den Kopf in die Hände. „Ich denke, das Zeug soll einen fröhlich machen. Wie kommt es dann, daß du gar nicht lachst?"

„Worüber soll ich schon lachen?" gab er zurück. „Mein Alter ist ein Säufer. Das heißt, eigentlich ist er gar nicht mein richtiger Vater. Er ist nur letztes Jahr zu meiner Mutter gezogen. Ich weiß nicht mal, wer mein Vater ist. Und dieser Kerl verprügelt dauernd meine Mutter. Letzte Woche wollte ich ihn von ihr fortziehen, da hat er mit einer

Flasche auf mich eingedroschen und mir zwei Zähne ausgeschlagen. Ich habe eine Uhr nach ihm geworfen und ihn in den Rücken getroffen. Und dann hat meine Mutter gesagt, ich wäre ein Dreckskerl und sollte mich zum Teufel scheren, ich hätte gar keinen Grund, dem Mann wehzutun. Und jetzt wohne ich eben auf der Straße und warte darauf, daß ich ihn umbringen kann. Ich gebe mich nicht mit den Gangs ab. Mit gar keinem gebe ich mich ab. Ich warte nur, bis ich den Kerl mal allein erwische. Und dabei liebe ich meine Mutter nicht einmal. Nun sag doch selbst: Worüber soll ich wohl lachen?"

Solange er sprach, hob er den Kopf nicht. „Ist das derselbe Mann, der auf dem Hof Marihuana angebaut hat?" fragte ich.

„Ja. Er ist auch Händler. Ich warte nur darauf, bis ich ihn allein erwische. Ich werde ihm mein Messer in den Leib rennen." Er blickte auf. Sein Gesicht sah angespannt und müde aus, und es ähnelte eher dem Gesicht eines alten Affen als dem eines dreizehnjährigen Jungen. „Und wie ist dein Alter? Säuft er auch?"

„Ich habe keine Eltern mehr", log ich. „Ich bin ganz allein."

Der Junge sah mich an. „Das bin ich jetzt wahrscheinlich auch." Dann wurde er lebhafter. „Wir sehen uns bestimmt mal wieder. Paß auf die Gangs auf!"

„Was ist eigentlich mit diesen Gangs?" fragte ich.

„Oh, sie kämpfen. Was denn sonst? Entweder sie sind unterwegs und überfallen andere Gangs, oder sie bleiben zu Hause und verteidigen ihr eigenes Gebiet. Und wenn sie nicht gegeneinander kämpfen, dann eben gegen die Polizei. Als Waffen benutzen sie alles, was sie in die Hände bekommen: Messer, Keulen, Pistolen, Steinschleudern, Schlagringe, abgesägte Schrotflinten, Benzinbomben, Steine, Fahrradketten. Du kannst dir ausdenken was du willst, sie benutzen alles als Waffen. Sie feilen sogar die Spitzen ihrer Regenschirme und schlagen sich Nägel vorn in die Schuhe. Wenn du noch eine Weile in der Gegend bleibst, wirst du es schon noch merken. Darum will ich auch nichts mit ihnen zu tun haben und gehe ihnen aus dem Weg. Das wirst du auch noch lernen, verlaß dich drauf!"

Er stand auf, schlenderte durch den Park davon und verschwand in der Dämmerung. Ich ging wieder zum Greene Place. Es war schon dunkel.

Bluttaufe

Einige Wochen später verließ ich gegen acht Uhr abends mein Zimmer und ging bis zu Papa John's Kneipe. Ein junger Puertoricaner namens Tino lehnte dort an der Hauswand und rauchte eine Zigarette. Ich war ihm schon ein paarmal begegnet und wußte, daß er ein erstklassiger Experte mit dem Messer war.

Er sagte: „He, Nicky! Willst du mit zu unserem Abend kommen? Ich finde, du solltest mal Carlos kennenlernen, den Präsidenten von unserer Gang."

Ich hatte von diesen Abenden schon gehört, aber niemals einen besucht, und so nahm ich die Einladung bereitwillig an und folgte Tino in eine dunkle Nebenstraße und zum

Kellereingang unter den Treppen eines Apartmenthauses.

Meine Augen gewöhnten sich nur schwer an das Dämmerlicht. Eine einzige Stehlampe brannte in einer Ecke. Dazu fiel noch etwas Licht durch die Fenster und die Tür von der Straße herein.

Als ich den Raum betrat, sah ich Paare, die sich eng umschlungen hielten und nach den Klängen leiser Musik tanzten. Die Köpfe hatten sie einander auf die Schultern gelegt, und die Füße bewegten sich im Rhythmus der Musik. Einer der Jungen hielt hinter dem Rücken seines Mädchens eine Weinflasche in der Hand. Er stolperte, als er um ihren Nacken herumlangte und einen langen Zug daraus nahm.

Einige Jungen saßen an einem kleinen Tisch und spielten Karten. Dabei rauchten sie, und ich stellte später fest, daß es Marihuana war. Eine Flasche Wein stand mitten auf dem Tisch.

In der entferntesten Ecke des Raumes, soweit wie möglich von der Lampe entfernt, lagen zwei Paare auf einer Matte. Eines davon schlief offenbar, während das andere jetzt aufstand, die Lippen zu einem langen Kuß aufeinanderpreßte und durch eine Seitentür verschwand.

Tino sah mich zwinkernd an. „Da drin steht ein Bett. Wir sorgen dafür, daß jeder, der will, es benutzen kann."

Vor meinen Füßen lag ein Stapel Magazine mit Bildern nackter und halbnackter Frauen.

Tino nahm mich beim Arm und zog mich weiter in den Raum. „He, hört mal her! Das hier ist mein Freund! Wie wär's, wollen wir ihn nicht begrüßen?"

Ein blondes Mädchen trat aus dem Schatten neben der Tür und nahm meinen Arm. Sie trug einen engen schwarzen Pullover und einen scharlachroten Rock und war barfüßig. Ich legte ihr den Arm um die Taille und sagte: „He, Baby! Willst du mit mir tanzen?"

„Wie heißt du?" fragte sie, und bevor ich antworten konnte, mischte Tino sich ein: „Nicky heißt er. Er ist mein Freund und ein verdammt guter Kämpfer. Vielleicht will er bei uns mitmachen."

Das Mädchen schmiegte seinen Leib dicht an mich. „Okay, Nicky! Wenn du ein so guter Kämpfer bist, dann laß mal sehen, ob du auch so gut tanzen kannst."

Ich fühlte, wie ihre Hüften sich während des Tanzens an mich preßten.

Sie war warm, und ich spürte jede Bewegung ihres Körpers. Ich steckte die Hand unter ihren Pullover, legte sie auf ihren Rücken und drückte sie noch enger an mich.

Plötzlich stemmte sie beide Hände gegen meine Brust und schob mich heftig von sich. „Hör auf! Was bildest du dir eigentlich ein? Ich gehöre José, und der zerschneidet dich in Stücke, wenn ich ihm sage, daß du mich anfassen wolltest!"

Sie konnte meinem Gesicht sicher ansehen, wie verwirrt ich war. Lächelnd zog sie mich wieder an sich. Dann legte sie die Lippen dicht an mein Ohr. „Es ist doch das erstemal. Hab's nicht so eilig!"

Wir tanzten noch eine Weile, dann sahen wir ein paar Jungen bei einer Mutprobe mit dem Messer zu. Einer stand an der Wand, und der andere warf ihm sein Messer vor die Füße. Es kam darauf an, das Messer so nahe wie möglich an die Fußspitzen zu werfen. Wenn der Junge dabei zusammenzuckte, war er ein Feigling.

Ich ertappte mich bei dem Wunsch, der Werfer möchte den anderen treffen. Der Gedanke an Blut erregte mich.

Die Blonde im schwarzen Pullover zog mich weiter.

54

„Komm mit! Ich möchte, daß du einen wichtigen Mann kennenlernst."

Ich folgte ihr in einen Nebenraum. Ein langer, hagerer Puertoricaner hing in einem Sessel und hatte die Beine vor sich auf den Tisch gelegt. Ein Mädchen saß ihm auf dem Schoß und beugte sich über ihn, während er den Rauch einer Zigarette durch ihr Haar blies und lachte.

„He!" rief er uns entgegen. „Habt ihr denn gar keine Manieren? Wißt ihr nicht, daß ihr um Erlaubnis bitten müßt, ehe ihr hier einfach so hereinplatzt? Ihr könntet mich ja überraschen, wenn ich gerade etwas tue, was keiner zu sehen braucht!" Er lachte und packte das Mädchen um die Taille. Dann sah er mich an und fragte: „Was ist denn das für einer?"

Die Blonde antwortete: „Das ist mein Freund Nicky. Tino hat ihn mitgebracht und gesagt, daß Nicky ein guter Kämpfer sei."

Der hagere Junge schob das Mädchen von seinem Schoß und sah mich forschend an. Dann streckte er mir grinsend die Hand entgegen. „Guten Abend, Nicky! Ich bin Carlos, der Präsident der Mau-Maus."

Ich legte meine Handfläche gegen seine und zog sie sofort wieder zurück, wie es die Sitte der Gangs verlangte.

Von den Mau-Maus hatte ich schon gehört. Auf den Straßen hatte ich sie in ihren schwarzen Lederjacken mit dem roten doppelten M auf dem Rücken gesehen. Sie trugen seltsame Tirolerhüte, die oft mit Streichhölzern verziert waren. Die meisten von ihnen hatten Stöcke bei sich, und ihre Schuhe waren so spitz, daß sie einen Menschen damit sekundenschnell zu Tode trampeln konnten.

Carlos nickte zur Zimmerecke hin, und ich entdeckte dort den Jungen, den ich auf dem Rummelplatz gesehen

55

hatte. „Das ist Israel, unser Vizepräsident." Israel sah mich mit ausdruckslosem Gesicht an. Seine schwarzen Augen schienen Löcher in mich zu brennen, und ich hatte ein ausgesprochen unbehagliches Gefühl.

Später lernte ich, daß Präsident und Vizepräsident fast stets beieinander sind, um sich gegenseitig im Falle eines Angriffs zu beschützen.

„Wie alt bist du, Nicky?" fragte Carlos.

„Sechzehn", antwortete ich.

„Verstehst du etwas vom Kämpfen?"

„Klar", gab ich zurück.

„Und du kämpfst notfalls gegen jeden, auch gegen die Polizei?"

„Klar", wiederholte ich.

„Hast du schon mal einen erstochen?"

„Nein", gab ich bedauernd zu.

„Hat mal einer versucht, dich zu erstechen?"

„Ja", antwortete ich.

„Ja?" Carlos Interesse schien wieder zu wachsen. „Und was hast du mit dem Kerl gemacht?"

„Gar nichts", gab ich zurück. „Ich warte nur, bis ich ihn mal wieder erwischen kann, und dann bringe ich ihn um."

Israel mischte sich ein. „Hör zu! Wenn du zu unserer Gang gehören willst, dann mußt du so sein wie wir. Wir sind die wildeste Gang von allen. Selbst die Polizei hat Angst vor uns. Aber Feiglinge brauchen wir nicht. Wenn du zu uns gehören willst und nicht feige bist, gut. Aber wenn du kneifst, dann schneiden wir dir den Bauch auf."

Ich wußte, daß Israel die Wahrheit sagte. Ich hatte schon gehört, daß Jungen von ihren eigenen Gangs umgebracht worden waren, weil sie ein Mitglied verraten hatten.

„Zweierlei mußt du dir merken", sagte Carlos. „Wenn

du bei den Mau-Maus eintrittst, dann ist das für immer. Niemand tritt wieder aus. Und zweitens: Wenn du von den Bullen erwischt wirst und singst, dann schnappen wir dich. Entweder, wenn du aus dem Bau kommst, oder wir erscheinen selbst dort."

Israel lächelte. „Na, Junge? Wie ist es? Willst du immer noch zu uns gehören?"

„Laßt mir drei Tage Zeit", sagte ich. „Wenn ich in eure Gang eintrete, dann will ich's auch richtig tun."

„Okay, Baby", sagte Carlos. „Drei Tage kannst du nachdenken. Und dann kommst du wieder her und sagst mir, wie du dich entschieden hast." Er kauerte noch immer in seinem Sessel und hatte die Füße auf dem Tisch liegen. Das Mädchen hatte er wieder zu sich herangezogen.

Ich wollte hinausgehen, als Carlos sagte: „Noch eins, Nicky! Wenn du irgendeinem Menschen sagst, wo wir zu finden sind, dann bist du so oder so erledigt, klar?"

„Klar", gab ich zurück und wußte, was er meinte.

Draußen auf der Straße fragte ich Tino: „Was meinst du? Ob ich da eintreten soll?"

Tino hob die Schultern. „Es ist kein schlechtes Geschäft. Wenn du zu ihnen gehörst, kümmern sie sich um dich. Und wenn du nicht eintrittst, tun sie es erst recht. Du hast keine große Wahl mehr. Außerdem mußt du ja sowieso zu irgendeiner Gang gehören, wenn du in dieser Gegend am Leben bleiben willst."

„Und was für ein Kerl ist dieser Carlos?" fragte ich.

„Der ist in Ordnung. Er sagt nicht viel, aber wenn er den Mund aufmacht, dann spuren sie. Er ist der Chef, und alle wissen das."

„Stimmt es, daß der Präsident jedes Mädchen haben kann?"

„Stimmt", bestätigte Tino. „Es sind ungefähr 75, und der Präsident sucht sich aus, welche er haben will. Wenn er will, ist es jeden Tag eine andere. Und das gefällt den Mädchen. Es ist schon eine Ehre, mit dem Präsidenten zu gehen. Sie streiten sich richtig darum. Und das ist noch nicht alles. Die Gang versorgt den Präsidenten. Von allem, was wir stehlen, kann er sich als erster etwas aussuchen. Meistens reicht es für Miete, Essen und Garderobe. Es ist schon eine feines Ding, Präsident zu sein."

„Sag mal, Tino, wenn du so gut mit dem Messer umgehen kannst, warum bist du dann eigentlich nicht Präsident?"

„Das ist nichts für mich. Der Präsident darf nicht viel kämpfen, er muß sich zurückhalten und alles planen. Aber ich will lieber mittendrin sein. Präsident, nein, für mich ist das nichts."

Mir ginge es ebenso, dachte ich. Ich kämpfe auch gern.

Tino kehrte zu Papa John und ich zum Greene Place zurück. Wenn ich mir vorstellte, was vor mir lag — die Abende, die Mädchen, aber vor allem die Kämpfe, schlug mein Herz schneller. Vielleicht würde ich nun wirklich einen erstechen, dachte ich. Ich sah fast das Blut von meinen Händen auf die Erde tropfen. Während ich weiterging, hieb ich mit der Hand durch die Luft, als stäche ich mit dem Messer auf einen Gegner ein. Ich hatte Carlos versprochen, ihm in drei Tagen Bescheid zu geben, doch ich war bereits fest entschlossen.

Zwei Abende darauf war ich wieder im Hauptquartier der Gang. Carlos begrüßte mich an der Tür. „Hallo, Nicky! Du kommst gerade recht! Da ist noch ein Junge, der ein Mau-Mau werden will. Willst du dir die Einführung ansehen?"

Ich konnte mir hierunter zwar nichts vorstellen, aber ich

nickte ihm zu. Carlos fuhr fort: „Vielleicht wolltest du uns heute auch sagen, daß du bei uns mitmachen willst, wie?"

„Klar", gab ich zurück. „Ich will kämpfen. Ich glaube, ich bin ebenso hart wie alle anderen, und im Kämpfen mache ich wahrscheinlich den meisten anderen Burschen noch etwas vor."

„Gut", sagte Carlos. „Erst kannst du zusehen, und dann bist du an der Reihe. Wir haben zwei Arten, herauszufinden, ob du ein Feigling bist. Entweder du hältst still, während fünf von unseren größten Kerlen dich zusammenschlagen, oder du stehst an der Wand und wartest auf das Messer. Wenn du Angst zeigst, kannst du nicht Mitglied der Gang werden. Es geht ziemlich rauh zu, aber wir wissen dann, ob du wirklich ein Kerl bist!"

Ich sah mich im Raum um und entdeckte den anderen Jungen. Er war vielleicht dreizehn Jahre alt, hatte Sommersprossen im Gesicht, und eine lange schwarze Haarsträhne fiel ihm in die Augen. Er war klein und dünn, und seine Arme hingen steif herab. Ein langärmeliges weißes Hemd hing ihm über den Gürtel. Mir kam es vor, als hätte ich den Jungen schon in der Schule gesehen, aber ich war nicht ganz sicher, weil er jünger war als ich.

Ungefähr vierzig Mädchen und Jungen warteten gespannt auf die Vorstellung. Carlos befahl ihnen, Platz zu machen, und sie stellten sich rundum an den Wänden auf. Nur eine ließen sie frei, an der der Junge stand. Carlos hielt ein Klappmesser in der Hand. Die Klinge schimmerte im dämmrigen Licht.

„Ich drehe mich jetzt um und gehe zwanzig Schritte zurück", sagte er. „Und du bleibst da, wo du jetzt stehst. Du behauptest, ein harter Bursche zu sein. Gut, das werden wir gleich sehen. Wenn ich zwanzig Schritte gegangen bin,

59

drehe ich mich um und werfe das Messer. Wenn du dich duckst oder zur Seite gehst, bist du ein Feigling. Wenn du dich selbst dann nicht rührst, wenn das Messer dich treffen sollte, bist du in Ordnung und kannst ein Mau-Mau werden. Verstanden?"

Der Junge nickte.

"Noch eines", sagte Carlos und hielt dem anderen das Messer vor die Nase. "Wenn du es mit der Angst zu tun kriegst, während ich jetzt gehe und zähle, brauchst du nur zu rufen. Aber dann laß dich hier nie mehr sehen. Sonst schneiden wir dir nämlich die Ohren ab und lassen sie dich verschlucken, und dann ziehen wir dir den Bauchnabel mit einem Korkenzieher ab und lassen dich verbluten."

Die Mädchen und Jungen lachten und klatschten. "Los, Mann! Fang an!" riefen sie Carlos zu.

Carlos wandte dem Jungen den Rücken zu und ging langsam durch den Raum. Die Spitze des Messers hielt er zwischen zwei Fingern in Höhe seines Gesichts.

"Eins... zwei... drei..." Die Menge begann zu johlen. "Gib's ihm, Carlos! Wirf ihm ein Auge aus! Laß das Baby bluten!"

Der Junge preßte sich gegen die Wand, wie eine Maus, die von einer Katze in die Enge getrieben wird. Er versuchte verzweifelt, tapfer zu sein. Seine Arme preßte er gegen den Körper, die Hände zu schmächtigen Fäusten geballt, und die Knöchel drückten weiß gegen die Haut. Sein Gesicht war farblos, die Augen hatte er entsetzt aufgerissen.

"Elf... zwölf... dreizehn..." zählte Carlos laut, während er die Entfernung abschritt. Die Spannung stieg, während die Jungen und Mädchen immer lauter nach Blut schrien.

60

„Neunzehn... zwanzig..." Langsam drehte Carlos sich um, zog die rechte Hand bis zum Ohr zurück und hielt das Messer noch immer an der Spitze der nadelscharfen Klinge. Die anderen schienen wie von einem Blutrausch besessen. Und in dem Augenblick, in dem Carlos sich ein wenig vorbeugte, schlug der kleine Junge die Arme vor das Gesicht und schrie: „Nein! Nein!" Zentimeter neben seinem Kopf schlug das Messer in die Wand.

„Feigling! Feigling!" brüllte die Menge.

Carlos war wütend. Er preßte die Lippen zusammen, und seine Augen verengten sich. „Packt ihn!" befahl er. Zwei Jungen gingen auf den Versager zu, packten seine Arme und drückten ihn gegen die Wand.

Carlos kam quer durch den Raum und blieb vor dem zitternden Jungen stehen. „Feigling!" zischte er ihn an. „Das hab' ich gleich gewußt, als ich dich zum erstenmal sah. Eigentlich sollte ich dich jetzt umbringen!"

Die anderen nahmen seine Worte auf. „Bring ihn um! Töte den lausigen Kerl!"

„Weißt du, was wir hier mit Feiglingen machen?" fragte Carlos. Der Junge sah ihn an und bewegte den Mund, brachte aber kein Wort hervor.

„Ich will es dir sagen! Wir beschneiden ihnen die Flügel, daß sie nicht mehr fliegen können!"

Er zog das Messer aus der Wand. „Streckt ihn!" befahl er.

Ehe der Junge etwas unternehmen konnte, packten andere seine Arme und Beine und streckten sie an der Wand aus. Mit einer Bewegung, der das Auge kaum folgen konnte, stieß Carlos zu und bohrte das Messer tief in die Achselhöhle des Jungen. Der Junge schrie vor Schmerz. Das Blut spritzte heraus und färbte das weiße Hemd schnell rot.

Carlos zog das Messer heraus und nahm es in die andere Hand. „Siehst du", sagte er und stieß die Klinge in die andere Armhöhle, „ein ganz guter Linkshänder bin ich auch!"

Die Jungen, die das Opfer gehalten hatten, ließen los, und der arme Kerl brach auf dem Fußboden zusammen, die Hände verzweifelt in seine Wunden gekrampft. Er schrie und wälzte sich auf dem Fußboden. Sein Hemd war jetzt fast völlig mit hellrotem Blut getränkt.

„Bringt ihn raus!" befahl Carlos. Zwei Jungen rissen den Verletzten vom Boden auf. Der Junge warf den Kopf zurück und brüllte vor Schmerz, als sie seine Arme berührten. Carlos schlug ihm den Handrücken über den Mund, und das Schreien verstummte. Die Augen des Jungen starrten über die Hand hinweg.

„Geh nach Hause, du Feigling! Und wenn ich dich noch einmal schreien höre oder wenn du uns verpfeifst, dann schneide ich dir die Zunge heraus, verstanden?" Dabei hob er das bluttriefende Messer mit dem Perlmuttgriff. „Verstanden?" wiederholte er.

Das Kind nickte.

Die Jungen zerrten es über den Fußboden hinaus auf den Bürgersteig.

Carlos wandte sich um und sah mich an. „Wer ist der nächste?" fragte er. Die anderen wurden still.

Jetzt war ich an der Reihe.

Ich erinnerte mich, daß Carlos gesagt hatte, ich dürfte mir die Prüfung aussuchen. Mein Verstand sagte mir, daß Carlos noch immer aufgeregt war. Wenn ich jetzt das Messer auf mich werfen ließ, dann würde er versuchen, mich absichtlich zu treffen. Es war wohl doch klüger, die andere Methode zu wählen.

„Haben wir hier noch einen Feigling?" fragte Carlos.

Eines der Mädchen, hochgewachsen, schlank und in engen schwarzen Hosen, rief: „Was ist denn, Kleiner, hast du Angst? Wir haben noch Blut übrig, falls du keines hast!" Die anderen lachten. Und sie hatte recht. Der Fußboden war dort, wo eben der andere Junge gestanden hatte, von einer großen Blutlache bedeckt.

Ich sagte: „Nein, ich habe keine Angst. Du kannst es ja versuchen, Baby! Wo sind die Kerle, die mich zusammenschlagen wollen?"

Wenn ich mir auch Mühe gab, einen guten Eindruck zu machen, spürte ich doch Angst in mir wachsen. Ich wußte, daß ich viel einstecken mußte. Diese Leute hier meinten es ernst. Aber lieber wollte ich sterben als ein Feigling sein. Also sagte ich: „Von mir aus kann's losgehen!"

Carlos rief fünf Namen auf. „Jonny!" Ein kleiner, stämmiger Bursche trat aus der Menge und stellte sich vor mich. Er war doppelt so breit wie ich, hatte eine furchige Stirn und fast keinen Nacken. Sein Kopf schien gleich zwischen den Schultern zu sitzen.

Ich versuchte, mir meine hundertzehn Pfund gegen seine hundertachtzig vorzustellen. Er sah mich ausdruckslos an und wartete auf den Befehl zum Angriff.

„Mattie!" Ein anderer Junge trat vor. Er war ungefähr so groß wie ich, aber seine Arme waren viel länger als meine. Er trat vor und ließ seine Fäuste fliegen wie ein Boxer. Dabei zog er das Kinn an die Brust und schielte mich von unten 'rauf an. Die Mädchen pfiffen, während er sein Schattenboxen vorführte und heftig atmend seine Haken und Schwinger schlug.

„José!" Ein dritter Junge kam hinzu. Von seinem linken Auge bis zum Kinn lief eine tiefe Narbe. Er zog das Hemd

63

aus und ließ seine Muskeln spielen. Wie ein Gewichtheber war er gebaut. Er ging um mich herum und sah mich von allen Seiten an.

„Owl!" Die anderen Mädchen und Jungen im Raum brüllten auf. Owl war offenbar ihr Liebling. Später erfuhr ich, daß sie ihn Eule nannten, weil er bei Nacht so gut sehen konnte wie bei Tageslicht. Bei Straßenschlachten ging er immer ganz vorn, weil er die Gegner am frühesten entdeckte. Er hatte große runde Augen und eine Hakennase, die offenbar schon mehrmals gebrochen war. Ein Ohr war halb abgerissen. Bei einer Schlägerei hatte eine mit Nägeln gespickte Keule sein Ohr getroffen und die Hälfte davon mitgenommen. Owl war ein kleiner, fetter Bursche mit dem gemeinsten Gesichtsausdruck, den ich je gesehen hatte.

„Paco!" Aber den sah ich nicht. Ich hörte, daß er hinter mir rief: „He, Nicky!" Ich drehte mich nach ihm um, und er hieb mir seine Fäuste dicht über der Gürtellinie in den Rücken. Der Schmerz war unvorstellbar. Ich hatte das Gefühl, er hätte mir die Nieren abgeschlagen. Während ich noch nach Luft rang, schlug er abermals zu. Als ich mit den Händen nach den Nieren griff, schlug ein anderer Junge mir in den Magen, daß mir die Luft vollends wegblieb.

Ich hatte nicht die geringste Chance zurückzuschlagen. Ich fühlte mich fallen. Jemand packte mein langes Haar. Mein Körper fiel zu Boden, doch mein Kopf wurde wieder in die Höhe gezerrt. Jemand stieß mir einen dreckigen Schuh ins Gesicht. Ich fühlte Sand auf den Lippen. Immer mehr Schläge und Tritte prasselten auf mich ein.

Dann wurde es mir schwarz vor Augen, und ich erinnere mich an nichts mehr.

Etwas später merkte ich, daß jemand mir die Wangen klopfte. „He, wach auf!"

Ich gab mir die größte Mühe, konnte aber nichts als die Zimmerdecke sehen. Als ich mir mit der Hand über das Gesicht wischte, fühlte ich Blut auf meiner Haut. Dann sah ich den dicken Kerl, den sie Owl nannten. Das Blut machte mich verrückt. Ich holte aus und schlug ihm die Faust in den Mund. Plötzlich war alle meine Energie wieder da. Auf dem Rücken liegend, fuhr ich hin und her, trat nach jedem, den ich erreichen konnte, schrie und hieb mit Händen und Füßen um mich.

Jemand packte meine Füße und drückte sie nach unten, bis meine Wut verraucht war. Israel beugte sich lachend über mich.

„Du bist einer von uns, Nicky! Dich können wir gebrauchen! Du magst ja alles mögliche sein, aber ein Feigling bist du nicht! Das ist sicher! Hier!" Er drückte mir etwas in die Hand.

Es war ein Revolver. „Du bist ein Mau-Mau, Nicky! Ein Mau-Mau!"

In den Straßen rumort es

Von Anfang an waren Israel und ich fast unzertrennlich. Drei Abende später kam er in mein Zimmer und sagte mir, daß es eine Schlacht gegen die Bischöfe geben werde. Endlich eine Chance, meinen Revolver zu benutzen, eine Chance zum Kämpfen!

Die Mau-Maus würden sich im Washington Park versammeln. Um neun Uhr abends wollten wir uns treffen. Unser Kriegsrat hatte sich bereits mit dem Kriegsrat der Bischöfe getroffen und mit der Negergang Ort und Zeit ausgemacht: Um zehn Uhr auf dem Sportplatz.

Israel sagte: „Bring deinen Revolver mit. Den Bischöfen werden wir's zeigen! Wenn wir dabei töten müssen, dann

66

töten wir eben, und wenn wir verlieren, dann kämpfen wir
wenigstens bis zuletzt. Wir sind die Mau-Maus. Die afrika-
nischen Mau-Maus trinken Blut, und wir sind genau wie
sie!"

Die Gang versammelte sich schon um halb neun. Die Waf-
fen hatte man in den Bäumen oder im hohen Gras des
Parks versteckt, weil es immerhin möglich war, daß die
Polizei vorbeikam. Aber heute ließ sich niemand sehen, und
Carlos und Israel gaben die Befehle aus. Gegen zehn Uhr
wimmelten mehr als hundert Jungen durch den Park.
Manche von ihnen hatten Revolver, die meisten Messer.
Andere hatten auch Baseballschläger mitgebracht, Knüppel
mit Nägeln oder Fahrradketten, die besonders gefährliche
Waffen waren. Carlos hatte ein halbmeterlanges Bajonett
und Hector seine abgesägte Schrotflinte. Einige der Jungen
sollten zwei Häuserblocks abwärts gehen und hinter dem
Schulhof an der Park Avenue den Bischöfen den Fluchtweg
verlegen. Sie sollten warten, bis sie das Schlachtgetümmel
hörten, und dann von der Flanke her angreifen. Wir anderen sollten von der Straße herkommen und versuchen, die
Bischöfe so weit zurückzudrängen, bis sie in unseren Hin-
terhalt gerieten.
   Wir holten unsere Waffen aus den Verstecken und gingen
los. Tino befand sich neben mir und grinste. „Wie ist es,
Nicky? Hast du Angst?"
   „Wieso ich? Darauf habe ich doch schon lange gewartet!"
sagte ich und zog meine Jacke so auseinander, daß er mei-
nen Revolver sehen konnte.
   „Wieviel Kugeln hast du denn dafür?" fragte er.
   „Der ist voll! Fünf Schuß!"
   „Junge, Junge!" sagte er und pfiff durch die Zähne.

67

„Nicht schlecht! Damit kannst du heute bestimmt einen
dieser schwarzen Bastarde umlegen. Ich bleibe bei meinem
Messer!"

Wir verteilten uns in kleine Gruppen, damit wir unbe-
merkt an der Polizeiwache vorbeikamen. Dann fanden wir
uns vor der Schule wieder zusammen, und Carlos gab das
Angriffssignal.

Um das Haus herum strömten wir auf den Sportplatz.
Die Bischöfe erwarteten uns schon. „Drauf! Drauf! Bringt
sie um!" schrien wir, während wir über den freien Raum
liefen, der die Gangs noch voneinander trennte.

Ich drängte mich in die erste Reihe und riß den Revolver
aus dem Gürtel. Israel wich zur Seite aus und schwang
seinen Baseballschläger. Überall rund um mich waren
schreiende, heulende, fluchende Jungen, die aufeinander
einschlugen. Doch es war dunkel und schwierig, die Gangs
auseinanderzuhalten. Ich sah Hector über einen Basket-
ballplatz laufen, und jemand rannte mit dem Deckel einer
Mülltonne gegen ihn an. Hector fiel rücklings zu Boden.
Dabei löste sich ein Schuß aus seinem Revolver, und zugleich war ein Aufschrei zu hören.

Plötzlich wurde ich von hinten angegriffen und fiel auf
den harten Zement. Ich streckte die Hände aus, um den
Sturz abzufangen, und fühlte, wie mir die Haut von den
Handballen geschürft wurde. Ich sah mich nach meinem
Angreifer um und konnte mich gerade noch ducken, ehe
ein Baseballschläger unmittelbar neben meinem Kopf nie-
dersauste. Ich hörte das Holz auf dem Zement splittern.
Ein Treffer hätte mir den Schädel eingeschlagen.

Die Mau-Maus stimmten ein Gebrüll an, als der Rest
unserer Gang jetzt von hinten her angriff. Ich kam wieder
auf die Beine, als die völlig verwirrten Bischöfe gerade auf

die kleinen Wege zuliefen, die zur St. Edward Street hinausführten. Israel war neben mir und schrie: „Schieß ihn nieder, Nicky! Den da vorn!"

Er deutete auf einen Jungen, der sich in Sicherheit bringen wollte, aber verletzt war und deshalb nur noch humpeln konnte und hinter den fliehenden Bischöfen zurückblieb. Ich richtete meinen Revolver auf die schwankende Gestalt und drückte ab. Der Schuß fiel, doch der Junge floh weiter. Ich packte die Waffe mit beiden Händen und schoß noch einmal.

„Du hast ihn erwischt! Du hast ihn!" schrie Israel. Der Junge war vornüber gefallen und kroch mühsam weiter, als Israel meinen Arm packte und rief: „Abhauen, Nicky! Die Bullen kommen!" Wir hörten die Polizeipfeifen. Die Polizisten versuchten, den Bischöfen den Weg abzuschneiden, die zur Straße hin entkommen wollten. Wir liefen in die entgegengesetzte Richtung und verteilten uns über den hinteren Teil des Platzes. Ich blickte mich kurz um, während ich über eine Sperrkette kletterte. Im spärlichen Licht sah ich, daß drei Jungen unbeweglich am Boden lagen, während andere saßen und ihre Wunden hielten. Die ganze Schlacht hatte nicht länger als zehn Minuten gedauert.

Wir liefen ungefähr sechs oder sieben Häuserblocks weit, bis wir so ausgepumpt waren, daß wir stehenbleiben mußten. Carlos und zwei andere Jungen holten uns ein, und wir sprangen in einen Kanalisationsschacht hinter einer Tankstelle.

Israel war außer Atem und lachte doch so sehr, daß er fast erstickte. „Habt ihr diesen verrückten Nicky gesehen?" keuchte er hervor. „Der hat doch tatsächlich gedacht, er wäre in einem Wildwestfilm und hat dauernd in die Luft geschossen!"

Die anderen lachten ebenfalls. Ich fiel ein. Wir lagen auf dem Rücken und lachten, bis uns die Seiten wehtaten.

Ich fühlte mich wohl. Ich hatte Blut fließen sehen. Ich hatte jemand angeschossen; vielleicht hatte ich ihn sogar getötet. Und wir waren davongekommen. Nie zuvor hatte ich mich so zu Menschen zugehörig gefühlt wie hier in diesem Schacht. Es war fast so, als wären wir eine Familie, und zum erstenmal in meinem Leben spürte ich, daß ich beliebt war.

Israel legte mir den Arm um die Schultern. „Du bist in Ordnung, Nicky! So einen wie dich habe ich schon lange gesucht! Wir sind von derselben Sorte, weißt du! Wir sind beide verrückt!"

Wieder lachten wir, aber ich fühlte, daß es immer noch besser war, verrückt und beliebt zu sein als normal und allein.

„Wie wär's jetzt mit etwas zu trinken?" fragte Carlos, der die allgemeine Erregung zuerst überwand. „Wer hat Geld?"

Wir waren alle pleite.

„Ich besorge Geld", erbot ich mich.

„Wie denn? Willst du jemand ausrauben?" fragte Israel.

„Richtig, Kleiner! Kommst du mit?"

Israel hieb mir die Faust auf den Oberarm. „Du bist wirklich in Ordnung, Nicky! Du hast überhaupt kein Herz, überhaupt kein Gefühl. Du willst bloß immer kämpfen. Los, Junge! Wir sind dabei!"

Ich warf einen Blick auf Carlos, der schließlich doch unser Führer war. Er stand schon auf den Beinen. Bei dieser Gelegenheit begriff ich zum erstenmal, daß die Jungen immer dem folgen würden, der am gemeinsten, am blutrünstigsten und am mutigsten war.

70

An der Ecke des Blocks brannten die Lampen in einem Schnellimbiß, der die ganze Nacht über geöffnet war. Ich betrat als erster den Laden.

Drei Menschen waren darin, davon zwei, ein Mann und eine Frau, hinter der Theke. Der Gast war gerade aufgestanden und zahlte. Ich ging auf ihn zu und drückte ihn gegen die Theke. Er wandte sich überrascht und erschrocken um, und seine Lippen zitterten, als er mein Messer sah, das ich ihm in die Magengrube drückte.

„Komm Alter, gib's mir!" sagte ich und deutete mit einer Kopfbewegung auf die Scheine in seiner Hand.

Der Mann hinter der Theke ging zum Telefon. Israel ließ die Klinge seines Messers herausschnellen und packte ihn bei der Schürze. Dann zerrte er ihn zu sich hinüber und sagte: „He, Mann, willst du vielleicht sterben?" Ich hörte, daß die Frau keuchte und die Hand vor den Mund legte, um einen Schrei zu ersticken. Israel stieß den Mann von sich, daß er in den Sack mit den Erdnüssen fiel, und nahm dann den Telefonhörer von der Gabel. „Du willst die Polizei anrufen, wie?" spottete er. „Na dann los, hier!" Damit riß er das Telefon von der Wand und warf es dem Mann zu. „Ruf an!" Der verstörte Mann fing den Apparat auf und ließ ihn an der Schnur zu Boden hängen.

„Los, Alter! Ich kann nicht die ganze Nacht warten!" drängte ich. Er hob die zitternde Hand, und ich riß ihm die Geldscheine aus den Fingern.

„Ist das alles?" fragte ich. Er wollte antworten, doch er brachte keinen Laut hervor. Seine Augen verdrehten sich, Speichel lief aus seinen Mundwinkeln, und er stieß seltsame Laute aus.

„Los, machen wir, daß wir hier 'rauskommen!" sagte einer der anderen Jungen. Carlos drehte den Schlüssel der

71

Registrierkasse und räumte alle Scheine aus, während wir rückwärts zur Tür hinausgingen. Der alte Mann kauerte am Boden, preßte beide Hände vor die Brust und stöhnte.

„He, wartet!" rief Israel, während er eine Handvoll Wechselgeld aus der Kasse nahm. Kleine Münzen sprangen über den Fußboden. Israel lachte. „Eine Kneipe soll man nie verlassen, ohne ein Trinkgeld gegeben zu haben", sagte er. Wir alle lachten.

Ich nahm einen schweren Zuckerstreuer und warf ihn durch die Fensterscheibe.

„Mann, du bist verrückt!" keuchte Carlos, während wir fortliefen. „Das bringt doch die Polizei von ganz Brooklyn auf die Beine! Jetzt müssen wir aber wirklich verschwinden!" Ich sah gerade noch, wie der alte Mann auf das Gesicht fiel, und wir liefen lachend heimwärts.

Zwei Monate später wurde Carlos von der Polizei geschnappt und zu sechs Monaten Gefängnis verurteilt. An diesem Abend hielten wir eine Vollversammlung unserer Gang ab, und zwar in der Schulaula. Nach dem Unterricht durfte zwar keiner mehr das Gebäude betreten, aber Firpos Alter war dort Hausmeister. Er ließ uns hin und wieder die Aula benutzen, weil er sich vor seinem Sohn fürchtete.

An diesem Abend wählten wir Israel zum Präsidenten, und ich wurde einstimmig zu seinem Vizepräsidenten ernannt.

Nach der Versammlung feierten wir noch im Schulkeller. Eine ganze Menge Mädchen war da, und einer von den Jungs machte mich mit seiner Schwester Lydia bekannt, die gleich gegenüber der Schule wohnte. In dieser Nacht blieben wir lange in der Schule, rauchten Marihuana, tranken billigen Wein und saßen auf der Treppe und küßten uns, während ein paar andere zu den Klängen eines alten Grammophons tanzten.

Ich zog Lydia an der Hand mit mir. „Los, gehen wir hier 'raus!" Während wir durch die Tür gingen, schmiegte sie sich an mich. „Ich gehöre dir, Nicky! Wenn du mich haben willst, gehöre ich immer dir!"

Wir gingen zum Washington Park, aber da konnten wir nirgends ganz für uns sein. Endlich stieß ich Lydia über die Sperrkette, und sie fiel lachend in das hohe Gras auf der anderen Seite. Ich sprang ihr nach, und mitten im Unkraut lagen wir einander in den Armen. Sie kicherte, als ich sie abtastete, aber ich hatte plötzlich das Gefühl, jemand sähe uns zu. Ich blickte zum Haus auf der anderen Straßenseite hinüber und bemerkte, daß ein Dutzend Mädchen aus dem Schwesternheim zu uns herabsahen. Es war, als schliefen wir auf einer Bühne im Opernhaus miteinander.

Ich wollte aufstehen, und Lydia fragte: „Was ist los?"

„Schau, dort drüben!" sagte ich. „Diese ganze lausige Stadt beobachtet uns!"

„Wen stört's?" fragte Lydia und zog mich wieder zu sich.

Danach gingen wir noch oft in den Park und kümmerten uns nicht um die neugierigen Gesichter im Haus gegenüber oder um die Paare, die dicht neben uns im Gras lagen.

In den folgenden vier Monaten wurde ich viermal von der Polizei festgenommen, doch sie konnte mir niemals etwas nachweisen. Jedesmal kam ich mit einer Verwarnung davon.

Ich war glücklich. Die Mitglieder der Gang achteten mich. Ich fürchtete mich nie und kämpfte ebenso mutig bei Tageslicht wie im Schutze der Dunkelheit.

Eines Abends sagte mir ein Mau-Mau, daß Lydia mit einem Apachen über mich geredet habe. Ich wurde wütend und drohte, sie umzubringen. Als ich in ihre Wohnung kam, sprach ich mit ihrem älteren Bruder Luis, der mir den wahren Sachverhalt berichtete. Einer der Apachen hätte Lydia am vergangenen Abend auf der Straße angegriffen, um meine Adresse zu erfahren.

Zusammen mit Israel und sechs anderen Jungen machten wir dem Burschen einen Besuch. Wir fanden ihn an einer Straßenecke, und die Mau-Maus kreisten ihn ein. Dann schlug ich den Jungen nieder und hieb mit einem Metallrohr auf ihn ein. Er bettelte um sein Leben, doch ich hieb so lange auf ihn ein, bis er schließlich nicht einmal mehr die Arme heben konnte, um die Schläge abzuwehren.

„Du Dreckskerl! Jetzt weißt du, was passiert, wenn einer mein Mädchen anrührt!" Dann liefen wir davon. Ich eilte zu Lydia, um ihr zu erzählen, was ich zur Verteidigung ihrer Ehre getan hatte, obwohl ich noch vor kurzer Zeit entschlossen gewesen war, sie ebenso zu behandeln.

Im Laufe des Sommers wurden die Straßenschlachten heftiger. Die Hitze in den Wohnungen war so unerträglich, daß wir den größten Teil der Nächte auf den Straßen blieben. Es verging kaum eine Nacht, in der wir nicht irgend etwas unternahmen.

Niemand von uns besaß einen Wagen. Wenn ich irgendwohin wollte, fuhr ich mit der U-Bahn, oder ich stahl mir ein Auto. Ich konnte zwar nicht fahren, aber eines abends kam Mannie Durango und schlug vor: „Komm, wir besorgen uns einen Wagen und machen eine kleine Ausfahrt!"

„Hast du schon einen bestimmten ausgesucht?" fragte ich.

„Ja, gleich um die Ecke! Er ist prima, und irgend so ein Dummkopf hat die Schlüssel stecken lassen!"

Mannie hatte recht: Das Auto war wirklich Klasse. Es war ein Chevrolet mit heruntergeklapptem Verdeck. Wir sprangen hinein, und Mannie setzte sich hinter das Steuer, während ich mich in den Sitz sinken ließ, eine Zigarette rauchte und die Asche auf die Straße schnippte wie ein reicher Nichtstuer. Mannie drehte das Steuer hin und her und ahmte mit dem Mund Motorengeräusche nach.

Ich lachte. „Sag mal, Mannie, kannst du den Wagen wirklich fahren?"

„Sicher! Paß mal auf!"

Er drehte den Zündschlüssel um, und der Motor brummte. Dann legte er den Rückwärtsgang ein und gab Gas. Der Chevrolet sauste rückwärts gegen einen Lieferwagen. Wir hörten Glas splittern.

„He, Mann!" rief ich. „Du bist wirklich ein toller Fahrer! Du weißt wirklich, wie man damit umgehen muß! Und wie geht's denn vorwärts?"

Mannie legte den ersten Gang ein, und ich hielt mich fest, während er den Chevrolet gegen einen anderen parkenden Wagen prallen ließ. Wieder gab es ein lautes Krachen und splitterndes Glas.

Beide lachten wir so heftig, daß wir gar nicht bemerkten, daß ein Mann schreiend aus dem Haus auf uns zugelaufen kam.

„Macht, daß ihr aus meinem Wagen kommt, ihr Dreckskerle!" schrie er und versuchte, mich vom Sitz zu zerren. Mannie legte den Rückwärtsgang ein und brachte den Mann aus dem Gleichgewicht. Ich nahm eine Colaflasche vom Vordersitz und schlug sie auf die Hand, die sich am Wagenrand festklammerte. Der Mann schrie vor Schmerz.

75

Mannie ließ den Wagen wieder vorwärts rollen, und wir fuhren los. Ich warf die Flasche hinaus und hörte sie auf dem Bürgersteig zersplittern, während wir davonrasten.

Mannie konnte nicht fahren. Er bekam gerade noch mit kreischenden Reifen die nächste Kurve und fuhr auf der Park Avenue auf der falschen Seite. Zwei andere Wagen verfehlten wir um Haaresbreite, und ein dritter fuhr laut hupend auf den Bürgersteig, um einen Zusammenstoß zu vermeiden. Wir lachten. Mannie fuhr durch eine Tankstelle und bog in eine Seitenstraße ein.

„Jetzt verbrennen wir die Kiste", schlug er vor.

„Nein! Das ist doch ein wunderschöner Wagen! Den behalten wir! Komm, jetzt führen wir ihn erst einmal den Mädchen vor!"

Aber Mannie konnte den Wagen nicht wenden und setzte ihn endlich an einer Ampel gegen einen Lastwagen. Wir sprangen heraus, liefen weg und ließen den häßlich zugerichteten Wagen unter dem riesigen Lastwagen zurück.

Mannie war ein Kerl nach meinem Geschmack. Ich wußte noch nicht, was für Schrecken ihm noch bevorstanden.

Jeder Tag war von verrückter, verbrecherischer Aktivität erfüllt, und die Nächte waren noch schlimmer. Eines Nachts schnappten sich Tony und vier andere Jungen eine Frau, zerrten sie in den Park und vergewaltigten sie. Später erkannte sie Tony wieder, und er wurde zu zwölf Jahren Gefängnis verurteilt.

Kurz darauf griffen sechzehn von uns einen italienischen Jungen auf, der unser Gebiet betreten hatte. Wir umkreisten ihn und schlugen ihn nieder. Ich stand über ihm und bedrohte mit dem Messer seinen Adamsapfel. Fluchend schlug der Junge mir das Messer aus der Hand, aber schon hatte Tino es ergriffen und zog es dem Jungen quer über das Gesicht. Dann riß er ihm das Hemd vom Leib und schnitt ihm ein großes M in den Rücken. „Jetzt weißt du, daß du auf Mau-Mau-Gebiet nichts verloren hast!" sagte er. Dann ließen wir den blutenden Jungen zurück.

Täglich berichteten die Zeitungen von Morden in Vorgärten, in der U-Bahn, in Nebenstraßen, in den Fluren der großen Wohnhäuser, in den dunklen Seitenwegen. Jede Nacht fanden Schlachten statt.

Viele Ladenbesitzer schafften sich Polizeihunde an und hielten sie nachts in ihren Läden.

Die Gangs organisierten sich immer besser, und neue wurden gebildet. Auch in unserem Gebiet zeigten sich neue Banden: die Skorpione, die Viceroys und die Quentos.

Wir hatten bald herausgefunden, daß die Polizeivorschriften in New York es einem Polizisten verbieten, ein Mädchen zu durchsuchen. Deshalb ließen wir die Mädchen unsere Revolver und Messer tragen, bis wir sie brauchten. Wenn die Polizei uns anhielt und durchsuchte, standen die Mädchen dabei und riefen: „He, du dreckiger Bulle, warum guckst du nicht bei mir nach? Dann kann ich dich in dein eigenes Gefängnis sperren lassen! Willst du es nicht mal versuchen? Los, komm doch!"

Am 4. Juli dieses Jahres trafen sich alle Gangs auf Coney Island. Die Zeitungen schätzten, daß mehr als 8000 jugendliche Gangster dort versammelt waren, von denen keiner Eintritt gezahlt hatte. Sie waren einfach durch das Tor gedrängt, und niemand hatte gewagt, ein Wort zu sagen. Und so hatten sie es auch mit der U-Bahn gehalten.

Am 1. August wurde Israel von der Polizei festgenommen. Als er wieder aus dem Gefängnis kam, sagte er uns, daß die Lage für ihn alles andere als rosig sei. Er müsse im Hintergrund bleiben, bis sich alles wieder beruhigt habe.

Wir waren einverstanden. Die Gang wählte mich zum Präsidenten, und Israel sollte bis auf weiteres mein Vertreter sein. Sechs Monate gehörte ich zur Gang, als ich mein Amt antrat.

Ich brauchte nicht lange, um herauszufinden, daß die Mau-Maus sehr gefürchtet waren, und daß ich mir einen besonderen Ruf als blutdürstiger Schläger erworben hatte. Ich sonnte mich in diesem Ruhm.

Eines Abends gingen wir alle zu einem Tanzabend, den die Kirche veranstaltete. Die Kirche versuchte mit allen Mitteln, die Jugend von der Straße zu bekommen und hatte deswegen in der Nähe der Polizeiwache einen Jugendraum eröffnet, in dem zum Wochenende getanzt werden konnte. Jeden Freitagabend spielte dort eine große Band, und die ganze Gang ging zum Tanz. Die Jungen standen dann meistens draußen herum und tranken Bier und billigen Wein. In der Vorwoche waren wir betrunken gewesen, und als die Priester uns aufforderten, ruhig zu sein, hatten wir sie verprügelt. Dann war die Polizei gekommen. Es verging kaum ein Freitagabend, an dem der Tanz sich nicht in einen Aufruhr verwandelte.

An diesem Abend ging ich mit Mannie und Paco, und wir tranken alle drei ziemlich viel und rauchten Marihuana. Ich entdeckte ein hübsches blondes Mädchen und tanzte ein paarmal mit ihm. Wie es mir erzählte, hatte ihr Bruder Schwierigkeiten mit den Phantom Lords.

„Wo ist dein Bruder jetzt?" fragte ich. „Dem tut keiner etwas, wenn ich es nicht will! Ich werde mit ihm reden."

Die Kleine führte Mannie und mich in eine Ecke des Raumes und stellte mir ihren Bruder vor. „Weißt du was", sagte ich, „deine Schwester ist ein nettes Mädchen. Ich möchte wohl ab und zu mit ihr ausgehen, und weil sie mir gefällt, werde ich mich auch um dich kümmern."

Ich hatte mich mit dem Mädchen schon zu einem Kinobesuch verabredet und ihr gesagt, daß ich der Präsident der Mau-Maus sei. Sie fürchtete sich und sagte, sie wolle schon mit mir gehen, aber von den anderen Jungen dürfe sie keiner anfassen. Wir küßten uns, und ich versprach, sie zu beschützen.

Als wir wieder aufblickten, kamen gerade drei Phantom Lords durch die Tür, wie immer in farbige Jacken und karierte Hosen gekleidet und mit langen Ketten behangen. Einer der Jungen schwang sein Schlüsselbund und zwinkerte der Blonden zu. Sie zog sich zurück, und ich legte meinen Arm um sie. „He, Baby", sagte der andere. „Wie wär's mit uns beiden? Mein Bruder hat seinen Wagen draußen, und wir könnten die Hintersitze ganz für uns allein haben."

„Willst du umgebracht werden?" fragte ich.

„Gib nicht so an", gab er zurück. „Wir haben schon unseren Plan, was wir mit deinem besoffenen Freund da drüben machen werden, und dich erledigen wir dann gleich mit, du Stinktier!"

In diesem Augenblick stieß Mannie dem Jungen den Ellenbogen in die Rippen. Der drehte den Kopf. „Wer war das?"

Mannie lachte, ich spürte, daß Ärger in der Luft lag und sagte: „Keiner." Damit ging ich ein paar Schritte zurück, doch der Junge holte aus und schlug Mannie zu Boden. Israel und Mannie waren meine besten Freunde. Wer ihnen etwas tat, bekam es mit mir zu tun. Ich versetzte dem Kerl einen heftigen Schlag in den Rücken, genau über die Nie-

79

ren. Er hielt sich die Stelle mit beiden Händen und schrie vor Schmerz auf.

Mannie kam wieder auf die Beine und zog sein Messer, und ich suchte auch schon nach meiner Waffe, als die anderen Jungen im Raum einen Halbkreis bildeten und auf uns zukamen. Es waren zu viele für uns, und wir zogen uns zur Tür zurück. Als wir gerade die Treppe erreicht hatten, sprang mich der große Junge mit seinem Messer an. Er verfehlte mich zwar, doch die Klinge fuhr durch meine Jacke. Als er an mir vorbeistolperte, versetzte ich ihm einen Schlag auf den Hinterkopf, daß er die Steinstufen hinunterfiel. Zwei andere sprangen auf mich zu. Mannie zog mich an der Jacke, und ich rief ihm zu: „Los! Jetzt holen wir die Mau-Maus, und dann brennen wir den Stall hier ab!"

Die Jungen sahen einander an. Daß ich ein Mau-Mau war, hatten sie nicht wissen können, weil ich an diesem Abend Anzug und Krawatte trug. Sie zogen sich zurück und ließen uns gehen.

Am nächsten Tag waren wir hinter Santo her, dem Phantom Lord, der den Bruder der Blonden bedroht hatte. Mannie und ich hatten getrunken, vielleicht sogar schon ein bißchen zu viel. Wir gingen in den Süßigkeitsladen in der 3. Straße, und ich entdeckte ein paar Phantom Lords. „Wer von euch ist eigentlich Santo?" fragte ich. Einer von den Jungen sah zu einem großen breitschädligen Burschen hinüber.

Ich sagte: „Hallo, Kleiner, wie heißt du eigentlich richtig? Santo Nikolaus?"

Mannie lachte, und der Große sah mich an und sagte irgendein Schimpfwort.

„Du, blas dich nicht so auf", warnte ich. „Weißt du, wer die Mau-Maus sind?"

„Ja, von denen habe ich gehört. Aber die haben etwas Besseres zu tun als sich hier herumzudrücken."

„Aber heute drücken sie sich hier 'rum, Kleiner. Wir sind die Mau-Maus. Ich heiße Nicky und bin ihr Präsident. Und den Namen solltest du dir gut merken, Kleiner!"

Der Besitzer des Ladens griff zum Telefon. Ich steckte die Hand in die Hosentasche und preßte den Finger gegen die Bügelfalte, als hätte ich eine Kanone in der Tasche. „He, Sie!" rief ich. „Legen Sie wieder auf!"

Ich ging auf Santo zu und schlug ihm zweimal ins Gesicht, während ich die andere Hand noch immer in der Tasche behielt. „Vielleicht erinnerst du dich jetzt besser an mich, Kleiner!"

Er beugte sich zurück, und ich schlug ihm in die Magengrube. „Komm!" sagte ich dann zu Mannie. „Gehen wir! Die Kinder hier haben ja Angst!" Wir drehten uns um und gingen, und ich warf noch über die Schulter zurück: „Sag deiner Mutter, sie soll dir das Lätzchen umbinden, wenn du das nächstemal ausgehst! Du bist ja noch ein Baby!"

Als wir auf der Straße waren, steckte Mannie die Hand in die Jackentasche und drückte den Finger gegen den Stoff. „Peng! Peng! Du bist tot!" sagte er, und wir lachten und schlenderten die Straße hinunter.

Am Abend kam Israel vorbei und sagte, die Phantom Lords bereiteten wegen des Zwischenfalls am Nachmittag eine große Schlacht vor.

Israel und ich holten Mannie ab und gingen dann in das Gebiet der Phantom Lords hinüber, um sie bei ihren Vorbereitungen zu überraschen. In der Nähe der Brooklyn Bridge trennten wir uns. Israel und Mannie gingen um einen Häuserblock herum, und ich ging weiter die Straße entlang. Wenige Augenblicke später hörte ich Israel rufen und eilte um das Haus. Sie hatten einen der Phantom Lords ganz allein erwischt. Jetzt lag er vor ihnen auf dem Pflaster und winselte um Gnade.

„Zieht ihm die Hosen aus", befahl ich, und die beiden schnallten seinen Gürtel auf und zogen ihm die Hosen aus und warfen sie in den Rinnstein.

„Los, auf die Beine, Nacktfrosch!" befahl ich. „Lauf los!" Wir sahen ihm nach, wie er entsetzt die Straße hinunter floh und warfen ihm allerlei Unfreundlichkeiten nach.

„Kommt weiter!" sagte Israel. „Von den Kerlen ist keiner zu sehen. Gehen wir wieder nach Hause." Kaum hatten wir den Heimweg angetreten, als wir plötzlich von einer Horde von zwölf oder fünfzehn Phantom Lords umgeben waren. Es war eine Falle. Ich erkannte auch ein paar Mitglieder von der jüdischen Gang unter ihnen. Ein Bursche kam mit dem Messer auf mich zu, und ich schlug ihm mit einem Bleirohr über den Kopf. Ein anderer sprang mich an, ich wirbelte herum und traf ihn mit dem Bleirohr an der Schläfe.

Dann spürte ich so etwas wie eine Explosion in meinem Hinterkopf und lag auf der Straße. Mein Kopf fühlte sich an, als wollte er vom Hals fallen. Ich wollte sehen, was los war, aber jemand trat mir mit den Schuhen ins Gesicht, während ein anderer gleichzeitig meinen Rücken mit Fußtritten bearbeitete. Ich wollte aufstehen und erhielt einen Hieb mit einem Rohr über die Augen. Ich wußte genau, daß sie mich umbringen würden, wenn ich nicht wegkam, aber ich konnte mich kaum rühren. Wieder fiel ich zu Boden, mit dem Bauch auf das Pflaster. Vor Schmerz wurde ich bewußtlos.

Dann erinnerte ich mich erst wieder daran, daß Israel und Mannie mich in einen Hausgang schleppten. Ich wußte genau, daß ich schwer verletzt war, denn ich konnte die Beine nicht mehr bewegen. „Los, schnell", sagten sie immer wieder. „Diese Bastarde werden gleich wieder· hier sein! Wir müssen hier fort!" Wieder wurde ich bewußtlos, und als ich endlich zu mir kam, lag ich in meinem Bett. Sie hatten mich den ganzen Weg nach Hause und dann noch die drei Treppen hinauf geschleppt.

Heiße Sonne flutete durch das Fenster. Ich fühlte mich zerschlagen und elend. Ich wollte die Hose ausziehen, doch sie war festgeklebt, und ich hatte das Gefühl, ich würde mir dabei die Haut aufreißen. Ich schleppte mich ins Badezimmer hinunter und stand in vollen Kleidern unter der Dusche, bis das Blut aufweichte und ich die Hose vorsichtig ausziehen konnte. Rücken und Hüften waren von tiefen Schnitten und grünblauen Beulen übersät. Nackt kroch ich wieder die Treppe hinauf und dachte an den Burschen, den wir ohne Hosen durch die Straßen gejagt hatten.

Junge, Junge, dachte ich, wenn der mich jetzt sehen könnte!

Ich kroch in mein Zimmer und brachte den Rest des Tages damit zu, meine Wunden zu pflegen. Präsident der Mau-Maus zu sein. bedeutete schon etwas — und manchmal sogar den Tod. Diesmal wäre es beinahe soweit gewesen.

Höllenbrenner

Im Herbst besuchte mich mein Bruder Louis, der in der Bronx wohnte, und bat mich, zu ihm zu ziehen. In den Zeitungen hatte er über meinen Ärger mit der Polizei gelesen. „Nicky, du spielst mit deinem Leben, und das ist ein gefährliches Spiel. Eines Tages bringen sie dich um! Meine Frau und ich bitten dich, zu uns zu ziehen."

Ich lachte ihn nur aus.

„Das glaubst du doch selbst nicht", sagte ich. „Mich will keiner haben, schon von Anfang an nicht."

„Das stimmt ja gar nicht, Nicky", antwortete Louis. „Wir mögen dich alle gern. Frank und Gene und wir alle."

„Hör zu", sagte ich. „Mich mag keiner. Du schwindelst.

84

Du magst mich nicht, Frank nicht, Gene nicht, und Mama und Papa mögen mich auch nicht ..."

„Jetzt hör aber auf!" unterbrach mich Louis. „Papa und Mama lieben dich!"

„So? Wieso hat er mich dann von zu Hause weggeschickt? Kannst du mir das erklären, du kluger Junge?"

„Weil sie nicht mehr mit dir fertig werden konnten. Du bist wie ein Wilder ... Es ist, als müßtest du immer vor irgend etwas ausreißen!"

„Ja? Vielleicht reiße ich vor euch aus. Weißt du, wie oft Papa sich zu mir gesetzt und mit mir gesprochen hat? Einmal! Ein einziges Mal hat er mit mir gesprochen. Und dann hat er mir eine Geschichte über irgendeinen verrückten Vogel erzählt. Einmal! Das ist alles. Du kannst mir doch nicht weismachen, daß er mich liebt! Er hatte für keinen Menschen Zeit, nur für sich selbst!"

Louis stand auf und ging hin und her. „Nicky, kannst du denn nicht einmal vernünftig sein?"

„Warum soll ich denn zu dir ziehen? Du würdest mich ja doch nur in die Schule schicken, genau wie Frank. Hier habe ich es geschafft! Ich habe 200 Jungen, die alles tun, was ich ihnen sage, und 75 Mädchen, die mitkommen, wenn ich nur einmal mit dem Kopf nicke. Sie geben mir soviel Geld, wie ich brauche. Sie achten mich, sogar die Polizei achtet mich, wenn auch nur aus Angst. Warum soll ich mit dir gehen? Die Gang ist meine Familie, mehr brauche ich nicht."

Louis saß bis tief in die Nacht auf dem Bettrand und versuchte, mir zu erklären, daß eines Tages alles anders werden würde. Er sagte, wenn ich nicht vorher umgebracht würde oder ins Gefängnis käme, dann brauchte ich eines Tages einen Beruf, und dazu müßte ich etwas gelernt haben. Aber ich sagte, er brauchte sich darüber keine Gedanken machen.

Als ich dann allein in meinem Zimmer war, meldete sich die Furcht, die ich vorher so geschickt verborgen hatte. Ich lag auf dem Bett und trank so lange Wein, bis ich mich nicht mehr aufrichten konnte. In dieser Nacht erlebte ich schreckliche Angstträume. Ich sah Papa, der in einer Höhle angekettet lag und Zähne wie ein Wolf und ein rauhes, zottiges Fell hatte. Er heulte furchtbar, und ich wollte gern in seine Nähe kommen und ihn streicheln, doch ich fürchtete, er würde nach mir beißen.

Und dann kamen die Vögel. Louis Gesicht näherte sich mir immer wieder, während er auf einem Vogel ritt, der sich frei durch den Himmel schwang. Dann war ich plötzlich von Millionen flatternder Vögel umgeben, die mir das Fleisch vom Leibe rissen und nach meinen Augen pickten. Jedesmal, wenn ich mich von ihnen befreien konnte, sah ich Louis auf dem Rücken eines Vogels in den Himmel auffliegen, irgendeiner unbekannten Freiheit entgegen. Schreiend wachte ich auf.

So blieb es über zwei Jahre. Sobald ich aber in den Schlaf sank, sah ich Papa in der Dunkelheit angekettet, und die Vögel griffen mich in dichten Schwärmen an. Ich fürchtete mich vor dem Schlafengehen. Ich wünschte, er könne nach New York kommen und die Dämonen aus mir treiben.

Nacht für Nacht lag ich in meinem Bett und sagte immer wieder: „Es gibt keinen Ausweg!"

Nur die Gang bewahrte mich davor, den Verstand zu verlieren.

Die Mau-Maus waren zum Teil meines Lebens geworden. Wenn wir auch für uns allein stark genug waren, schlossen wir doch hin und wieder ein Bündnis mit einer anderen Gang. Im Winter 1955 besuchten uns die Höllenbrenner aus Williamsburg und boten uns ein Bündnis an.

Es war schon fast dunkel, und ein paar von uns standen beieinander, um über einen bevorstehenden Überfall auf ein Kaufhaus zu sprechen. Ich blickte auf und sah drei Jungen aus der Dunkelheit auf mich zukommen. Sofort waren wir auf der Hut.

„He! Was wollt ihr?" rief ich ihnen entgegen.

Einer antwortete: „Wir suchen Nicky, den Präsidenten der Mau-Maus!"

Das konnte auch ein Trick sein. „Was wollt ihr denn von ihm?"

„Wir sind in Schwierigkeiten geraten und müssen mit Nicky sprechen."

Ich war noch immer mißtrauisch. „Was für Schwierigkeiten?"

„Ich bin Willy", sagte der Sprecher. Er war mir jetzt nahe genug, daß ich ihn erkennen konnte. „Ich bin der Chef der Höllenbrenner. Wir brauchen Hilfe."

Jetzt fühlte ich mich sicherer. „Was für Hilfe?"

„Habt ihr gehört, was die Phantom Lords mit Ike angestellt haben?" Er deutete mit dem Kopf auf den Jungen neben ihm.

Ich hatte es gehört. In allen Zeitungen hatte es gestanden. Ike war 14 Jahre alt und wohnte in der Keap Street. Er hatte mit zwei anderen Jungen auf der Straße gespielt, als die Phantom Lords ihn angriffen. Die zwei konnten fliehen, aber Ike hatten sie geschnappt. Dort hatten sie ihm — so hatten die Zeitungen berichtet — die Hände zusammengebunden und geschlagen, bis er bewußtlos war. Dann hatten sie ihm Feuerzeugbenzin über die Hände geschüttet und es angezündet und ihn bewußtlos auf der Straße liegen gelassen, bis er schließlich von einer Polizeistreife aufgelesen wurde.

Ich sah mir den Jungen an, den Willy als Ike vorgestellt hatte. Hände und Arme waren verbunden, und sein Gesicht war schrecklich zugerichtet.

Willy fuhr fort: „Ihr seid die einzigen, die uns helfen können. Wir könnten Brudergangs sein. Alle haben Angst vor den Mau-Maus, und wir brauchen eure Hilfe, wenn wir es mit den Phantom Lords aufnehmen wollen. Wenn wir Ike nicht rächen, wird man uns für feige halten."

Alle Gangs kannten nur zu gut unseren Ruf als Schläger. Es war nicht das erstemal, daß jemand unsere Hilfe suchte. Und wir gewährten sie gern.

„Und wenn wir euch nicht helfen?"

„Dann verlieren wir unser Gebiet an die Phantom Lords. Gestern abend waren sie schon bei uns und haben unsern Drugstore niedergebrannt."

„Euren Laden? Gut, mein Junge! Dann werde ich eben die Phantom Lords verbrennen. Alle! Morgen abend komme ich zu euch, und dann können wir besprechen, wie wir diese Kerle fertigmachen!"

Am nächsten Abend verließ ich mein Zimmer nach Anbruch der Dunkelheit und ging nach Williamsburg hinüber. Unterwegs las ich zehn Mitglieder meiner Gang auf. Als wir das fremde Gebiet betraten, spürten wir gleich die Spannung, die in der Luft lag. Die Höllenbrenner hatten Angst und hielten die Dächer besetzt. Plötzlich wurden wir mit Steinen und Flaschen beworfen. Zum Glück zielten sie schlecht, und wir drückten uns schnell in einen Hauseingang, um der Flut von Steinen und Glas zu entgehen.

Ich befahl meinen Kameraden zu warten und ging die

Treppe zum Dach hinauf. Im obersten Geschoß fand ich eine Leiter, die zur Luke führte. Als ich sie aufstieß, sah ich, daß die Jungen hinter dem Dachfirst lagen und auf die Straße hinuntersahen. Ich schlich mich hinter zwei von ihnen und schlug ihnen auf die Schultern. Sie schrien vor Schreck auf und wären beinahe vom Dach gestürzt. Dann sahen sie mich mit weiten Augen an.

„Wer bist du denn?" stotterten sie.

Ich mußte grinsen. „Tag, Kinder! Ich bin Nicky. Und ihr?"

„Wer ist Nicky?" brachte einer von ihnen hervor.

„Ich bin der Chef der Mau-Maus. Wir wollen euch helfen, falls ihr uns nicht vorher umbringt. Wo ist euer Chef? Wo ist Willy?"

Willy befand sich auf dem Dach eines anderen Hauses. Sie führten mich zu ihm.

Willy erklärte mir, wie sie ein Eindringen der Phantom Lords verhindern wollten, doch bisher hatten sie damit keinen Erfolg gehabt. Heute abend war alles ruhig, aber niemand konnte wissen, wann die Gegner auftauchen und alles kurz und klein schlagen würden.

Willy hatte einen Revolver in der Hand, aber die anderen Jungen waren anscheinend unbewaffnet. Ich hörte zu, was sie zu sagen hatten, und begann dann, meinen Plan für die große Schlacht zu entwickeln. „Ihr verliert, wenn ihr euch in die Verteidigung drängen laßt. Das muß man ganz anders machen. Man muß zu ihnen gehen!"

Ich schwieg und wartete die Wirkung der Worte ab, dann fuhr ich fort: „Und keine Kanonen!"

Bewegung kam in die Menge. „Keine Kanonen? Wie sollen wir dann die Phantoms schlagen?"

„Wir müssen leise Waffen benutzen." Ich zog ein halbmeterlanges Bajonett hervor, zog es aus der Scheide und hieb es durch die Luft. Die umstehenden Jungen pfiffen anerkennend durch die Zähne.

Ich wandte mich wieder an Willy. „Ich brauche fünf von deinen besten Jungen, und wir nehmen noch fünf von unseren. Und morgen abend gehen wir in das Gebiet der Lords und sprechen mit ihren Chefs. Sie werden die Mau-Maus bestimmt nicht gern gegen sich haben. Ich werde ihnen erklären, daß wir Brudergangs sind, und wenn sie euch nicht in Ruhe lassen, müssen sie eben die Konsequenzen ziehen. Dann brennen wir ihren Laden nieder, damit sie sehen, daß wir es ernst meinen. Was meint ihr dazu?"

Alle redeten durcheinander: „Jawohl! Denen werden wir's zeigen! Die machen wir fertig!"

Am nächsten Nachmittag kam ich mit fünf von unseren Jungen, und wir trafen uns im Drugstore an der White Street im Gebiet der Höllenbrenner. Seit der Auseinandersetzung vor ein paar Abenden war der Laden schon wieder hergerichtet worden. Fünf der Höllenbrenner, darunter Willy selbst, erwarteten uns dort. Ich sprach mit dem Inhaber und sagte ihm, es täte uns leid, daß die Phantom Lords seinen Laden verwüstet hätten, aber wir würden dafür sorgen, daß so etwas nicht noch einmal vorkäme. Dann bat ich ihn, mein Bajonett aufzubewahren, bis wir zurückkämen.

Es war ungefähr fünf Uhr nachmittags, und ein leichter Regen fiel durch die Dämmerung, als wir die 3. Straße im Gebiet der Phantom Lords betraten. Fünf von ihnen waren in ihrem Süßwarenladen, und sie konnten nicht weg, weil wir den Eingang besetzt hielten.

Alle hatten wir die Hände in die Jackentaschen gesteckt, als hätten wir Kanonen dabei, und ich ging auf die Jungen zu, die jetzt neben ihrem Tisch standen. „Wo ist euer Chef?" fragte ich.

Ein verschlagen aussehender Bursche mit einer dunklen Brille antwortete: „Freddy ist unser Boß!"

„Und wer von euch ist Freddy?"

Ein ungefähr achtzehnjähriger Junge mit kurzem schwarzem Haar sagte: „Das bin ich! Und wer bist du?"

Ich stand noch immer mit den Händen in der Tasche vor ihm und hatte den Kragen meines Regenmantels hochgeschlagen. „Ich bin Nicky, der Präsident der Mau-Maus. Und das hier ist Willy, der Führer der Höllenbrenner. Unsere beiden Gangs sind jetzt befreundet, und wir wollen, daß der Kampf aufhört."

„Okay", sagte Freddy. „Setzt euch her, damit wir alles besprechen können."

Wir gingen an die Seite, um miteinander zu sprechen, aber einer von den Phantom Lords beschimpfte Willy. Ehe ich noch etwas tun konnte, riß Willy sein Klappmesser aus der Tasche. Anstatt nun zurückzuweichen, schwang der andere Junge seinen Regenschirm gegen Willy. Die spitzgeschliffene Spitze traf Willys Rippen. Schon nahm einer der Höllenbrenner einen schweren Zuckerstreuer von der Theke und warf ihn gegen den Regenschirmbesitzer und traf ihn an der Schulter.

„He, beruhigt euch!" rief Freddy, doch niemand hörte mehr auf ihn. Dann wandte er sich an mich: „Halt sie doch auf!"

„Das kannst du ja machen. Deine Jungs haben angefangen."

In diesem Augenblick schlug mir jemand über den Hinterkopf, und ich hörte Glas klirren, als eine Flasche in den Wandspiegel flog.

Draußen stoppte ein Streifenwagen der Polizei mit eingeschaltetem Blinklicht. Zwei uniformierte Beamte sprangen heraus, ließen die Wagentüren offen und stürmten mit gezogenen Gummiknüppeln in den Laden.

Wie auf ein Geheimsignal strömten alle Jungen durch die Tür und zerstreuten sich draußen zwischen den Autos. Ein Polizeibeamter war gleich hinter mir, doch ich stürzte einen großen Müllkübel um, der auf dem Bürgersteig stand, so daß ich Zeit gewann und verschwinden konnte.

Ein Kampf war nun unvermeidlich geworden.

Am nächsten Abend versammelten sich über 100 Mau-Maus im Gebiet der Höllenbrenner. Willy hatte ungefähr 50 von seinen Jungen mitgebracht, und gemeinsam marschierten wir mitten auf der Straße zum Quartier der Phantom Lords.

Charlie Cortez, einer der Mau-Maus, hatte die ganze vergangene Woche Heroin gespritzt, und jetzt war ihm nach einer Prügelei zumute. Als wir den Laden erreichten, riß er die Tür auf und packte sich einen der Phantom Lords, der einen Ausbruch versuchte. Er stach mit dem Messer auf ihn ein, verfehlte ihn jedoch und reichte ihn mir weiter.

Ich lachte. Ich schlug dem strauchelnden Jungen ein Bleirohr über den Kopf. Er schrie vor Schmerz auf. Während er auf dem Boden entlangkroch, schlug ich abermals zu, und um seinen Kopf breitete sich eine Blutlache aus.

„Los, Jungen!" schrie einer. „Wir brennen die ganze Straße nieder!" Die Jungen spritzten auseinander. Ein Teil drang in den Drugstore ein, die anderen in die nebenanliegende Spielhalle. Ich wurde von der Woge mit in den Laden gespült, hatte immer noch das Bleirohr in der Hand und schlug auf alles ein, was mir in den Weg kam. Die

Fensterscheiben waren schon zerbrochen, und ich sah, daß der Inhaber des Geschäfts sich hinter seinem Ladentisch duckte, um sich zu schützen. Die Jungen schienen den Verstand verloren zu haben. Jemand stürzte die Musikbox um, und ich trampelte darauf herum und schlug sie mit meinem Bleirohr zusammen. Andere waren jetzt hinter dem Ladentisch, warfen die Waren aus den Regalen und zerschlugen Gläser und Teller. Jemand räumte die Ladenkasse aus, und dann warfen sie zwei Phantoms durch die zerbrochene Schaufensterscheibe auf die Straße.

Ich rannte nach draußen, und mein Gesicht war voller Blut, weil mich ein Glassplitter getroffen hatte. Ungefähr 50 Jungen waren in der Spielhalle. Sie hatten die Tische umgeworfen und die Billardstöcke zerbrochen, jetzt warfen sie die Kugeln in die Schaufensterscheiben der gegenüberliegenden Straßenseite.

Ein paar Jungen sprangen auf einem parkenden Auto herum, bis der Wagen völlig demoliert war. Alle lachten und schrien vor Begeisterung.

Sirenen heulten, und Polizeiautos kamen von beiden Straßenenden herangerollt. Für gewöhnlich war das für die Jungen das Signal, sich zu verdrücken. Aber die Besessenheit dieser Zerstörung hatte sie so ergriffen, daß sich keiner mehr um die Polizeisirenen kümmerte.

Einer der Streifenwagen kam bis zur Mitte des Häuserblocks, doch die Polizisten konnten die Türen nicht öffnen, denn das Auto wurde von Jungen dicht umdrängt, die mit Flaschen die Windschutzscheibe und die Scheinwerfer einschlugen. Sie kletterten auf das Wagendach und rissen die Funkantenne herunter. Einer der Jungen trat mit den Füßen gegen die Sirene, bis sie abbrach und zu Boden fiel.

Weitere Polizeiwagen hielten am Ende der Straße. Über

150 Jungen schrien, stürzten Autos um und zerbrachen Fensterscheiben. Polizisten wateten in das Gewirr und hieben mit ihren Gummiknüppeln um sich. Ich sah, daß Charlie sich mitten auf der Straße mit zwei Polizisten prügelte, eilte ihm zu Hilfe, hörte dann aber Schüsse und wußte, daß es höchste Zeit wurde, sich in Sicherheit zu bringen. Wir stürmten in die Häuser, die Treppen hinauf und auf die Dächer. Minuten später war kein Mensch mehr auf der Straße zu sehen. Nur Zerstörung blieb zurück. Kein Wagen war unbeschädigt geblieben. Der Laden war völlig zerstört, und mit der Spielhalle stand es nicht besser. In der Bar auf der gegenüberliegenden Straßenseite hatte man die Fenster eingeschlagen, und der meiste Whisky aus dem Schaufenster war verschwunden. Jemand hatte die Polster eines Wagens aufgeschlitzt und ihn in Brand gesteckt. Die Polizei versuchte zu löschen, doch der Wagen brannte noch, als wir verschwanden.

Alle entkamen, bis auf Charlie Cortez. Er wurde zu drei Jahren Gefängnis verurteilt.

Aber die Phantom Lords wagten sich nie mehr in das Gebiet der Höllenbrenner.

Sohn des Teufels

Als der zweite Sommer kam, schien das ganze Getto vor
Haß und Gewalttat zu brennen. Die Gangs hatten sich
während des Winters zurückgezogen und traten im Frühling mit frisch organisierten Kräften hervor. Inzwischen
galt ich als der gefährlichste Bandenführer Brooklyns.
Achtzehnmal war ich festgenommen worden, und einmal
hatte ich während des Winters dreißig Tage in Untersu-
chungshaft gesessen und auf die Verhandlung gewartet,
doch das Material gegen mich reichte nicht zu einer Anklage
aus.

Als es wieder wärmer wurde, gebärdeten wir uns wie
Wilde. Am 1. Mai ging Mingo, der Präsident der Kaplane,

mit einer abgesägten Schrotflinte unter dem Arm in einen Laden.

„He, Baby", sagte er und deutete mit der Waffe auf einen Jungen, der an einem Tisch saß, „bist du Sawgrass?"

„Ja, bin ich. Aber was geht dich das an?"

Mingo antwortete nicht. Er hob nur sein Gewehr und zielte auf den Kopf des anderen. Der stand auf und lächelte verzerrt: „Mensch, richte das Ding doch nicht ausgerechnet auf mich! Es könnte doch losgehen!"

Mingo stand unter Heroin. Er sah sein Gegenüber nur ausdruckslos an und drückte ab. Der Schuß traf den Jungen genau über der Nase und sprengte ihm den Schädel. Blut, Knochen und Haut spritzten gegen die Wand.

Mingo drehte sich um und verließ den Laden. Als die Polizei ihn einholte, ging er die Straße entlang, das Gewehr lässig in der Hand tragend. Die Polizisten forderten ihn auf, die Hände hochzunehmen. Statt dessen fuhr er herum und hob die Waffe gegen die Beamten. Sie eröffneten das Feuer, und er fiel, von Kugeln durchsiebt, auf die Straße.

Aber in jedem von uns steckte ein Mingo. Es war, als wäre die ganze Stadt verrückt geworden.

In diesem Sommer erklärten wir der Polizei den Krieg. Wir schrieben einen Brief an die Beamten des 88. Bezirks, in dem wir ihnen mitteilten, daß von nun an jeder Polizist, der unser Gebiet betrete, als Feind behandelt werde.

Die Polizei verdoppelte ihre Streifen, und fast immer gingen drei Beamte bei ihren Kontrollgängen zusammen. Das störte uns nicht. Wir versammelten uns auf den Dächern und warfen Steine, Flaschen und Mülltonnen auf sie hinunter. Wenn sie mitten auf der Straße patrouillierten, eröffneten wir das Feuer. Wir zielten nicht besonders gut, und unsere selbstgefertigten Waffen waren auch nur im

Nahkampf halbwegs genau. Es blieb unser höchster Traum, tatsächlich einen Polizisten zu töten.

Besonders gern warfen wir Benzinbomben. Das Benzin dazu stahlen wir nachts aus parkenden Wagen und füllten es in Cola- oder Weinflaschen. Dazu kam dann noch ein Docht, den zündeten wir an und ließen die Bombe vor einer Polizeiwache oder neben einem Streifenwagen explodieren.

Manchmal ging sie allerdings auch in der falschen Richtung los. Eines Nachmittags entzündete Dan Brunson, ein Mitglied unserer Gang, eine Benzinbombe, um sie in eine Polizeiwache zu werfen. Der Docht brannte zu schnell, und die Bombe explodierte, während er sie noch in der Hand hielt. Ehe ihn noch jemand erreichen konnte, stand er in hellen Flammen. Die Polizisten kamen herausgestürzt und schlugen die Flammen mit den Händen aus. Einer von ihnen erlitt dabei schwere Brandwunden. Dan wurde sofort in das Krankenhaus gebracht, aber es wird Jahre dauern, bis er wieder völlig gesund wird.

Feiertage waren für unsere Unternehmungen besonders beliebt. Zu Ostern, Pfingsten oder am Memorial Day versammelten sich die meisten der 285 New Yorker Gangs auf Coney Island. Alle trugen ihre besten Sachen und versuchten damit anzugeben, was zu heftigen und oft blutigen Auseinandersetzungen führte. An diesem 4. Juli töteten die Bischöfe Larry Stein, einen von unseren Jungen. Er war erst 13 Jahre alt, und fünf der Kerle prügelten ihn mit Fahrradketten zu Tode und vergruben seinen Leichnam im Sand. Erst Tage später wurde er gefunden.

Als wir die Nachricht davon erfuhren, wären unsere Jungen am liebsten gleich losgezogen, um das Quartier der Bischöfe niederzubrennen und ganz Bedford in Brand zu stecken. Ich konnte sie zur Vernunft bringen, und wir beschlossen, zunächst Larrys Beerdigung abzuwarten.

Am nächsten Nachmittag versammelten wir uns in der Nähe des Friedhofs. Zwei Wagen brachten die Hinterbliebenen. Ich erkannte Larrys Mutter, seinen Vater und vier Brüder. Wir hatten uns bisher im Hintergrund gehalten, doch als die Trauergäste eintrafen, traten wir vor — über zweihundert Mädchen und Jungen, die meisten in schwarzen Jacken mit dem roten Doppel-M auf dem Rücken.

Ich ging auf Mrs. Stein zu, um ihr unser Beileid auszusprechen. Sie sah mich kommen und begann zu schreien: „Bringt sie hier weg! Schafft sie fort, diese Ungeheuer!" Sie drehte sich um, ging ein paar schwankende Schritte auf den Wagen zu, verlor die Besinnung und fiel ins Gras. Ihr Mann beugte sich über sie, und die vier kleinen Jungen sahen entsetzt zu, wie unsere Gang sich rund um das Grab aufstellte.

Mr. Stein sah zu mir auf und sagte: „Du bist für das alles verantwortlich! Ohne dich und deine Bande würde Larry heute noch leben!" Er kam mit haßfunkelnden Augen auf mich zu, doch der Friedhofsbeamte hielt ihn fest und zog ihn zurück.

„Bitte, wartet auf der anderen Seite des Grabes", sagte er dann zu mir. „Gebt uns Gelegenheit, das Begräbnis würdig durchzuführen. Einverstanden?"

Ich fügte mich, und wir zogen uns hinter das Grab zurück.

An diesem Abend konnte uns nichts mehr aufhalten. Wir wußten, daß eine andere Gang einen der Bischöfe umgebracht hatte, und daß die Beerdigung am folgenden Tag stattfinden sollte. Die Jungen hatten vor, dieses Begräbnis platzen zu lassen, indem sie Benzinbomben von den Dächern warfen. Es war erstaunlich, wie sehr sie darauf aus waren, den Tod ihres Kameraden zu rächen. Sie glühten vor Haß. Mannie schrie, er ginge jetzt zur Halle, wo die Leiche des toten Jungen aufgebahrt war. „Los, wir brennen sie nieder!" schrie er. „Wenn wir bis morgen warten, ist es zu spät!"

„Ja! Ja! Los!" schrie der Chor. Über fünfzehn von ihnen liefen zum Leichenhaus des Negerfriedhofs, stürzten Särge um und zerfetzten die Vorhänge.

Der Trauergottesdienst fand unter starkem Polizeischutz statt, aber wir hatten das Gefühl, uns gerächt zu haben.

Ich war ein Tier ohne Gewissen, Moral, Vernunft und irgendein Gefühl für Gut und Böse. Die Gang unterstützte mich durch Anteile an der Beute ihrer nächtlichen Raubzüge, und auch Frank half mir hin und wieder. Aber ich zog es vor, für mich selbst zu sorgen.

Im Frühjahr 1957 kam Frank zu mir und sagte, Papa und Mama kämen aus Puerto Rico zu Besuch. Er wollte, daß ich ihn am nächsten Abend in seiner Wohnung besuchte, um sie zu begrüßen. Ich lehnte ab. Ich brauchte sie nicht. Sie hatten mich verstoßen, und jetzt wollte ich nichts mehr mit ihnen zu tun haben.

Am nächsten Abend brachte Frank Papa in mein Zimmer. Mama, so sagte er, hatte nicht mitkommen wollen, weil ich mich geweigert hatte, sie zu begrüßen.

Papa stand lange an der Tür und sah mich an, während ich auf meinem Bett saß.

„Frank hat mir von dir erzählt", begann er dann, und seine Stimme wurde immer lauter, bis er endlich fast schrie. „Er sagt, daß du ein Bandenchef bist und daß die Polizei hinter dir her ist. Stimmt das?"

Ich antwortete nicht, wandte mich an Frank, der neben

ihm stand, und fauchte ihn an: „Warum hast du ihm das erzählt? Ich hab dir doch gesagt, daß ich keinen von euch sehen will!"

„Ich habe ihm nur die Wahrheit gesagt, Nicky", antwortete Frank ruhig. „Und es wird Zeit, daß du selbst die Wahrheit erkennst!"

„Er ist von einem Dämon besessen", sagte Vater und starrte mich mit bewegungslosen Augen an. „Er ist besessen. Ich muß ihn befreien."

Ich sah Papa an und lachte nervös. „Letztes Jahr dachte ich auch, ich hätte einen Dämon in mir; aber jetzt haben sogar die Dämonen Angst vor mir."

Mein Vater kam durch das Zimmer und legte mir die Hand auf die Schulter. Dann drückte er mich so heftig nieder, daß ich auf dem Boden niederknien mußte. Seine kräftigen Hände hielten mich fest wie Ketten.

„Ich spüre fünf böse Geister in ihm", sagte er. Dann winkte er Frank, er solle meine Arme festhalten und über den Kopf heben. Ich wollte mich losreißen, doch die beiden waren zu stark für mich. „Fünf Dämonen!" rief Vater. „Darum ist er ein Verbrecher geworden. Aber heute werden wir ihn heilen!"

Er legte die verschränkten Hände auf meinen Kopf und drückte sehr stark, als wollte er einen festsitzenden Deckel von einer Flasche schrauben.

„Heraus mich euch!" schrie er. „Ich befehle euch, aus ihm auszufahren!" Dann schlug er mir mit beiden Händen heftig gegen die Schläfen und ich hörte, wie er den Dämonen befahl, aus meinem Gehirn auszufahren.

Frank hielt meine Arme in die Höhe, als Vater die Hände um meinen Hals legte, als wollte er mich erwürgen. „Es ist auch ein Dämon in seiner Zunge! Heraus mit dir!

Heraus!" Und dann schrie er: „Da ist er! Ich habe ihn herauskommen sehen!"

„Auch sein Herz ist finster", fuhr er fort und hieb mir mehrmals mit den Fäusten gegen die Brust, daß ich glaubte, er würde mir die Rippen brechen.

Endlich umschlang er meine Hüften, zog mich auf die Füße, legte die Hände auf meinen Schoß und befahl den Dämonen, aus meinen Lenden zu fahren.

Dann ließ er mich los, und Frank sagte: „Vater hat dir einen großen Gefallen getan, Nicky! Du bist böse gewesen, aber er hat dich jetzt wieder rein gemacht."

Papa stand inmitten des Zimmers und zitterte wie ein Blatt. Ich lief schimpfend durch die Tür, rannte die Treppen hinunter und auf die Straße. Zwei Stunden später sah ich einen Matrosen, der auf einer Bank im Washington Park seinen Rausch ausschlief. Ich nahm seine Brieftasche. Wenn Papa die Dämonen wirklich aus mir vertrieben hatte, dann waren sie jedenfalls schnell zurückgekommen. Ich war immer noch ein Sohn des Teufels.

Mir kam der Gedanke zu einem leicht auszuführenden Raub. Ich hatte beobachtet, daß jeden Samstag um drei Uhr ein Mann in einem schwarzen Cadillac vor einem bestimmten Haus hielt. Die anderen Jungen beobachteten ihn oft, und wir machten unsere Witze über ihn. Wir wußten genau, daß er aus Jersey kam und immer wartete, bis Mario Silvario zur Arbeit gegangen war.

Jeden Samstag war es dasselbe. Er parkte seinen Cadillac, verschloß die Tür und ging in Marios Wohnung hinauf.

Ich setzte Mannie auseinander, was für eine leichte Arbeit wir da vor uns hätten, und er war einverstanden. Wir forderten Willy noch auf, mitzumachen. Wir wollten uns um zwei Uhr treffen.

Als wir die Wohnung erreichten, wartete Willy schon und überprüfte seinen Revolver. Er hatte alle Kugeln herausgenommen und nebeneinander auf eine Treppenstufe gelegt. Als er uns kommen sah, lud er die Waffe wieder und steckte sie in die Tasche.

Nach unserem Plan sollten Mannie und Willy hinter dem Haus warten. Wenn der Mann aus seinem Wagen stieg, würde ich auf ihn zugehen und ihn etwas fragen. Dann sollten Willy und Mannie hinzukommen, und Willy würde ihn mit der Waffe in Schach halten, während wir seine Taschen durchsuchten und ihm das Geld abnahmen.

Ungefähr um viertel vier kam der Cadillac um die Ecke und blieb vor dem Haus stehen. Meine Freunde verschwanden, und ich zog meinen Regenmantel an und trat auf den Bürgersteig. Der Mann stieg aus. Er war groß, ungefähr vierzig Jahre alt und trug einen teuren Mantel. Sorgfältig verschloß er seinen Wagen und ging dann auf den Hauseingang zu. Die Straße war menschenleer.

Der Mann sah mich kommen und beschleunigte den Schritt. „Ach, bitte!" sagte ich. „Ich habe mich verlaufen. Können Sie mir vielleicht sagen, wie ich zur Lafayette Avenue komme?"

Der Mann blieb stehen und sah sich nach allen Seiten um. „Hau ab, Junge!" sagte er. „Ich will keine Schwierigkeiten."

„Ich will doch nur wissen, wo die Lafayette Avenue ist", erwiderte ich grinsend und steckte die Hand in die Jackentasche, als hätte ich einen Revolver darin.

„Hilfe! Räuber!" schrie er und lief zu seinem Wagen zurück.

Ich warf mich gegen ihn. „Halten Sie das Maul oder ich lege Sie um!"

Er keuchte und sah mich ungläubig an, dann fing er wieder an zu schreien: „Hilfe! Hilfe!"

In diesem Augenblick schlang Mannie ihm von hinten die Arme um den Hals und stieß ihm die Mündung seines Revolvers an die Schläfe. „Noch einen Laut, dann drücke ich ab!"

Der Mann stand wie versteinert, während wir anderen ihn durchsuchten. In seiner Jackentasche fand ich das größte Bündel Geldscheine, das ich je gesehen hatte. Er hatte sie gerollt und mit einem Gummiband zusammengehalten.

„Sieh mal, Willy! Was hältst du davon! Der Kerl ist reich. Guck mal, soviel Geld!"

Ich zog mich lachend zurück. Wir hatten es gut getroffen. Ich tanzte auf der Straße und machte mich über den Mann lustig. „Sag mal, Alterchen, wenn ich dich jeden Samstag mit meiner Mutter schlafen lasse, gibst du mir dann noch mehr Geld?"

Mannie spielte mit und fing an, den Gürtel des Mannes aufzuschnallen. „Haben Sie was dagegen, wenn wir Ihnen die Hosen wegnehmen, damit alle Damen sehen können, was für ein Prachtkerl Sie sind?"

Der Mann biß die Zähne zusammen und stöhnte. „Wir tun Ihnen doch nur einen Gefallen! Kommen Sie, lassen Sie sich die Hosen ausziehen wie ein lieber kleiner Junge!"

Mannie hatte den Gürtel geöffnet, und der Mann schrie wieder: „Hilfe! Hilfe!"

Ich sprang auf ihn zu und schlug ihm den Handrücken über den Mund. Er schlug die Zähne heftig in meinen Handballen, ich sprang zurück und schrie: „Brenn ihm eins auf, Willy! Mach ihn fertig! Er hat mich gebissen!"

Willy trat zurück, richtete den Revolver mit beiden Händen auf den Rücken des Mannes und drückte ab. Ich hörte den Schlagbolzen klicken, aber sonst geschah nichts.

Mit meiner unverletzten Hand schlug ich dem Mann in die Magengrube, so heftig ich konnte. Er beugte sich vorwärts, und ich schlug ihm die andere Hand gegen die Schläfe, doch es tat so weh, daß ich glaubte, ich würde die Besinnung verlieren. Ich ging um ihn herum: „Los, Willy, mach ihn kalt!" forderte ich nochmals.

Wieder drückte Willy ab und wieder geschah nichts. Er versuchte es immer wieder, aber kein Schuß wollte sich lösen.

Ich entriß ihm den Revolver und schlug ihn dem Mann ins Gesicht. In einer Platzwunde war das Weiß seines Wangenknochens zu erkennen, das sich schnell rot färbte. Der Mann wollte schreien, als ich abermals zuschlug, doch diesmal traf ich ihn mitten auf den Schädel, er brach auf dem Bürgersteig zusammen, und eine Hand hing kraftlos über dem Randstein. Wir warteten nicht länger. Fenster wurden geöffnet, und wir hörten Rufe. Wir jagten die Straße hinunter und bogen in eine Seitengasse ein. Während des Laufens zog ich meinen Regenmantel aus und stopfte ihn in einen Müllkübel.

Dann trennten wir uns. Ich lief in meine Straße zurück und in mein Zimmer. Sobald ich drin war, verschloß ich die Tür hinter mir. Dann stand ich keuchend und lachend da. War das ein Leben!

Ich schaltete das Licht ein und betrachtete meine Hand. Die Zahnabdrücke waren deutlich zu sehen. Mit etwas Wein wusch ich die Bißwunde aus und wickelte mein Taschentuch darum.

Dann löschte ich das Licht wieder und warf mich auf das

Bett. In der Ferne heulten Polizeisirenen, und ich lachte leise. Das ist ein Haufen Geld, dachte ich und fühlte in meiner Tasche nach den Banknoten.

Sie waren nicht da! Ich sprang auf und durchsuchte fieberhaft alle meine Taschen. Und plötzlich fiel es mir ein! Ich hatte das Geld zu Beginn der Flucht in die Tasche meines Regenmantels gestopft. Und jetzt hatte ich den Mantel in einen Abfallkübel geworfen. Und der Revolver? Auch Willys Revolver war verschwunden. Ich mußte ihn unterwegs fallen gelassen haben.

Jetzt konnte ich nicht auf die Straße. Bestimmt wimmelte es dort unten von Polizisten. Bis morgen früh mußte ich warten, aber dann war bestimmt die Müllabfuhr schon dagewesen, und Geld und Mantel waren verschwunden.

Ich warf mich wieder auf das Bett und hämmerte mit den Fäusten auf die Matratze. Soviel Mühe, und nichts, gar nichts hatte ich dabei gewonnen.

Das Lachen Satans

In den zwei Jahren meiner Präsidentschaft waren 17 Menschen getötet worden. Ich war so oft festgenommen worden, daß ich mich an die genaue Zahl nicht mehr erinnerte. Wir alle, die wir uns in den Gangs zusammengeschlossen hatten, lebten, als gebe es kein Gesetz. Nichts war uns heilig, außer unserer Gang. Für mich war es ganz besonders meine Verbindung zu Israel und Mannie.

Eines Nachts schlich Israel heimlich zu mir herauf und warf mir eine Taube ins Zimmer. Er stand draußen und hörte mich ängstlich schreien, dann öffnete er die Tür und schaltete das Licht ein. Ich versuchte, meine Furcht zu verbergen und lachte mit, als er die Taube zum Fenster hinausfliegen ließ, doch nachdem er wieder gegangen war, lag ich zitternd im Bett und hatte immer noch das Geräusch des Flügelschlags in den Ohren. Als ich endlich in einen unruhigen Schlaf sank, träumte ich, in eine endlose Tiefe zu stürzen und das Lachen des Satans zu hören.

Am nächsten Morgen kam Israel wieder und berichtete, Mannie sei bei einer Messerstecherei verletzt worden und liege im Krankenhaus.

„Was ist denn mit dir los, Nicky?" fragte er, nachdem er seinen Bericht beendet hatte. „Warum benimmst du dich so komisch?"

In mir verkrampfte sich alles, und ich fühlte, daß mir das Blut aus dem Gesicht wich. Mannie und Israel waren meine einzigen Freunde. Jetzt war mir plötzlich, als fiele alle Sicherheit von mir ab, als Israel erzählte, wie nahe Mannie dem Tode gewesen war.

Ich schüttelte den Kopf. „Es ist alles in Ordnung. Ich bin nur wütend. Ich besuche ihn und frage, wer es war, und den werde ich mir vorknöpfen."

Am Nachmittag wollte ich ins Krankenhaus, aber zwei uniformierte Polizisten standen vor der Tür. Ich kletterte die Feuerleiter hinauf und klopfte von außen an das Fenster, bis Mannie es öffnete. Er war sehr schwach und konnte kaum wieder in sein Bett zurückkriechen.

„Wer war es, Mannie?" fragte ich. „Keiner soll sagen können, er hätte auf dich eingestochen und wäre lebend davongekommen!"

„Die Bischöfe waren's. Sie haben mich allein erwischt und mit den Messern bearbeitet."

„Welcher?" fragte ich. „Weißt du, wer es war?"

„Ja. Den Anführer nannten sie Joe. Es ist ihr neuer Vizepräsident. Er hat die ganze Zeit schwer angegeben. Als er weggelaufen ist, hat er gesagt, daß er wiederkommen und mich umbringen will. Darum stehen auch die Polizisten draußen."

„Jetzt werde erst mal wieder gesund, Mannie. Und wenn du draußen bist, dann schnappen wir uns den dreckigen Nigger."

Ich kletterte wieder die Feuerleiter hinunter, und am Abend traf ich mich mit Israel und Homer Belanchi, der zu unserem inneren Kreis gehört. Nach langem Hin und Her entschieden wir uns für eine Entführung.

Am nächsten Tag stahl Homer einen Wagen. Zwei Wochen versteckten wir ihn hinter einem Lagerschuppen, bis Mannie aus dem Krankenhaus kam.

Es war in der Weihnachtswoche 1957, als wir ans Werk gingen. Homer fuhr den Wagen, und wir holten Mannie ab. Er hinkte noch. Augi, Paco und ich saßen auf den Rücksitzen. Am katholischen Freizeitheim vorbei fuhren wir zur St. Edward Street. Im Heim war an diesem Abend Tanz, und auch dort bewachten zwei uniformierte Polizisten die Tür. Da wir keinen Bischof in der Nähe sahen, fuhren wir bis zur Bar, in der die Bischöfe sich gern trafen, und parkten den Wagen gegenüber. Es war fast elf Uhr abends, und wir sagten Mannie, er solle im Wagen warten.

Als wir die Bar betraten, hockten dort einige Bischöfe, und wir sagten: „Hallo, Jungen, wir suchen euren Vizepräsidenten Joe. Wir haben gehört, daß er Frieden schließen möchte und wollen mit ihm darüber sprechen. Ist er in der Nähe?"

„Joe meinst du?" fragte einer der Jungen. „Ja, der sitzt da hinten in der Ecke mit seinem Mädchen."

Wir schlenderten dorthin, wo Joe mit seinem Mädchen

auf dem Fußboden saß. Er blickte zu uns auf, und Augie sagte: „Wir sind die Mau-Maus und wollen zu dir."

Joe wollte aufstehen, doch Augie setzte ihm einen Fuß auf die Schulter und stieß ihn wieder zurück. Wir hatten beide Revolver in den Taschen, und Joe konnte sehen, daß sie auf ihn gerichtet waren.

Joe begann zu schreien, und Augie zog seine Kanone und richtete sie auf die anderen Jungen. „Keine Bewegung! Der erste, der sich rührt, ist ein toter Mann!"

Der Barinhaber sah aus, als würde er im nächsten Augenblick den Verstand verlieren.

„Wir tun dir nichts, Papi", versicherte Augie. „Verhalt dich still, dann sind wir in einer Minute wieder verschwunden."

Ich sprach mit Joe, der noch immer neben dem verängstigten Mädchen am Boden hockte. „He, du Stinktier, du kannst wählen! Entweder du kommst jetzt mit uns, oder wir erschießen dich gleich da, wo du jetzt sitzt. Willst du eine Minute darüber nachdenken?"

Der Junge fing an, etwas zu stottern, und ich sagte: „Gut! Fein, daß du es dir überlegt hast." Ich riß ihn auf die Beine, und wir verließen die Bar, während Israel die anderen Jungen mit dem Revolver in Schach hielt.

„Den Bischöfen könnt ihr sagen, daß wir ihn wiederbringen, sobald wir ihm ein paar Kleinigkeiten über Messerstechereien gegen Mau-Maus beigebracht haben", sagte Augie. Wir schlossen die Tür hinter uns und zwangen Joe, über die Straße zu laufen, wo wir uns alle in den Wagen zwängten. Er saß auf dem Rücksitz zwischen Augie und mir, und wir hielten unsere Revolver auf ihn gerichtet. Homer fuhr zu einem verlassenen Haus in der Nähe der Manhattan-Brücke.

Wir führten unseren Gefangenen hinein und fesselten ihn auf einen Stuhl, nachdem wir ihm einen Knebel in den Mund gestopft hatten.

„Vielleicht bringen wir dich schnell um, vielleicht lassen wir dich auch für den Rest deines Lebens hier sitzen", fauchte ich ihn an. Augie spuckte ihn an, und wir gingen hinaus und verriegelten die Tür hinter uns. Es war Mitternacht.

Zwei Abende gingen wir nicht mehr hin. Als wir dann doch wieder das verlassene Haus aufsuchten, begleiteten uns 25 Mau-Maus. Joe lag auf der Seite und war noch immer an den Stuhl gefesselt. Er hatte zu entkommen versucht, war jedoch zu eng gefesselt. Wir setzten ihn wieder aufrecht und schalteten das Licht ein. In dem Haus war es eiskalt. Er blinzelte uns voller Angst an, als wir ihn umstanden.

Ich rief Mannie, er solle sich vor ihn stellen. „Mannie, ist das der Kerl, der dich mit dem Messer verletzt und gedroht hat, er wollte dich umbringen?"

Mannie kam am Stock herbeigehumpelt. „Ja, das ist er."

Ich zog Joe den Knebel aus dem Mund. Seine Zunge war geschwollen und sein Hals so ausgetrocknet, daß er nur unverständliche, krächzende Laute hervorzubringen vermochte, als er sprechen wollte.

„Seht ihr, er hat zugegeben, daß er es war", sagte ich lachend.

Augie packte das lange Haar des Gefangenen und riß ihm den Kopf zurück. Mannie schnippte die Asche von seiner Zigarette und hielt sie dicht an Joes Hals; Mannie lachte, als er die Glut ganz behutsam gegen die Haut drückte. Joe schrie vor Schmerz, und Mannie nahm die Zigarette wieder fort.

„Nochmal", sagte Augie. „Er hat dich zweimal gestochen."

Diesmal drückte Mannie die Zigarette auf den Lippen des Jungen aus. Das Kinn zitterte, als Joe versuchte, Glut und Tabak von den ausgetrockneten, aufgesprungenen Lippen zu lecken.

„So, Jungen, und jetzt seid ihr an der Reihe!" sagte Augie.

Jeder zündete eine Zigarette an und ging auf Joe zu, während Augie wieder das lange Haar gepackt hielt und den Kopf zurückzerrte. Joe wollte vor Furcht schreien, doch nur glucksende, krächzende Laute kamen aus seinem Hals, als bearbeitete jemand Draht mit Sandpapier. Jeder der Jungen drückte seine Zigarette in Joes Gesicht oder an seinem Hals aus. Jetzt brüllte Joe, bis er vor Schmerzen bewußtlos wurde.

Wir banden ihn los und warfen ihn zwischen Dreck und Spinnengeweben auf den Fußboden. Laut fluchend stießen die Jungen mit ihren spitzen Schuhen auf ihn ein. Dann schleppten wir ihn in den Wagen und fuhren wieder zu der Bar auf dem Gelände der Bischöfe. Augie schrieb einen Zettel und heftete ihn Joe an den Nacken: „Keiner verletzt einen Mau-Mau und kommt ungestraft davon!" Langsam fuhren wir an der Bar vorbei und warfen den Bewußtlosen aus dem Wagen auf die Straße. Dann jagten wir davon.

Am Weihnachtstag traf ich Mannie in Ginos Kneipe. Wir saßen auf Barhockern, rauchten Zigaretten und lachten über die vergangene Woche.

Plötzlich sah ich fünf Bischöfe über die Straße kommen, und zugleich merkte ich, daß wir allein waren, obwohl wir uns mitten im Gebiet der Mau-Maus befanden. Ich stieß Mannie an. „Bischöfe! Los, Abhauen!"

Aber es war zu spät. Wir hatten einen kleinen Vorsprung, rasten aus der Tür. Wir liefen so schnell wir konnten, doch Mannie war noch zu schwach und blieb zurück. Wir waren gestellt.

Als die Bischöfe auf uns zukamen, senkte ich den Kopf und lief zwischen ihnen hindurch. Sie waren auf diesen Angriff nicht vorbereitet. Einen von ihnen traf ich mit dem Kopf in die Magengrube, und er fiel rücklings auf die Straße und rutschte auf dem Hosenboden weiter. Ich legte die Hand auf die Motorhaube eines parkenden Wagens und flankte darüber hinweg auf die Fahrbahn. Ein Lieferwagen verfehlte mich um Haaresbreite und hupte hinter mir her, als ich mich in Sicherheit brachte. Ich hoffte, daß Mannie den Vorteil meines Angriffs ausgenutzt hatte und mir nachkam.

Plötzlich merkte ich, daß Mannie mir nicht gefolgt war. Ich sah mich um. Keiner der Bischöfe verfolgte mich. Ich blieb stehen und trat auf die Straße zurück, damit ich sehen konnte, was sich abspielte. Die fünf hatten Mannie gegen die Hauswand gedrängt und schlugen und traten erbarmungslos auf ihn ein.

Dann sah ich etwas aufblitzen und wußte, daß es die Sonne war, die sich in einer Messerklinge spiegelte. Ich lief über die Straße zurück, tastete nach meinem Messer und schrie: „Ihr dreckigen Schweine! Laßt ihn in Ruhe! Ich bringe euch um!"

Aber es war zu spät. Ich sah, daß der Junge mit dem Messer den Arm zurückschwang und die Klinge dann mit aller Kraft zwischen Mannies Rippen stieß. Ich sah, wie Mannie zusammenfuhr, noch einen Augenblick aufrecht an der Wand stand und dann kopfüber zu Boden stürzte. Während er schon fiel, stieß ihm der Junge das Messer noch einmal in den Körper.

Ich sprang unter die anderen und hieb mit dem Messer und mit der Faust um mich. Sie flüchteten nach beiden Richtungen die Straße entlang. Mannie lag auf dem Bürgersteig, Blut lief ihm aus Mund und Nase, und eine Lache bildete sich dort, wo das Blut aus seiner Lederjacke hervordrang.

Ich kniete nieder und drehte ihn auf den Rücken, hob seinen Kopf und bettete ihn in meinen Schoß. Sein Blut befleckte meine Hose, und ich fühlte es warm und klebrig an meinen Händen.

Er sah mich mit entsetzensstarren Augen an und versuchte, etwas zu sagen. Seine Augen waren ganz groß, und als er die Lippen öffnete und sprechen wollte, hörte ich leises Gurgeln, und auf seinen Lippen bildeten sich kleine rote Blasen.

„Mannie!" schrie ich. „Mannie, stirb nicht!"

Sein Kopf rollte seitwärts auf meinen Arm, und ich spürte, daß unter der Lederjacke seine Brust einfiel.

Ich sah seine starren Augen. Er war tot!

„Mannie! Mannie! Mannie!" schrie ich aus Leibeskräften, und in meiner Stimme lag alles Entsetzen, das ich soeben erlebt hatte.

Weiter unten auf der Straße hörte ich eine Frauenstimme schreien: „He, was ist denn da los?"

Ich konnte nicht bleiben. Bei meiner umfangreichen Polizeiakte würde man bestimmt versuchen, mir die Schuld in die Schuhe zu schieben. Im Augenblick konnte ich gar nichts mehr tun. Ich richtete mich auf, und Mannies schlaffer Körper fiel auf den Gehweg zurück. Das hohle Geräusch, mit dem sein Kopf auf den Zement schlug, klang noch in meinen Ohren, als ich mein Zimmer erreichte. Ich schlug die Tür hinter mir zu und holte meinen Revolver aus dem Schrank. Keuchend setzte ich mich auf den Bettrand und hielt die Waffe auf die geschlossene Tür gerichtet. Ich war wie gelähmt vor Angst.

Bisher hatte ich einen Toten noch nie so nahe gesehen — jedenfalls nicht von Gesicht zu Gesicht. Er war mein Freund. Eben hatte er noch gelacht, und gleich darauf lag er auf der Straße, und Blut quoll in kleinen Blasen aus seinem Mund.

Damit konnte ich nicht fertig werden. Ich hatte mich für tapfer gehalten, hatte geglaubt, mich vor nichts und gar nichts zu fürchten. Aber Mannies Tod war zuviel für mich. Mir wurde übel, und ich mußte mich übergeben. Ich wollte weinen, aber ich konnte es nicht.

Ich sprang auf und lief gegen die Wand. „Ich fürchte mich nicht!" schrie ich. „Ich fürchte mich nicht!"

Ich war wie vom Teufel besessen, betrachtete meine Hände, sah das trockene Blut auf meiner Haut und unter den Fingernägeln.

Ich stieß den Kopf gegen die Wand und schrie: „Niemand kann mir etwas tun! Niemand kann mir wehtun! Niemand..."

Erschöpft sank ich zu Boden und rang nach Atem. Angst! Unheimliche, entsetzliche, unerklärliche, unbezwingbare Angst! Es war, als wäre ein böser Traum Wahrheit geworden. Ich wälzte mich auf dem Boden, legte die Arme um die Brust und stöhnte und schrie. Die Wände meines Zimmers schienen auf mich einzudringen, und die Decke hob sich immer weiter und weiter, bis sie meilenweit entfernt war.

Und dann erschien ganz oben eine dunkle Wolke und legte sich über mich. Ich glaubte zu ersticken. Ich öffnete den Mund und wollte schreien, aber es kamen nur Blutblasen daraus hervor. Ich klammerte mich an die Wände und wollte fliehen, aber mein Kopf sank immer wieder zur Seite, und ich hörte, wie er auf den Boden schlug mit demselben Geräusch wie Mannies Kopf, als er von meinem Schoß gerollt war.

Die schwarze Wolke drückte mich nieder, und ich lag auf dem Boden, Hände und Füße emporgereckt, um sie abzuwehren. Es war die Wolke des Todes, und sie verfolgte mich. Und plötzlich hörte ich ein hohles Lachen, das von allen Seiten widerhallte. Immer wieder: Tod... Tod... Tod... Es war das Lachen Satans.

Als ich erwachte, war es Morgen. Die Sonne versuchte durch mein schmutziges Fenster zu dringen. Ich lag noch verkrampft und kalt am Boden. Mein erster Blick fiel auf meine Hände, an denen noch das trockene Blut klebte.

Morast

Drei Tage vor Ostern standen vier von uns vor der Kirche an der Ecke Auburn/St. Edward Street. Wir wußten, daß die Gläubigen in dieser Zeit viel Geld opferten und wollten in die Kirche einbrechen.

Ein Polizist kam drüben aus der Wache und sah uns am Eisengitter lehnen. Er kam über die Straße und sagte: „Verschwindet hier, ihr puertoricanischen Läuse!" Wir blieben stehen, die Arme seitwärts über das Gitter gelegt, und starrten ihn ausdruckslos an.

Er wiederholte: „Ich habe gesagt, ihr sollt hier verschwinden!" Die anderen Jungen gingen, aber ich blieb stehen. Der Polizist sah mich an. „Los, verschwinde, du

Dreckskerl!" Er zog seinen Gummiknüppel, als wollte er mich damit schlagen.

Ich spuckte ihn an, er schlug mit dem Knüppel zu, und ich duckte mich, so daß er das Gitter traf. Dann sprang ich ihn an, und er packte mich um den Hals. Zwar war er doppelt so groß wie ich, aber ich wollte ihn umbringen, wenn es mir gelang. Ich griff gerade nach meinem Messer, als ich merkte, daß er seine Revolvertasche öffnete und um Hilfe rief.

Schnell trat ich zwei Schritte zurück und hob die Hände: „Ich ergebe mich!"

Polizisten stürzten aus der Wache und kamen über die Straße gelaufen. Sie packten mich und schleiften mich in die Wache.

Der Bulle, der mit mir gekämpft hatte, schlug mir ins Gesicht. Ich schmeckte Blut auf meinen Lippen.

„Sie sind zwar ein großer Mann mit einem Revolver", sagte ich, „aber innerlich sind Sie ein Feigling, genau wie ihr alle."

Er schlug noch einmal zu, und ich tat, als wäre ich bewußtlos geworden und ließ mich zu Boden fallen.

„Steh auf, du dreckiges Schwein! Diesmal werden wir dich ein für allemal fortschicken!" ·

Während sie mich in einen anderen Raum brachten, hörte ich den Wachhabenden murmeln: „Der Junge muß den Verstand verloren haben. Er sollte wirklich eingesperrt werden, ehe er jemanden umbringt."

Festgenommen hatte die Polizei mich schon oft, aber sie hatte mich noch nie festhalten können. Niemand wagte, gegen mich auszusagen, denn jeder wußte, daß ich ihn dann töten würde, wenn ich wieder herauskäme, oder daß die Mau-Maus es für mich tun würden.

117

Diesmal fuhren sie mich quer durch die Stadt und steckten mich in eine Zelle. Der Aufseher stieß mich, als ich durch die Zellentür trat, und ich fuhr herum und griff ihn mit beiden Fäusten an. Er zog mich wieder auf den Gang, und ein anderer Beamter half ihm. Beide prügelten auf mich ein.

„Mit den Kerlen wird man nur fertig, wenn man den Teufel aus ihnen herausprügelt", sagte einer. „Das sind alles stinkende, dreckige Schweine. Wir haben ein ganzes Gefängnis voll von Niggern, Huren und Puertoricanern. Du bist hier genau wie alle anderen, und wenn du aus der Reihe tanzen willst, dann behandeln wir dich so, daß du dir am Ende wünschst, du wärst lieber tot!"

Wieder stießen sie mich in die Zelle, und ich lag auf dem harten Boden und verfluchte sie. „Okay, Kerl", sagte der Wärter, als er die Tür schloß. „Warum stehst du nicht auf und tanzt uns ein bißchen was vor? Bist wohl doch nicht so 'n zäher Bursche, wie?" Ich biß mir auf die Lippen und antwortete nicht. Aber ich wußte, daß ich den Kerl umbringen würde, sobald ich wieder frei war.

Am nächsten Tag kam der Aufseher wieder in meine Zelle. Sobald er die Tür öffnete, griff ich ihn wieder an und stieß ihn quer über den Gang. Er schlug mir sein Schlüsselbund auf den Kopf. Ich fühlte, daß Blut aus einer Wunde über meinem Auge floß.

„Los, schlagen Sie ruhig weiter!" schrie ich ihn an. „Aber eines Tages bin ich bei Ihnen zu Hause und bringe Ihre Frau und Ihre Kinder um! Sie werden's erleben!"

Angeklagt wurde ich nur wegen einer Kleinigkeit: Widerstand bei der Festnahme, Widersetzlichkeit gegen einen Beamten. Ich erschwerte mit meiner Unbeherrschtheit nur meine Lage.

Meine Vernehmung fand in der folgenden Woche statt. Ich wurde in Handschellen vor Gericht geführt, und dann saß ich auf einem Stuhl, während der Polizist die Anklage verlas.

Der Richter, ein ungefähr fünfzigjähriger Mann mit einem strengen Gesicht und randlosen Brillengläsern, sagte: „Hab' ich diesen Jungen nicht schon einmal hier vor Gericht gehabt?"

„Ja, Euer Ehren", erwiderte der Polizist. „Er steht zum drittenmal vor diesem Gericht. Außerdem wurde er bisher 21mal festgenommen, und die Beschuldigungen reichten von Raub bis zu versuchtem Mord."

Der Richter sah mich an.

„Wie alt sind Sie, junger Mann?"

Ich lümmelte mich auf meinen Stuhl und sah zu Boden.

„Stehen Sie auf, wenn ich mit Ihnen spreche!" fuhr der Richter mich an.

Ich stand auf und sah ihn an.

„Ich habe gefragt, wie alt Sie sind!" wiederholte er.

„Achtzehn!" antwortete ich.

„Sie sind 18 und waren 21mal festgenommen und stehen zum drittenmal vor Gericht. Warum sind Sie nicht bei Ihren Eltern?"

„Sie leben in Puerto Rico", antwortete ich.

„Und mit wem wohnen Sie hier?"

„Mit keinem. Ich will auch keinen haben. Ich lebe für mich."

„Und wie lange leben Sie jetzt schon allein?"

„Immer, seit ich vor drei Jahren nach New York gekommen bin."

„Euer Ehren", mischte sich der Polizist ein, „er taugt nichts. Er ist der Präsident der Mau-Maus, und von denen geht alle Unruhe aus, die wir in unserer Gegend haben. Ich habe noch nie einen so gemeinen und verschlagenen Burschen gesehen wie ihn. Er ist wie ein Tier, und einen tollwütigen Hund kann man eben nur einsperren. Ich möchte empfehlen, Euer Gnaden, daß Sie ihn ins Gefängnis einweisen, bis er einundzwanzig ist. Vielleicht können wir dann wieder Ordnung in seiner Wohngegend herstellen."

Der Richter wandte sich an den Polizisten. „Sie sagen, er ist wie ein Tier, ja? Wie ein tollwütiger Hund?"

„Richtig, Euer Ehren! Und wenn Sie ihn laufen lassen, dann wird er irgend jemanden umbringen, ehe es noch dunkel wird."

„Ja, ich glaube, Sie haben recht", sagte der Richter und sah mich wieder an. „Aber ich glaube, wir müssen wenigstens herausfinden, warum er sich wie ein Tier aufführt. Warum ist er so gemein geworden? Warum will er stehlen, rauben, prügeln und töten? Hunderte von seiner Art stehen täglich vor unseren Gerichten, und ich glaube, der Staat hat die Pflicht, sich um sie zu kümmern. Wir dürfen sie nicht einfach für den Rest ihres Lebens einsperren. Und ich glaube, daß tief in diesem ‚tollwütigen Hund' eine Seele steckt, die gerettet werden kann."

Dann wandte er sich wieder an den Polizisten. „Meinen Sie nicht, wir sollten es versuchen?"

„Ich weiß nicht, Euer Ehren", erwiderte der Beamte. „Diese Burschen haben in den letzten zwei Jahren drei Polizisten umgebracht, und seit ich dort auf Streife gehe, haben wir insgesamt über 50 Morde in der Gegend gehabt. Sie reagieren nur auf Gewalt. Und ich weiß genau: Wenn Sie ihn laufen lassen, werden wir ihn doch bald wieder festnehmen müssen — aber das nächste Mal wird es dann wegen Totschlags sein."

Der Richter sah auf ein Blatt Papier, das vor ihm lag. „Cruz, nicht wahr? Kommen Sie her, Nicky Cruz!"

Ich ging bis vor den Richtertisch und fühlte, daß meine Knie zu zittern begannen.

Der Richter lehnte sich über den Tisch und sah mich an. „Nicky, ich habe einen Jungen der ungefähr so alt ist wie du. Er geht zur Schule. Er lebt in einem ordentlichen Haus und in einer guten Umgebung. Er gerät nicht in Schwierigkeiten. In der Schulmannschaft spielt er Baseball, und er bringt gute Noten nach Hause. Er ist kein ,tollwütiger Hund.' Und wenn er das nicht ist, so liegt das daran, daß er jemanden hat, der ihn liebt. Offenbar hast du keinen Menschen, der dich liebt, und du liebst auch keinen. Du kannst gar nicht lieben. Du bist krank, Nicky, und ich möchte gern den Grund dafür wissen. Ich möchte wissen, wie es kommt, daß du so sehr hassen kannst. Du bist nicht normal wie andere Jungen. Der Beamte hat recht. Du bist ein Tier. Du lebst und du handelst wie ein Tier. Ich müßte dich wie ein Tier behandeln, aber ich will herausfinden, warum du so anders bist. Ich werde dich an unseren Gerichtspsychologen Dr. John Goodman überweisen. Er wird dich untersuchen und die letzte Entscheidung treffen."

Ich nickte. Ich wußte nicht, ob er mich freilassen oder mich im Gefängnis behalten wollte, aber ich begriff, daß er mich nicht verurteilen wollte. Wenigstens nicht gleich.

„Und noch eines, Nicky", fuhr der Richter fort. „Wenn du wieder in Schwierigkeiten gerätst, wenn ich die geringste Klage über dich höre, dann muß ich annehmen, daß du nicht in der Lage bist, einen Rat zu befolgen, und dann werde ich dich sofort auf den Arbeitshof nach Elmira schikken. Hast du das verstanden?"

„Ja, Sir", antwortete ich und war über mich selbst überrascht. Es war das erstemal, daß ich irgendeinen Menschen mit „Sir" angeredet hatte. Aber in diesem Fall schien mir das Wort angebracht zu sein.

Am nächsten Morgen kam der Gerichtspsychologe Dr. Goodman in meine Zelle. Er war ein großer Mann mit vorzeitig ergrauten Schläfen und einer breiten Narbe im Gesicht. Sein Hemdkragen war zerknittert, die Schuhe waren ungeputzt.

„Ich bin beauftragt worden, mich mit deinem Fall zu beschäftigen", sagte er, setzte sich auf mein Bett und schlug die Beine übereinander. „Das bedeutet, daß wir einige Zeit gemeinsam verbringen müssen."

„Sicher, Großer, ganz wie Sie meinen!"

„Hör zu, Junge! Ich habe täglich mit 20 Jungen von deiner Sorte zu reden. Versuch also gar nicht erst, den Schnabel an mir zu wetzen, es könnte dir sonst leid tun."

Sein harter Ton stimmte mich zwar bedenklich, aber ich spottete weiter: „Für einen Hirnwäscher spucken Sie ganz schön große Töne. Vielleicht möchten Sie an einem der nächsten Abende gern mal Besuch von den Mau-Maus haben?"

Ehe ich mich rühren konnte, packte mich der Arzt beim Hemd und hob mich fast in die Höhe. „Laß dir eines sagen, Bürschchen! Ich war vier Jahre in den Gangs und drei Jahre in der Marine, bevor ich studiert habe. Siehst du die Wunde hier?" Er drehte den Kopf, so daß ich die Narbe sehen konnte, die von seiner Wange abwärts bis in den Kragen verlief. „Die habe ich in meiner Gang erwischt, aber erst nachdem ich sechs andere Burschen mit einem Baseballschläger beinahe zu Tode geprügelt hatte. Wenn du also hier den großen Mann spielen willst, kommst du bei mir gerade an die richtige Adresse."

Er stieß mich von sich, ich strauchelte und setzte mich auf das Bett. Dann spuckte ich auf den Boden, aber ich sagte nichts mehr.

Seine Stimme klang wieder ganz beiläufig, als er sagte: „Morgen früh muß ich in die Bear Mountains fahren. Du kannst mitkommen, und dabei können wir uns unterhalten."

Den ganzen nächsten Tag verbrachte ich mit meinem Psychologen. Wir fuhren aus der Stadt in den oberen Staat New York. Zum ersten Male verließ ich den Asphaltdschungel, seit ich vor drei Jahren aus Puerto Rico gekommen war. Zwar spürte ich dabei eine gewisse Erregung, doch ich blieb wortkarg und arrogant, wenn Dr. Goodman mir Fragen stellte.

Nach einem kurzen Aufenthalt in einer Klinik fuhr er mit mir in einen Zoo. Wir gingen den Weg vor den Käfigen entlang. Ich blieb stehen und betrachtete die wilden Tiere, die hinter den Gittern auf und ab gingen.

„Magst du Zoos gern, Nicky?" fragte er.

„Ich kann sie nicht ausstehen", antwortete ich und wandte mich von den Käfigen ab.

„So? Warum denn?"

„Ich hasse diese stinkenden Tiere, die immer nur hin und her laufen und 'raus wollen."

Wir setzten uns auf eine Parkbank und unterhielten uns. Dr. Goodman zog ein Notizbuch aus seiner Tasche und bat mich, ein paar Bilder zu zeichnen. Pferde, Kühe, Häuser. Ich zeichnete ein Haus mit einer sehr großen Tür.

„Warum hast du dem Haus eine so große Tür gegeben?"

„Damit der blödsinnige Hirnwäscher 'reingehen kann", antwortete ich.

„Das glaube ich nicht. Gib eine andere Antwort."

„Also gut! Damit ich schnell ausreißen kann, wenn einer hinter mir her ist."

„Die meisten Menschen zeichnen Türen, damit man hineingehen kann."

„Ich nicht. Ich will nicht 'rein, sondern 'raus."

„Und jetzt zeichne einen Baum", sagte er.

Ich zeichnete einen Baum, und dann dachte ich, daß ein Baum ohne Vogel nicht viel taugt, und ich zeichnete einen Vogel in den Wipfel.

Dr. Goodman betrachtete das Bild. „Magst du Vögel gern, Nicky?" fragte er.

„Ich hasse sie."

„Mir scheint, du haßt alles."

„Ja, vielleicht. Aber die Vögel am meisten."

„Warum?" fragte er. „Weil sie frei sind?"

In der Ferne donnerte es.

Dieser Mann fing an, mir mit seinen Fragen Angst einzujagen. Ich nahm den Bleistift und bohrte ein Loch durch den Vogel. „So, jetzt brauchen Sie an den nicht mehr zu denken. Ich hab ihn umgebracht."

„Du glaubst, du kannst alles, wovor du dich fürchtest, aus der Welt schaffen, indem du es tötest, nicht wahr?"

„Wofür halten Sie sich eigentlich?" fuhr ich ihn an. „Sie glauben, mich hier ein paar blöde Bilder zeichnen zu lassen und mir ein paar Fragen zu stellen und dann alles über mich zu wissen, wie? Ich fürchte mich vor keinem Menschen, aber alle fürchten mich! Fragen Sie doch mal die Bischöfe, die werden Ihnen einiges über mich erzählen. In ganz New York gibt es keine Gang, die gegen die Mau-Maus kämpfen will. Ich fürchte mich vor keinem Menschen!" Meine Stimme war immer schriller geworden, als ich jetzt vor ihm stand.

Dr. Goodman machte sich Notizen. „Setz dich, Nicky", sagte er. „Mich brauchst du nicht zu beeindrucken."

„Hören Sie, Mann! Wenn Sie weiter so auf mir 'rumhacken, werden Sie bald ein toter Mann sein!"

Das Donnern wurde lauter, als ich zitternd vor ihm stand. Dr. Goodman sah mich an und wollte etwas sagen, doch die ersten Regentropfen fielen auf sein Notizbuch. Er schüttelte den Kopf. „Fahren wir lieber heim, ehe wir naß werden", sagte er.

Wir schlugen die Wagentüren hinter uns zu, als die ersten schweren Tropfen auf die Windschutzscheibe prasselten. Dr. Goodman saß lange still, ehe er den Motor anließ und den Wagen auf die Straße steuerte. „Ich weiß nicht, Nicky", sagte er. „Ich weiß wirklich nicht."

Die Rückfahrt war schauderhaft. Der Regen prasselte unaufhörlich auf den Wagen. Dr. Goodman sagte kein Wort. Ich fuhr ungern in die Stadt zurück. Der Gedanke, daß ich wieder in meine Zelle mußte, quälte mich. Ich ertrug es nicht, wie ein wildes Tier eingesperrt zu sein.

Der Regen hörte auf, aber die Sonne war schon untergegangen, und so fuhren wir jetzt an Hunderten von einförmigen grauen Wohnblocks vorbei. Mir war, als sänke ich immer tiefer in klebrigen Morast. Ich wollte aussteigen und fortlaufen, aber anstatt zum Gefängnis zu fahren, bog Dr. Goodman von Lafayette Avenue in die Greene Street ein.

„Bringen Sie mich nicht ins Gefängnis?" fragte ich verwundert.

„Nein. Ich kann darüber entscheiden, ob sie dich wieder einsperren oder freilassen. Und ich glaube, das Gefängnis wird dir nicht guttun."

„Endlich sind wir uns einig", grinste ich.

„Du verstehst nicht, was ich meine. Ich glaube, es gibt gar nichts mehr, was dir noch guttun könnte."

„Wie meinen Sie das, Doc? Halten Sie mich für hoffnungslos?" Ich lachte.

Er hielt seinen Wagen an. „Beinahe, Nicky. Ich arbeite seit Jahren mit Burschen von deiner Art. Ich habe selbst im Getto gewohnt. Aber ich habe nie einen so kalten, harten und wilden Jungen gesehen wie dich. Du haßt jeden, und du fürchtest dich vor jedem, der deine Sicherheit antastet. Diese Tatsache könnte dich zur Vernunft bringen, und deshalb überlasse ich dich deiner Angst."

Ich öffnete die Tür und stieg aus. „Meinetwegen können Sie zur Hölle fahren, Doc! Ich brauche weder Sie noch sonst einen Menschen!"

„Nicky", sagte er, als ich schon vom Wagen fortging, „ich will es dir ganz offen sagen. Wenn du dich nicht bald änderst, dann bist du auf dem kürzesten Weg ins Gefängnis, zum elektrischen Stuhl, in die Hölle."

„Dann sehen wir uns ja dort wieder!" sagte ich.

„Wo?" fragte er.

„In der Hölle, Mann!" erklärte ich lachend.

Er schüttelte den Kopf und fuhr davon. Ich wollte weiterlachen, doch es blieb mir in der Kehle stecken.

Ich stand an der Straßenecke und hatte die Hände in die Taschen meines Regenmantels gesteckt. Es war sieben Uhr abends, und die Straßen waren voller namenloser Gesichter und eiliger Beine... Tempo... Bewegung... Eile... Ich fühlte mich wie ein Blatt auf dem Meer der Menschheit, auf den Wellen eigener sinnloser Leidenschaften hin und her getragen. Ich sah die Menschen an. Alle bewegten sich. Alle schienen ein Ziel zu haben. Es war Mai, doch der Wind war kühl. Er fuhr mir um die Beine und ließ mich innerlich frösteln.

Die Worte des Psychologen wiederholten sich in meinem Hirn, als würden sie von einer gesprungenen Schallplatte abgespielt. „Wenn du dich nicht bald änderst, dann bist du auf dem kürzesten Weg ins Gefängnis, zum elektrischen Stuhl, in die Hölle."

Nie zuvor hatte ich mich selbst betrachtet. Jedenfalls nicht richtig. Ja, im Spiegel sah ich mich gern an. Ein sauberer Junge war ich immer gewesen, was für die Puertoricaner in dieser Wohngegend ziemlich ungewöhnlich war. Anders als die meisten Jungen in der Gang achtete ich auf meine Kleidung. Sehr gern trug ich ein farbiges Hemd und eine Krawatte. Meine Hosen waren immer gebügelt, und mein Gesicht pflegte ich mit Hautcreme und allen möglichen Wässern. Ich rauchte auch niemals viel, weil dann der Atem schlecht roch.

Aber innerlich fühlte ich mich plötzlich schmutzig. Der Nicky, den ich im Spiegel sah, war nicht der wirkliche Nicky. Und der Nicky, den ich jetzt betrachtete, war dreckig, verkommen und verloren.

Die Musikbox bei Papa John dröhnte. Die meisten Kerle, die vor der Bar standen, hatten Rauschgift im Leibe. Das war das wahre Brooklyn. Das war der wahre Nicky.

Ich ging durch die Greene Street meiner Wohnung zu. Die Zeitungen flatterten vor den Läden gegen die Eisenstäbe. Zerbrochene Flaschen und leere Bierbüchsen lagen auf der Straße. Der Geruch von fettem Essen hing in der Luft und ich fühlte Übelkeit in mir aufsteigen. Der Boden zitterte unter meinen Füßen, wenn die Hochbahnen vorüberdröhnten und im dunklen Unbekannten verschwanden.

Ich holte eine ältere Frau ein. Sie war kleiner als ich. Sie hatte einen schwarzen Schal um den Kopf geschlungen, unter dem ihr rötlich-gelbes, gefärbtes Haar hervorragte. Sie trug eine alte Marinejacke, die ihr ungefähr sechs Nummern zu groß war, und ihre dünnen Beine in schwarzen Strümpfen standen wie Streichhölzer in Männerschuhen.

Ich haßte sie. Sie war ein Symbol für allen Schmutz und Dreck in meinem Leben. Schon tastete ich in der Tasche nach meinem Messer. Diesmal scherzte ich nicht. Ich fragte mich, wie heftig ich wohl zustoßen mußte, um die Klinge durch die Marinejacke in ihren Rücken zu treiben. Ich stellte mir vor, wie gleich ihr Blut von der Jacke auf die Straße tropfen würde, und hatte ein angenehmes Gefühl dabei.

In diesem Augenblick kam ein kleiner Hund die Straße entlanggelaufen und kurvte an der Frau vorbei. Sie wandte sich um und sah ihm mit blicklosen Augen nach. Ich erkannte sie als eine der abgewirtschafteten Huren, die in meinem Haus wohnten. An ihrem Gesichtsausdruck, den schweren Augenlidern und dem leeren Starren ihrer Augen erkannte ich, daß sie „hoch" war.

Ich ließ das Messer los und beschäftigte mich wieder mit mir selbst. Während ich an der Frau vorbeiging, sah ich, daß sie die Augen auf einen hellroten Luftballon gerichtet hielt, der vom Wind über die Straße getrieben wurde.

Ein Luftballon! Zuerst wollte ich auf die Straße laufen und ihn zertreten. Ich haßte ihn! Und wie ich ihn haßte! Er war frei.

Plötzlich überkam mich eine große Welle von Mitleid. Ich identifizierte mich mit diesem dummen, schwankenden Luftballon. Es ist seltsam, daß meine allererste Regung des Mitleids sich auf einen leblosen Gegenstand richtete, der vom Winde irgendwohin getrieben wurde.

Anstatt den Ballon zu zertreten, ging ich an der alten Frau vorbei und versuchte, mit dem Ballon auf der Straße Schritt zu halten.

Er schien in dieser dreckigen Umgebung völlig fehl am Platze zu sein. Auf dem Bürgersteig lagen leere Colaflaschen und zerbeulte Bierdosen. Zu beiden Seiten ragten die hohen Mauern des Gefängnisses auf, in dem ich lebte. Und hier, inmitten von alldem, war ein freier roter Ballon, der von der unsichtbaren Kraft des Windes weitergetrieben wurde.

Was war nur an diesem dummen Luftballon, daß er mich so interessierte? Ich beschleunigte den Schritt, um nicht hinter ihm zurückzubleiben. Ich hoffte, daß er nicht so bald zerplatzte. Und doch wußte ich es anders. Er war zu empfindlich. Er war zu sauber. Er war zu zart und zu rein, als daß er inmitten dieser Hölle bestehen konnte.

Jedesmal, wenn er in die Höhe sprang und wieder auf die Straße zurückfiel, stockte mir der Atem. Ich wartete auf die endliche, unausweichliche Explosion. Aber der Ballon setzte seinen schwankenden Weg unbeirrt fort. Ich dachte: Vielleicht schafft er es! Vielleicht wird er tatsächlich bis zum Ende des Häuserblocks getrieben und dann in den Park geweht. Vielleicht hat er doch noch eine Chance!

Dann dachte ich an den Park, an diesen stinkenden, ungepflegten Park. Und wenn er es wirklich bis zum Park schafft? Was dann? Der Park ist auch nichts für ihn. Er wird gegen den rostigen Zaun prallen und platzen. Und selbst wenn er über den Zaun hinweg in den Park gelangt, wird er auf irgendeinen spitzen Ast fallen oder in das Unkraut, und dann ist es auch aus mit ihm.

Und selbst wenn ihn einer aufhebt und mitnimmt, dachte ich, dann wird er ihn auch nur mit nach Hause nehmen und für den Rest seines Lebens in eine stickige Wohnung sperren. Es gibt keine Hoffnung. Keine Hoffnung für ihn — und für mich.

Ein Polizeiauto kam die Straße heruntergerollt. Ehe ich mich noch von meinen Gedanken lösen konnte, hörte ich das Geräusch, mit dem der Ballon unter den Rädern zerplatzte. Das Auto wußte nicht einmal, was es angerichtet hatte. Ich wollte dem Auto nachlaufen und brüllen: „Ihr dreckigen Bullen! Könnt ihr denn nicht aufpassen?" Ich wollte sie umbringen, weil sie mich in der Straße überrollt hatten.

Aber alles Leben war aus mir gewichen. Ich stand an der Ecke und starrte auf die Straße. Von dem Ballon war nichts mehr zu sehen. Er war in den Schmutz gedrückt worden und ein Teil alles anderen Schmutzes geworden.

Ich setzte mich auf die Stufen vor meinem Haus. Die alte Hure schlurfte an mir vorbei und verschwand in der Dunkelheit. Der Wind wehte noch immer, und Papier und Schmutz wirbelten vor ihm her. Ich fürchtete mich. Ich, Nicky! Ich hatte Angst. Ich legte den Kopf in die Hände und dachte: Dr. Goodman hat recht. Für mich gibt es keine Hoffnung mehr, nur noch das Gefängnis, den elektrischen Stuhl, die Hölle.

Danach schien mir alles gleichgültig geworden zu sein. Den Vorsitz über die Gang gab ich an Israel zurück. Für mich gab es keine Hoffnung mehr. Ich konnte ruhig ebenso werden wie alle anderen und zur Spritze greifen. Ich war müde. Ich wollte nicht mehr fortlaufen. Was hatte der Richter gesagt? Was brauchte ich? Liebe! Aber wo kann man im Morast Liebe finden?

Die Begegnung

Es war ein heißer Freitagnachmittag im Juli 1958. Israel, Lydia und ich saßen auf den Stufen vor meinem Haus, als ein paar Kinder die Straße entlanggelaufen kamen. „He, was ist?" schrie ich ihnen nach.

„Bei der Schule gibt's was zu sehen!" rief einer von ihnen zurück.

In Brooklyn wird selten etwas Besonderes geboten. Das ist wohl auch ein Grund dafür, daß wir für unsere eigene Zerstreuung durch Straßenschlachten, Rauschgift und Sex sorgen mußten. Alles war besser als die Langeweile bloßen Herumsitzens. So schlenderten wir durch den Park zur St. Edward Street.

Als wir dort ankamen, hatte sich bereits eine große Menschenmenge versammelt. Mit den Ellbogen bahnten wir uns unseren Weg, um das Schauspiel aus nächster Nähe zu sehen.

Ein Mann in der Mitte des Kreises blies auf seiner Trompete „Vorwärts christliche Soldaten". Er blies immer wieder dasselbe Lied. Neben ihm stand der wohl mickerigste Mann, den ich je gesehen hatte. Über ihm flatterte eine amerikanische Fahne.

Endlich hörte der Trompeter auf, und die Menge klatschte Beifall. Fast hundert Jungen und Mädchen hatten sich versammelt und versperrten Straße und Bürgersteig.

Aus der Schule hatte sich der Magere einen Klavierstuhl geholt. Jetzt kletterte er darauf und schlug ein schwarzes Buch auf. Wir fingen an zu schreien, er stand mit gesenktem Kopf da, und wir sahen, daß er sich fürchtete. Das Geschrei wurde lauter. Die Menge stand dicht gedrängt, und ich hatte einen Arm um Lydia gelegt. Sie kicherte, weil ich versuchte, unter ihrer Schulter hindurch ihren Pullover zu fassen.

Plötzlich merkte ich, daß alles ruhig geworden war, und ich wandte meine Aufmerksamkeit von Lydia ab und dem Mann auf dem Klavierstuhl zu. Er stand noch immer mit gesenktem Kopf da und hielt das schwarze Buch aufgeschlagen vor sich. Ein unheimliches Gefühl durchlief mich. Alles wurde seltsam still, selbst die Autos auf der Park Avenue, die kaum einen halben Häuserblock entfernt lag, schienen geräuschlos zu fahren.

Die alte Furcht überkam mich. Es war die Furcht, die ich vor dem Richter bekämpft hatte; die Furcht, die ich auf dem Heimweg an dem Tag mit dem Psychologen gespürt hatte. Jedesmal hatte ich sie verdrängen, hatte ich vor ihr davonlaufen können. Aber jetzt kroch sie mir in Herz und Leib, und ich spürte, wie sie meine Seele erfaßte. Ich wollte ausbrechen und weglaufen, aber alle anderen hörten zu und warteten.

Plötzlich hob der Magere den Kopf und begann mit einer Stimme, die man kaum hören konnte, aus dem Buch vorzulesen. „Also hat Gott die Welt geliebt, daß er seinen eingebornen Sohn gab, auf daß alle, die an ihn glauben, nicht verloren werden, sondern das ewige Leben haben."

Ich zitterte vor Angst. Dieser Kerl da vorn mußte etwas wie ein Priester oder ein Zauberer sein. Er sprach über Liebe. Mit der „Liebe" wußte ich Bescheid, da war ich Experte. Ich kniff Lydia in die Hüfte. Sie sah mich an: „Hör doch zu, Nicky!" Ich verzog den Mund und richtete den Blick wieder auf den Mageren. Er sagte gerade, daß man darum bitten müsse, daß sich ein Wunder ereigne. Ich wußte zwar nicht, was das sein sollte — ein Wunder, aber ich blieb, weil die anderen auch blieben.

Er sprach nicht mehr, sondern stand nur noch da und wartete anscheinend darauf, daß irgend etwas geschehen sollte. Und dann sagte er, er wolle gern mit den Präsidenten und Vizepräsidenten der Gangs sprechen. Allmählich spürte ich, daß dieser Mann gefährlich war. Er drang in unsere Welt ein, und wir wollten keine fremden Eindringlinge.

„Wenn ihr wirklich so gefährliche, harte Burschen seid, dann werdet ihr ja wohl keine Angst haben, vorzukommen und einem kleinen Prediger die Hand zu geben, wie?" schloß er.

In der Menge entstand Bewegung. Jemand schrie von hinten: „He, Buckboard, was ist los? Hast du Angst?" Er meinte den Präsidenten der Kaplane.

133

Ich sah, daß Buckboard mit zwei anderen Negern aus seiner Gang vorkam. Sie gingen auf den Prediger zu, der von seinem Stuhl gestiegen war und sie erwartete.

Ich wurde immer nervöser. Das alles gefiel mir nicht. Ich sah mich um, aber alle anderen schienen zu lächeln und Buckboard Platz zu machen.

Sie gaben sich die Hände, und dann nahmen der Prediger und der Trompeter Buckboard und seine Begleiter mit zum Schultor. Dort sprachen sie miteinander, und ich ließ Lydia stehen und ging zu Israel.

„Was machen die da?" fragte ich.

Israel zuckte die Achseln.

Plötzlich sah ich, wie die ganze Gruppe dort drüben betete. Buckboard und die anderen hatten ihre Mützen abgenommen und unter die Achseln geklemmt und die Hände gefaltet. Dann gingen sie in die Menschenmenge zurück. Ich schrie Buckboard zu: „He, bist du unter die Heiligen gegangen?"

Buckboard war ein großer Bursche und wog an die zwei Zentner. Er wandte sich nach mir um und sah mich mit seltsamen Augen an, und ich begriff, daß etwas mit ihm geschehen war.

Plötzlich schrie jemand mir zu: „He, Nicky! Läßt du dich vielleicht von den Niggern übertreffen? Hast du Angst, zu dem Kerl zu gehen?"

Israel stieß mir in die Rippen und deutete mit einer Kopfbewegung auf die zwei Männer. „Komm, Nicky, gehen wir!"

Ich sah, daß er es ernst meinte, und versuchte einen Rückzug. Ich witterte irgendeine Gefahr, vor der ich eine tödliche Angst hatte.

Die Menge begann zu pfeifen und zu johlen. „Seht euch

134

mal unseren Chef an! Er fürchtet sich vor einem klapprigen Prediger!"

Israel zog an meiner Jacke. „Los, Nicky!"

Es blieb mir keine andere Wahl. Ich mußte mitgehen. Israel gab beiden die Hand. Ich fürchtete mich noch und hielt mich zurück. Der Magere trat auf mich zu und streckte mir die Hand entgegen. „Guten Tag, Nicky! Ich heiße David Wilkerson, komme aus Pennsylvania und bin Prediger."

Ich sah ihn nur an und sagte: „Gehen Sie zur Hölle, Pfarrer!"

„Du liebst mich nicht, Nicky", sagte er. „Bei mir ist das anders. Ich liebe dich. Und ich bin gekommen, weil ich dir von Jesus erzählen will, der dich ebenfalls liebt."

Ich fühlte mich wie ein gefangenes Tier. Hinter mir standen die anderen, vor mir der lächelnde Mann, der von Liebe sprach. Doch niemand liebte mich. Niemand hatte mich je geliebt. In diesem Augenblick erinnerte ich mich an den Tag vor vielen Jahren, als meine Mutter gesagt hatte: „Ich liebe dich nicht, Nicky!" und dachte: Wenn einen die eigene Mutter nicht liebt, dann liebt einen kein Mensch, und das wird sich nie ändern.

Der Magere stand einfach so da, lächelte und hielt die Hand noch immer ausgestreckt. Aber jetzt hatte ich Angst. Ich fürchtete, dieser Mann könne mich in einen Käfig sperren und mir meine Freunde wegnehmen. Ich haßte ihn.

„Kommen Sie mir nicht zu nahe, Pfarrer, sonst bringe ich Sie um!" fauchte ich ihn an und zog mich auf die Menge zu zurück.

Ich war einer Panik nahe. „Der Kerl ist ein Kommunist, Jungen!" rief ich. „Laßt ihn stehen! Er ist ein Kommunist!"

Ich wußte zwar nicht, was ein Kommunist ist, aber offenbar war es jemand, gegen den jeder etwas hatte. Ich floh, und ich wußte es genau, aber gegen diese Art von Angriff gab es keine Waffe. Wäre er mit einem Messer auf mich losgegangen, dann hätte ich mit ihm gekämpft. Hätte er gewinselt und gebettelt, dann hätte ich ihn verhöhnt und ihm ins Gesicht getreten. Aber er hatte einfach gesagt: „Ich liebe dich!" und das war mir bisher noch nie passiert.

Den Kopf hoch erhoben, die Brust vorgereckt, ging ich durch die Menge. Dann packte ich Lydia beim Arm und zog sie mit mir fort.

Ein paar andere Jungen folgten uns, und wir gingen in den Keller, und ich stellte den Plattenspieler auf volle Lautstärke. Ich wollte den Klang jener Worte ertränken: „Jesus liebt dich!" Aber was konnte mich das schon stören? Ich tanzte eine Weile mit Lydia, trank eine halbe Flasche Wein und rauchte. Ich zündete eine Zigarette an der anderen an.

Lydia spürte, daß ich nervös war. „Nicky, vielleicht solltest du doch mit dem Mann reden. Vielleicht ist es gar nicht so schlecht wie du denkst, wenn man ein Christ ist."

Ich starrte sie an, und sie ließ den Kopf hängen.

Plötzlich entstand Bewegung an der Tür, ich blickte auf und sah den Mageren hereinkommen. In dieser Umgebung schien er in seinem dunklen Anzug und dem weißen Hemd völlig fehl am Platze zu sein.

Der Mann ging durch den Keller auf mich zu, als gehöre das Haus ihm. In seinem Gesicht war ein breites Lächeln. Wieder streckte er die Hand aus und sagte: „Nicky, ich wollte dir nur die Hand geben und..." Ehe er aussprechen konnte, schlug ich ihm heftig ins Gesicht. Er versuchte weiterzulächeln, aber es war offensichtlich, daß ich ihn beeindruckt hatte. Dann spuckte ich ihn an.

„Weißt du, Nicky, Jesus haben sie auch angespuckt, und

er hat gebetet: ‚Vater, vergib ihnen, denn sie wissen nicht, was sie tun!' "

Ich schrie ihn an: „Verschwinden Sie! Gehen Sie zur Hölle!" Und ich drängte ihn zur Tür.

„Bevor ich gehe, will ich dir nur noch eines sagen, Nicky: Jesus liebt dich!"

„Machen Sie, daß Sie 'rauskommen, Sie verrückter Kerl! Sie wissen ja nicht, was Sie da reden! Ich gebe Ihnen 24 Stunden Zeit! Wenn Sie dann nicht aus meinem Gebiet verschwunden sind, erledige ich Sie!"

Wilkerson ging, noch immer lächelnd, rückwärts aus der Tür. „Vergiß es nicht, Nicky: Jesus liebt dich!" Das war mehr, als ich ertragen konnte. Ich griff eine leere Weinflasche vom Boden und warf sie hinter ihm her.

Ich ging zur Tür. Bestimmt hatten die anderen gemerkt, daß dieser Kerl mir unter die Haut gegangen war. „Dieser idiotische Medizinmann!" sagte ich im Hinausgehen. „Wenn er sich hier noch einmal sehen läßt, zünde ich ihn an!" Ich schlug die Tür hinter mir zu.

Dieser Schwätzer! dachte ich. Und doch spürte ich, daß an ihm etwas Ungewöhnliches und Echtes war.

Im Billardsalon bestellte ich eine Serie Kugeln und versuchte, mich ganz auf das Spiel zu konzentrieren. Aber immer wieder hörte ich den Mageren sagen: „Jesus liebt dich!"

Was kümmert mich das? dachte ich. Er kann mir keine Angst einjagen. Niemand kann das!

Vielleicht war ich krank, und ich beschloß, nach Hause zu gehen. Es war erst halb elf. Sonst kam ich immer erst zwischen drei und vier Uhr morgens heim. Ich verschloß die Tür hinter mir. Ich zitterte, als ich durch das Zimmer ging und die Lampe auf meinem Nachttisch einschaltete.

Ich streifte die Schuhe ab, zog mich aus, legte mich aufs Bett und starrte an die Decke. Immer wieder hörte ich diesen David Wilkerson sagen: „Jesus liebt dich, Nicky! Jesus liebt dich!"

Ich schaltete das Licht aus, doch ich fand keine Ruhe und wälzte mich hin und her und konnte nicht einschlafen. Schon um fünf war ich wieder auf den Beinen. Ich hatte die ganze Nacht über wach gelegen.

Ich ging die Treppen hinunter und öffnete die Haustür. Während ich mich reckte, hörte ich den fernen Lärm der erwachenden Stadt.

Ich saß auf den Hausstufen und stützte den Kopf in die Hände: Jesus liebt dich, Jesus liebt dich ...

Ein Wagen hielt vor dem Haus. Ich hörte den Schlag zufallen. Eine Hand schlug mir auf die Schulter, und als ich müde den Kopf hob, sah ich den Pfarrer vor mir stehen. Ich sprang auf und fauchte ihn an wie ein Raubtier, das sich angegriffen fühlt. Wilkerson sah mir fest in die Augen und sagte: „Du kannst mich umbringen, Nicky. Du kannst mich in tausend Fetzen zerschneiden und mich über die ganze Straße verstreuen, und jedes einzelne Stück würde rufen: ‚Jesus liebt dich!' Davor kannst du nicht davonlaufen!"

Ich sah ihn wütend an, doch er sprach ruhig weiter: „Ich fürchte mich nicht vor dir, Nicky. Du redest zwar mächtig hart, aber innerlich bist du genau wie wir alle. Du fürchtest dich. Du hast genug von deinen Sünden. Du bist einsam. Aber Jesus liebt dich."

Ich wurde stutzig. Woher wußte er, daß ich einsam war? Was meinte er, wenn er von Sünden redete? Aber ich war doch gar nicht allein. Die Gang war immer um mich. Ich konnte alle Mädchen haben, die ich nur wollte. Die Leute hatten Angst vor mir. Wenn sie uns kommen sahen, traten sie vom Bürgersteig herunter. Ich war Präsident der Gang gewesen. Wie konnte jemand mich für einsam halten?

Ich gab mich überlegen. „Und Sie meinen, Sie können mich so einfach umkrempeln?" fragte ich und schnippte mit den Fingern. „Sie meinen, ich höre Ihnen zu, und dann nehme ich die Bibel und laufe wie ein Prediger umher, und die Leute sagen: Sieh da, Nicky Cruz, der Heilige?"

„Nicky, du hast heute nacht nicht viel geschlafen, nicht wahr?" gab er zur Antwort. „Ich auch nicht, Nicky. Ich bin fast die ganze Nacht wach geblieben und habe für dich gebetet. Aber vorher habe ich mit einigen von deinen Jungen gesprochen. Sie sagen, daß niemand dir nahekommen kann. Aber, Nicky, einer kann es. Jesus! Er liebt dich. Eines Tages, Nicky, schon bald, wird er sich mit dir beschäftigen. Eines Tages wirst du endlich aufhören davonzulaufen, und du wirst zu ihm gelaufen kommen."

Ich stand auf, wandte ihm den Rücken zu und ging wieder in mein Zimmer und schloß die Tür hinter mir. Ich blickte aus dem Fenster. Sein Wagen war schon fort, als ich hinuntersah. Im Osten überzog sich der Himmel mit einem rosigen Schimmer. Das große Gebäude gegenüber stand drohend gegen den Horizont. Aber plötzlich hatte ich das Gefühl, als bestünde das Leben nicht nur aus diesen Mauern aus Beton und Glas.

Ich dachte an die Worte: „Eines Tages wirst du nicht mehr fortlaufen, sondern zu ihm gelaufen kommen." Ich wußte nicht einmal, wen der Prediger meinte. Er mußte wohl sein wie die Sonne, die an einem Sommertag aus dem Ozean aufsteigt. Oder wie der Morgenstern, der noch am Himmel hing. Eines Tages?

Der Tag war näher als ich glaubte.

In der nächsten Zeit mußte ich mich wohl oder übel mit diesem Mann auseinandersetzen. Israel erinnerte mich immer wieder an ihn.

„Hör doch auf, Israel! Wenn du nicht endlich mit dem Quatsch aufhörst, bringe ich dich um!"

Aber Israel sprach weiter, und ich argwöhnte, daß er sich heimlich mit Wilkerson traf. Das gefiel mir nicht, denn ich hatte das Gefühl, daß dieser Zauberer unsere Gang zerstören könnte. Da Mannie nicht mehr da war, hatte ich nur noch Israel. Und er schien jetzt in eine andere Richtung zu treiben. Sein ständiges Reden über Wilkerson und sein unaufhörliches Bemühen, mich zum Reden zu zwingen, brachte mich an den Rand der Verzweiflung.

Ich hielt es nicht mehr aus. Die Nacht vor dem 4. Juli, an dem die Gangs wieder Coney Island überschwemmen würden, verbrachte Israel bei mir. Bis tief in die Nacht hinein versuchte er mich zu überzeugen, daß die Mau-Maus nicht nach Coney Island gehen, sondern lieber mit Wilkerson reden sollten. Ich hielt mir die Ohren zu. Endlich schlief er ein.

Doch ich lag im Bett und fand keinen Schlaf. Ich würde erst wieder ruhig werden, wenn ich Israel den Mund stopfte. Ich wollte nichts mehr über diesen Prediger hören.

Ich griff unter die Matratze und schloß die Hand um den hölzernen Griff des Eispickels, den ich dort griffbereit hielt. Im Bett neben mir hörte ich Israel ruhig atmen. Je mehr ich daran dachte, wie er mir in letzter Zeit auf die Nerven fiel, desto wütender wurde ich. Ich hielt es nicht mehr aus.

„Vielleicht hörst du jetzt endlich auf, mir auf die Nerven zu fallen", schrie ich, während ich den Eispickel hervorzog und in Richtung auf Israels Rücken schlug. Mein Schreien weckte ihn, und er fuhr genau in dem Augenblick auf, in dem der Eispickel in die Matratze fuhr. Ich holte aus und wollte nochmals zuschlagen. Dabei schrie ich: „Hörst du jetzt endlich mit Gott auf? Warum kannst du denn nicht den Mund halten? Warum? Warum?"

Israel packte mich, wir rangen miteinander und fielen aus den Betten. Er lag über mir, drückte meine Brust mit seinem ganzen Gewicht zu Boden.

„Warum kannst du denn nicht den Mund halten?" schrie ich immer wieder.

„Was hast du denn nur?" schrie Israel zurück und versuchte, mich am Boden festzuhalten. „Bist du verrückt geworden? Ich bin's! Dein Freund!"

Plötzlich merkte ich, daß er weinte. „Nicky, hör doch auf! Ich bin dein Freund! Zwing mich doch nicht dazu, dich zu schlagen! Bitte, hör auf! Ich bin dein Freund! Ich liebe dich!"

Er hatte es gesagt. Es traf mich, als hätte mir jemand eiskaltes Wasser ins Gesicht geschüttet. Er hatte es genauso gesagt wie Wilkerson. Ich lockerte meinen Griff um den Eispickel, und er nahm ihn mir aus der Hand. Warum weinte er nur?

Er hielt den Eispickel dicht über mein Gesicht, und er hatte ihn so fest gepackt, daß ich seine weißen Knöchel sehen konnte. Er zitterte. Einen Augenblick lang glaubte ich, er wollte mich damit erstechen, aber dann schleuderte er ihn wütend durchs Zimmer. Er weinte noch immer, als er mich losließ und sich auf das Bett warf.

Ich rannte aus dem Zimmer, die Treppen hinauf und aufs Dach. Draußen war es dunkel und regnerisch. Über das Dach tastete ich mich dorthin, wo der alte Gonzales seine Tauben in einem Käfig hielt. Ich riß den Schlag auf und packte einen Vogel. Die anderen fuhren erschrocken auf und flatterten in die Nacht hinaus. Ich drückte den Vogel gegen meine nackte Brust und tastete mich zum Luftschacht und setzte mich.

Vögel! Ich haßte sie. Sie waren so frei! Ich haßte alle, die frei waren. Wilkerson war frei. Israel näherte sich der Freiheit. Ich spürte es. Dieser Vogel war frei, aber ich saß in meinem Käfig aus Haß und Angst gefangen.

Meine Finger legten sich um den Kopf des Vogels. Die Taube gab einen winzigen Laut von sich, und ich spürte, daß die kleinen Halsknochen brachen. Ich verlor jede Beherrschung und bog den kleinen Hals hin und her, bis Haut und Knochen sich trennten, und dann riß ich mit einem Ruck den Kopf ab, und das warme Blut lief mir über die Hände, tropfte auf meine Hose und auf das geteerte Dach. Ich sah den Kopf an, den ich in der Hand hielt. „Siehst du, jetzt bist du nicht mehr frei! Niemand ist frei!"

Dann warf ich ihn auf die Straße hinunter. Endlich war dieser verdammte Vogel tot und konnte mich nicht mehr in meinen Träumen ängstigen.

Ich blieb auf dem Dach. Manchmal war ich wach, dann schlief ich wieder ein Weilchen. Jedesmal, wenn ich einschlief, kam mein Alptraum schrecklicher als je zuvor wieder. In der Morgendämmerung kehrte ich in mein Zimmer zurück. Israel war fort.

Den größten Teil des folgenden Tages suchte ich nach ihm. Endlich fand ich ihn. Er saß allein in dem Keller, in dem wir meistens unsere Gangabende abhielten. Alle anderen waren nach Coney Island gegangen.

„He, Freund! Das in der letzten Nacht tut mir leid", fing ich an.

„Denk nicht mehr daran", antwortete Israel und lächelte verlegen.

„Nein, es tut mir wirklich leid. Ich verstehe mich selbst nicht mehr. Mit mir muß irgend etwas nicht in Ordnung sein."

Israel stand auf und tat, als wolle er mir einen Haken gegen das Kinn versetzen. „Sicher Nick. Du bist genau wie ich. Verrückt!"

Wir blieben den ganzen Nachmittag zusammen. Es war das erstemal in drei Jahren, daß ich Coney Island am 4. Juli verpaßte.

In der zweiten Juliwoche 1958 kam Israel zu mir und erzählte mir von dem Jugendkreuzzug, den Wilkerson in der St.-Nicholas-Halle durchführte. Der Pfarrer hatte die Mau-Maus zu der letzten Versammlung eingeladen. Ein Sonderbus würde uns abholen.

Ich schüttelte den Kopf, stand von den Treppenstufen auf und ging ins Haus. Damit wollte ich nichts zu tun haben.

„He, Nicky!" rief Israel, als ich ihn sitzen ließ. „Du bist doch kein Feigling, wie?"

Damit hatte er meine einzige weiche Stelle getroffen. Ich drehte mich um. „Ich fürchte mich vor keinem: nicht vor diesem storchbeinigen Pfarrer, nicht vor dir und nicht einmal vor Gott!"

Israel stand mir gegenüber, und ein kleines Lächeln huschte über sein hübsches Gesicht. „Das klingt aber doch so, als hättest du vor irgend etwas Angst. Warum willst du sonst nicht mitkommen?"

Ich erinnerte mich daran, wie Buckboard und seine Jungen vor der Schule auf dem Bürgersteig gebetet hatten. Wenn denen so etwas passieren konnte . . .

„Wann soll der Bus hier sein?" fragte ich.

„Um sieben", antwortete Israel. „Die Versammlung fängt um halb acht an. Kommst du mit?"

„Ja. Die ganze Gang kommt mit, und dann nehmen wir den Laden da auseinander!"

Israel nickte und ging mit wiegenden Hüften die Straße hinunter. Ich stieg die Treppen hinauf in mein Zimmer. Ich verschloß die Tür hinter mir und warf mich auf das Bett, dann griff ich nach einer Marihuana-Zigarette.

Gedanken rauschten durch mein Hirn wie Wasser durch ein geöffnetes Schleusentor. Die Zigarette zitterte, und die Asche fiel auf mein Hemd und das schmutzige Bettlaken. Ich hatte Angst davor, diesen Bus zu besteigen. Der Gedanke, meinen kleinen, vertrauten Block zu verlassen, erfüllte mich mit Furcht. Ich fürchtete mich davor, in einer großen Menschenmenge zu einer Null zu werden. Eines war sicher: Sobald ich in diese Arena kam, mußte ich etwas tun, um die Aufmerksamkeit auf mich zu lenken.

Aber vor allem fürchtete ich mich vor dem, was ich an jenem Tage auf der Straße gesehen hatte. Ich fürchtete, irgend jemand oder irgend etwas, das größer und stärker war als ich, könnte mich vor all den Menschen auf die Knie zwingen. Davor hatte ich eine verzweifelte Angst. Ich sah darin ein Zeichen der Schwäche, der Weichheit, des Versagens.

Als wir an jenem Juliabend den Bus bestiegen, war es drückend heiß. Ein paar Männer in richtigen Anzügen und mit Krawatten sollten für Ordnung sorgen. Sie hätten ruhig zu Hause bleiben können. Der Lärm im Bus war ohrenbetäubend.

Das Alleinsein in meinem Zimmer hatte mich bedrückt, aber im Bus war es anders. Über 50 Mau-Maus waren beisammen. Sie rauften miteinander, schrien einander Derbheiten zu, rissen die Fenster auf, rauchten, tranken Wein, zogen die Halteglocke und forderten gleichzeitig den Busfahrer auf, mehr Gas zu geben.

Als wir vor der Halle hielten, öffneten wir die Notausstiege, und einige krochen sogar aus den Fenstern. Ein paar junge Mädchen mit kurzen Röcken und engen Pullovern standen vor dem Eingang. Zurufe wie: „He, Baby, wie wär's mit uns beiden?" oder: „Komm mit, Kleine, wir machen uns einen schönen Abend" wurden laut. Einige der Mädchen kamen zu uns, als wir unseren Einzug hielten.

Israel und ich führten die Bande an. Ein Ordner wollte uns an der inneren Tür aufhalten, und wir sahen, daß drinnen viele die Köpfe drehten und zusahen, wie wir in den Saal stürmten.

„Los, Mann, lassen Sie uns 'rein!" verlangte Israel. Wir sind die Mau-Maus. Der Priester selbst hat uns eingeladen. Wir haben reservierte Plätze!"

Weiter unten sah uns ein Mitglied der Kaplan-Gang. Er stand auf und rief: „He, Nicky! Kommt hierher! Hier sind eure Plätze!" Wir schoben den überraschten und hilflosen Ordner beiseite und drängten nach vorn.

Wir trugen unsere Mau-Mau-Uniformen, und keiner nahm seine schwarze Mütze ab, während wir durch den Mittelgang gingen, unsere Stöcke heftig aufsetzten und der Menge zuriefen und pfiffen.

Ich entdeckte auch Mitglieder feindlicher Gangs. Bischöfe waren da und auch ein paar Phantom Lords. Die Arena war ziemlich voll und bot beinahe alles, was zu einer erstklassigen Bandenschlacht gehörte. Das war vielleicht gar kein so schlechter Gedanke.

Der Lärm war unglaublich.

Irgendwo begann jemand auf der Orgel zu spielen. Ein

junger Puertoricaner stand auf, schlug die Hände vor seine nackte Brust und schrie: „O Jeee-sus! Rette meine große schwarze Seele!" Und dann ließ er sich inmitten von Gelächter und zustimmendem Gebrüll wieder auf seinen Stuhl fallen.

Einige Mädchen schwangen die Hüften im Takt der Musik, und die Jungen tanzten um sie herum. Applaus begleitete ihre Vorführung. Die Dinge gerieten den Verantwortlichen ein wenig aus der Hand, fand ich.

Plötzlich trat eine junge Frau auf die Bühne, ging bis zur Mitte, stellte sich hinter das Mikrofon und wartete mit verschränkten Händen, daß der Lärm sich legte.

Er wuchs. „He, Baby, tanz doch ein bißchen mit!" schrie jemand. Ein hagerer Junge, den ich noch nie gesehen hatte, stand auf, schloß verzückt die Augen, reckte die Arme vorwärts und schrie: „Maaaami!" Die Menge wurde immer lauter.

Das Mädchen begann zu singen. Selbst auf unseren Vorzugsplätzen war sie über den Lärm hinweg nicht mehr zu hören. Sobald sie sang, stiegen manche Jungen und Mädchen auf die Stühle und fingen an zu tanzen.

Die Frau beendete ihr Lied und blickte nervös um sich. Wir klatschten und pfiffen und verlangten ein weiteres Lied. Aber sie verließ die Bühne, und dann stand Wilkerson dort.

Ich hatte ihn seit jener morgendlichen Begegnung vor einigen Wochen nicht mehr gesehen. Mein Herz stockte. Eine dunkle Wolke der Vorahnung legte sich auf mich. Israel sprang auf. „Hallo, Davie! Hier bin ich! Sie sehen, ich habe Wort gehalten! Und schauen Sie mal, wer hier ist!" Er deutete auf mich.

Ich mußte irgend etwas tun und sprang auf. „He, Pfarrer! Was haben Sie vor? Wollen Sie uns bekehren, oder was?" rief ich.

Die Mau-Maus fielen in das Gelächter ein, und ich setzte mich und fühlte mich besser. Sie erkannten mich noch an. Trotz der Tatsache, daß ich die Präsidentschaft an Israel abgegeben hatte, war ich noch ihr Anführer, und sie lachten noch über meine Witze. Ich war wieder der Boß.

Wilkerson begann zu sprechen: „Das ist der letzte Abend unseres Jugendkreuzzuges in dieser Stadt. Heute wollen wir es einmal etwas anders halten als sonst. Ich möchte meine Freunde, die Mau-Maus, bitten, die Opfergaben einzusammeln."

Ein Höllenlärm brach los. Die Bandenmitglieder ringsum kannten unseren Ruf. Die Mau-Maus zum Einsammeln der Opfergaben aufzufordern, das war so, als wollte man Jack-the-Ripper als Babysitter anstellen.

Aber ich sprang sofort auf, denn ich hatte ja nur auf eine Gelegenheit gewartet, alle Aufmerksamkeit auf mich zu lenken. Das war sie! Ich konnte mir nicht vorstellen, daß der Pfarrer wirklich mit uns rechnete, aber wenn er es tat, dann wollten wir die Arbeit wirklich übernehmen.

Ich deutete auf fünf andere, darunter Israel. „Du, du, du... los!" Zu sechst gingen wir vor und stellten uns vor der Bühne auf. Hinter uns wurde es still. Totenstill.

Wilkerson beugte sich zu uns und gab jedem von uns einen großen Eiskarton. „Jetzt stellt euch bitte hier auf", sagte er. „Nachher kommt ihr auf die Bühne und übergebt mir das Opfer. Ich warte hier auf euch."

Es war zu schön, um wahr zu sein. Keiner im Saal zweifelte daran, was wir tun würden. Man mußte ein Narr sein, wenn man eine solche Gelegenheit nicht nutzte.

Sehr viele Leute traten vor. Manche Erwachsene warfen

Scheine in die Kartons, andere schrieben Schecks aus. Wenn wir schon die Opfergabe einsammelten, dann wollte ich auch ein gutes Ergebnis erzielen. Manche von den Gangmitgliedern kamen lachend den Mittelgang herunter und taten so, als gäben sie Geld, oder sie versuchten sogar, etwas aus den Kartons zu nehmen. Sobald ich das sah, faßte ich in die Tasche, als wollte ich mein Messer ziehen, und sagte: „Moment mal, Junge! Du hast vergessen, etwas hineinzutun!"

Sie lachten, bis sie merkten, daß ich es ernst meinte. „Hast du nicht gehört? Der Pfarrer hat gesagt, ihr sollt was geben! Gibst du nun, oder willst du, daß meine Leute es dir abnehmen?"

Fast jeder gab etwas.

Ich deutete mit einer Kopfbewegung zur rechten Saalseite, und wir verschwanden hinter den schwarzen Vorhängen neben der Bühne. Genau über unseren Köpfen hing eine Tafel mit dem roten Wort „Ausgang". Jeder konnte es sehen, und sobald wir hinter dem Vorhang verschwanden, brauste Gelächter auf. Man machte sich über den Prediger lustig, der sich von den Mau-Maus hereinlegen ließ.

Wir versammelten uns hinter dem Vorhang. Die Jungen sahen mich gespannt an. Sie warteten auf mein Zeichen zum Ausgang hin.

Aber ich zögerte. Wilkerson hatte mich ausgesucht. Ich konnte jetzt tun, was die Menge oder was er von mir erwartete. Sein Vertrauen entzündete einen Funken in mir. Anstatt eine Bewegung zum Ausgang hin zu machen, schüttelte ich den Kopf und sagte: „Los, wir bringen das ganze Zeug zu ihm auf die Bühne!"

Die Jungen konnten es kaum fassen. Zwei von ihnen gingen vor mir die Stufen hinauf, und ich sah, daß einer eine Dollar-Note aus seiner Schachtel nahm und sie in die Tasche stopfte.

„He! Was machst du denn da! Leg sofort das Geld wieder 'rein! Das gehört dem Pfarrer!"

Er sah mich ungläubig an. „Reg dich doch nicht auf, Nicky! Sieh mal den Haufen Geld! Das merkt doch keiner! Los! Hier ist genug für uns alle und für ihn!"

Ich griff in die Tasche und zog mein Messer, ließ die Klinge herausschnappen und sagte: „Mann, leg jetzt das Geld zurück, oder du landest auf dem Friedhof!"

Langsam legte er den Schein ergeben in die Schachtel zurück. „Einen Augenblick", sagte ich. „Wieviel Geld hast du noch in der Tasche?"

„Nun hör aber auf, Nicky!" stotterte er. „Es ist von meiner Mutter. Ich soll mir eine Hose dafür kaufen!"

„Wieviel?" fragte ich noch einmal und drückte die Messerspitze gegen seine Rippen. Er wurde rot, griff in die Tasche und zog einen Zehn- und einen Fünf-Dollar-Schein hervor.

„Los, leg's rein'!"

„Mann, du mußt verrückt sein! Meine Mutter zieht mir das Fell über die Ohren, wenn ich das Geld verliere!" Er weinte fast.

„Und ich ziehe dir das Fell gleich hier über die Ohren, wenn du das Geld nicht hineintust, mein Junge!"

Er sah mich noch immer ungläubig an. Das Messer überzeugte ihn, daß ich es ernst meinte. Er gab auf und warf das Geld in die Schachtel.

„Jetzt können wir gehen", sagte ich.

Nacheinander traten wir auf die Bühne und wurden von Buhrufen empfangen. Die Jungen dort unten waren ganz sicher gewesen, daß wir den Pfarrer 'reinlegen würden, und jetzt waren sie enttäuscht. Mir aber gab es ein gutes, befriedigendes Gefühl, daß ich einmal etwas Richtiges getan hatte. Etwas Ehrbares. Wohl zum erstenmal in meinem Leben hatte ich anständig gehandelt, weil ich es so wollte.

„Hier, Pfarrer", sagte ich. „Das gehört Ihnen!" Ich war furchtbar aufgeregt, als ich vor der großen Menschenmenge stand.

Wilkerson nahm die Schachteln in Empfang und sah mir lange in die Augen. „Danke, Nicky", sagte er schließlich. „Ich wußte, daß ich mich auf dich verlassen kann."

Wir drehten uns um und gingen zu unseren Plätzen zurück. Die Zuhörer waren jetzt so still, daß man eine Nadel hätte fallen gehört.

Wilkerson begann seine Predigt.

Er sprach ungefähr eine Viertelstunde. An seine Worte erinnere ich mich nicht. Ich dachte daran, wie dumm es gewesen war, nicht mit der ganzen Beute zu verschwinden. Aber in mir war irgend etwas Neues lebendig geworden, und ich spürte, daß es wuchs. Es war ein Gefühl der Zufriedenheit, des Edelmuts, das ich nie zuvor erlebt hatte.

Ich wurde in meinen Gedanken unterbrochen, weil hinter mir Bewegung entstand. Wilkerson sprach gerade davon, daß wir einander lieben sollten — der Puertoricaner den Italiener, der Italiener den Neger, der Neger den Weißen — wir alle sollten einander lieben.

Augie stand hinter mir auf. „He, Pfarrer, Sie sind wohl verrückt geworden, was? Ich soll die verfluchten Schwarzen lieben?" Er zog seinen Pullover hoch und deutete auf eine rote Narbe an seiner Hüfte. „Sehen Sie das? Vor zwei Monaten hat mir einer von den Kerlen eine Kugel in den Leib gejagt. Den soll ich lieben? Wenn ich den Hundesohn erwische, bringe ich ihn um!"

Drüben, wo die Italiener saßen, stieg ein Junge auf den Stuhl und riß sein Hemd auf. „Oder hier!" Er zeigte eine gezackte Narbe, die von seiner Schulter bis zur Brust verlief. „Hier, das stammt von einem Rasiermesser der Bischöfe! Und wie ich die lieben werde! Mit einem Bleirohr werde ich sie lieben!"

Weiter hinten sprang ein farbiger Junge auf: „Wie wäre es, Kleiner, wenn du das jetzt gleich versuchtest?"

Plötzlich war der ganze Raum voller Haß. Einer der Kapläne nahm seinen Stuhl hoch und strebte zu den Phantom Lords hinüber. Ich spürte, daß eine große Schlacht in der Luft lag.

Ein Zeitungsreporter rannte mit seiner Kamera durch den Mittelgang, drehte sich dann um und schoß eine Aufnahme nach der anderen.

Israel sprach hastig mit drei Jungen am Ende unserer Sitzreihe. „Packt ihn!" Sie sprangen auf und griffen sich den Fotografen. Einer der Jungen entriß ihm die Kamera und warf sie zu Boden. Der Mann bückte sich nach seinem Apparat, doch ehe er ihn fassen konnte, sprang ein Junge zu und zertrampelte ihn.

Wir alle waren auf den Beinen. Während ich einen Weg zum Mittelgang suchte, warf ich einen Blick zu Wilkerson hinauf. Er stand dort auf der Bühne, hielt den Kopf gesenkt und hatte die Hände vor der Brust gefaltet, und ich wußte, daß er betete.

Irgend etwas berührte mein Herz. Hier stand inmitten dieses Wirrwarrs ein einzelner, furchtloser Mann. Woher nahm er die Kraft dazu? Warum hatte er keine Angst wie wir alle? Ich schämte mich und fühlte mich verlegen und schuldig.

Alles, was ich bisher von Gott wußte, hatte mir dieser

Mann gesagt. Jetzt dachte ich an meine andere Begegnung mit Gott. Als Kind hatten die Eltern mich zur Kirche geführt. Sie war voller Menschen. Der Priester murmelte etwas, und die Menschen gaben ihm singend Antwort. Der Gottesdienst schien mich gar nichts anzugehen; es war mein erster und letzter Kirchenbesuch.

Ich ließ mich auf meinen Stuhl zurücksinken. Hinter mir tobte die Hölle. Israel stand auf und brüllte: „He, gebt Ruhe! Hören wir uns lieber an, was der Pfarrer zu sagen hat!"

Der Lärm ebbte ab, und wie ein Nebel das Meer überzieht, kroch die Stille erst in den hinteren Teil des Saales und dann auf die Galerie hinauf.

Aber in mir war der Sturm. Ich dachte an meine Kindheit. Wie ich damals meine Mutter haßte! Ich dachte an meine ersten Tage in New York. Es war, als säße ich im Kino, und ein Film, der Film meines Lebens, rollte vor meinen Augen ab. Ich sah Mädchen, Lust, Messer, Wunden, Haß. Fast konnte ich es nicht mehr ertragen. Was rund um mich vorging, bemerkte ich nicht mehr. Ich dachte über mich nach, und je deutlicher ich mich erinnerte, desto größer wurde mein Gefühl der Schuld und Scham.

Wilkerson sprach wieder. Er sagte etwas von Bereuen der Sünden. Ich stand unter dem Einfluß seiner Kraft, die hundertmal stärker war als alle Drogen. Es war, als habe mich ein reißender Strom mit seinen Wirbeln erfaßt. Ich konnte ihm nicht widerstehen. Und meine Angst war verschwunden.

Ich hörte Wilkerson sagen: „Er ist hier! Er ist in diesem Raum! Euretwegen ist er gekommen! Wenn ihr wollt, daß euer Leben verändert wird, dann ist jetzt der richtige Augenblick!" Und dann rief er: „Steht auf! Diejenigen von euch, die wollen, daß ihr Leben sich verändert, die Jesus Christus annehmen wollen — steht auf und kommt vor!"

Ich war auf den Beinen, wandte mich der Gang zu und winkte: „Los, gehen wir!" Mehr als 25 Mau-Maus folgten Israel und mir, und hinter uns drängten sich 30 Jungen aus anderen Gangs.

Ein paar Mau-Maus standen an den Wänden und spotteten: „Was ist los, Nicky? Fromm geworden?" Ich hob den Kopf, und eines der Mädchen kam herangetänzelt, hatte ihren Pullover hochgeschoben und nahm gerade ihren Büstenhalter ab. „Wenn du da hingehst, Kleiner, dann hast du das hier zum letztenmal gesehen!"

Heute weiß ich, daß sie eifersüchtig waren. Sie fühlten, daß wir im Begriff waren, unsere Liebe mit Gott zu teilen, und sie wollten sie für sich allein haben. Das war eben alles, was sie sich unter Liebe vorstellen konnten. Ich stieß das Mädchen beiseite und sagte: „Du machst mich krank!"

In diesem Augenblick zählte nichts anderes, als die Tatsache, daß ich Jesus Christus folgen wollte — wer auch immer das sein mochte.

Ein Mann sprach zu uns über christliche Lebensführung. Dann kam Wilkerson. „Laßt uns niederknien", sagte er.

Ich wehrte mich gegen diese Zumutung. Ich hatte noch nie vor jemandem gekniet. Aber ich konnte nicht stehenbleiben. Es war, als preßte eine unsichtbare Hand mich nieder, bis meine Knie den Boden berührten.

Diese Tatsache brachte mich in die Wirklichkeit zurück. Es war Sommer. Es war die Zeit der Straßenschlachten. Ich öffnete die Augen und dachte: „Was hast du hier zu suchen?" Israel kniete neben mir. Inmitten aller Spannung mußte ich lachen.

153

„He, Israel, du störst mich in meinen Gedanken!"

Dann fühlte ich, daß Wilkerson mir die Hand auf die Schulter legte.

„Gott liebt dich, Nicky", sagte Wilkerson. „Du kannst Gott alles sagen!"

Ich öffnete den Mund, doch die Worte, die herauskamen, waren nicht die meinen. „Ach Gott, wenn du mich liebst, dann komm in mein Leben! Ich will nicht mehr fliehen! Komm in mein Leben und verändere mich! Bitte, verändere mich!"

Das war alles. Aber ich fühlte, wie ich in den Himmel gehoben wurde. Marihuana! Mädchen! Blut! Alles das schien auf einmal weit hinter mir zu liegen.

Zum Schluß sagte Wilkerson uns ein Bibelwort: „Ist jemand in Christus, so ist er eine neue Kreatur; das Alte ist vergangen, siehe, es ist alles neu geworden" (2. Kor. 5,17).

Ja, auch ich war neu geworden. Ich war Nicky — und doch nicht mehr Nicky. Ich lebte auf eine ganz neue Art. Glück. Fröhlichkeit. Freude. Erleichterung. Freiheit. Wunderbare Freiheit! Ich hatte meine Flucht beendet.

All meine Angst und Furcht war fort. Ich empfand keinen Haß mehr. Ich liebte Gott, Jesus Christus und alle, die um mich waren.

Israel stand neben mir. Er war mein Freund gewesen, jetzt war er mein Bruder.

„Nicky und Israel", sagte Wilkerson, „ich möchte euch Bibeln schenken. Ich habe auch welche für die anderen Mau-Maus. Kommt mit!"

Wir folgten ihm in einen anderen Raum. Auf den Tischen lagen stapelweise die verschiedensten Bibelausgaben. Wilkerson wollte uns das Neue Testament in Taschenformat geben.

„He, Davie", fragte ich, „wie wär's mit den großen Büchern da? Können wir die nicht haben? Wir wollen doch, daß jeder weiß, daß wir jetzt Christen sind."

Wilkerson sah überrascht aus. Die „großen Bücher" waren wirklich groß — Familienbibeln. Aber wir baten darum, und er gab sie uns.

Ich stieg die Treppen zu meinem Zimmer hinauf. Es war kurz nach elf Uhr, und das war sehr früh für mich — aber ich hatte es eilig, in mein Zimmer zu kommen. Ich brauchte nicht mehr fortzulaufen. Die Straßen lockten mich nicht mehr. Ich brauchte die Anerkennung der Gang nicht mehr. Ich fürchtete mich nicht mehr vor der Nacht.

Ich ging an den Schrank, holte meine Mau-Mau-Jacke und die Schuhe heraus und stopfte sie in einen Sack. Die brauche ich nicht mehr, dachte ich. Dann nahm ich meinen Revolver. Gewohnheitsmäßig wollte ich die geladene Waffe griffbereit auf den Nachttisch legen. Aber dann nahm ich die Munition heraus und legte den Revolver wieder an seinen Platz zurück. Morgen würde ich ihn bei der Polizei abgeben.

Ich ging am Spiegel vorbei und schaute mich an. „He, Nicky, guck mal, wie hübsch du bist! Schade, daß du gerade jetzt, wo du so hübsch bist, alle Mädchen aufgeben mußt." Ich lachte über mich selbst und war glücklich.

Dann kniete ich neben dem Bett nieder. „Jesus!" Nichts anderes brachte ich hervor. „Jesus..." Und endlich kamen die Worte. „Ich danke dir, Jesus! Ich danke dir..."

In dieser Nacht schlief ich zum erstenmal seit vielen Jahren sofort ein. Ich brauchte mich nicht mehr ruhelos im Bett hin und her zu wälzen. Ich wachte auch nicht mehr bei dem geringsten Geräusch auf. Die bösen Träume waren dahin.

Der Weg aus der Wildnis

Schon früh am nächsten Morgen war ich auf der Straße, suchte die Jungen auf, die gestern abend vorgetreten waren, und sagte ihnen, sie sollten sich mit ihren Waffen im Washington Park versammeln.

Dann ging ich wieder in mein Zimmer, steckte den Revolver in den Gürtel, nahm meine Bibel und ging zum Park.

Auf der Straße begegnete ich einer alten Italienerin, die ich schon lange kannte. In letzter Zeit war sie immer auf die andere Straßenseite hinübergewechselt, wenn sie mich kommen sah. Diesmal hob ich mein Buch mit der Aufschrift „Die Heilige Schrift" in die Höhe, als ich ihr näherkam.

Sie starrte die Bibel an. „Wo hast du die denn gestohlen?"

Ich grinste. „Gar nicht. Ein Pfarrer hat sie mir geschenkt."

Sie schüttelte den Kopf. „Weißt du nicht, daß man mit heiligen Dingen keinen Spaß treiben soll?"

„Ich treibe keinen Spaß damit. Ich gehe jetzt zur Polizei und gebe meinen Revolver ab!" Ich zog das Hemd zurück, so daß sie die Waffe im Gürtel sehen konnte.

Ihre Augen wanderten langsam vom Revolver zur Bibel und verrieten ihren Unglauben. Ich lachte und lief an ihr vorbei zum Washington Park.

Ungefähr 25 Mau-Maus warteten schon. Dann marschierten wir zur Polizeiwache an der St. Edward-Auburn Street.

Welche Gefühle unser Anblick bei der Polizei hervorrufen mußte, überlegten wir nicht. 25 der übelsten Gangster von Brooklyn marschierten mitten auf der Straße und trugen ein ganzes Waffenarsenal bei sich. Später habe ich Gott schon oft gedankt, daß die Polizisten uns erst sahen, als wir die Tür erreicht hatten, sonst hätten sie vermutlich die Türen verbarrikadiert und uns niedergeschossen.

Als wir die Wache betraten, sprang der diensthabende Sergeant auf und griff nach seiner Pistole. „Was ist los?"

„Alles okay, Mann!" erklärte Israel. „Wir wollen keinen Ärger machen, sondern bloß unsere Waffen abgeben."

„Was wollt ihr?" fragte der Sergeant ungläubig. „Was hat denn das nun wieder zu bedeuten?" Er wandte sich um und rief über die Schulter zurück: „Leutnant, ich glaube es ist besser, Sie kommen selbst mal her!"

Der Polizeioffizier erschien in der Tür. „Was wollen die Burschen hier?" fragte er den Sergeanten.

Israel wandte sich an den Polizeioffizier. „Wir haben gestern unsere Herzen Gott gegeben, heute wollen wir unsere Waffen der Polizei geben."

Der Leutnant wandte sich an den Sergeanten. „Vielleicht schicken Sie ein paar Leute auf die Straße und lassen sie nachsehen! Es könnte eine Falle sein."

Ich trat vor. „Hier, sehen Sie mal, Leutnant!" Ich zeigte ihm meine Bibel. „Die hat uns der Pfarrer gestern abend geschenkt. Wir wollen jetzt zu keiner Gang mehr gehören. Wir sind Christen geworden."

„Welcher Pfarrer?" fragte der Leutnant.

„David Wilkerson. So ein Hagerer, der sich hier immer 'rumgetrieben und mit den Gangs gesprochen hat. Wenn Sie uns nicht glauben, können Sie ihn ja anrufen."

„Rufen Sie den Pfarrer an, Sergeant, und sagen Sie ihm, er möge so schnell wie möglich herkommen", sagte der Leutnant.

Der Sergeant wählte die Nummer und gab den Hörer dann an den Leutnant weiter. „Pfarrer Wilkerson? Ich glaube, es ist besser, Sie kommen gleich mal zu uns. Ich habe die Wache voller Mau-Maus, und ich weiß nicht, was ich mit ihnen anfangen soll."

Nach einer kurzen Pause legte der Leutnant auf. „Er kommt sofort. Aber bevor er hier ist, möchte ich eure Waffen haben."

„Natürlich, Leutnant", erklärte Israel. „Darum sind wir ja hergekommen." Dann wandte er sich an uns. „In Ordnung, Jungen! Legt eure Kanonen hier auf den Schalter. Und die Munition auch!"

Die Polizisten trauten ihren Augen nicht. Inzwischen waren vier weitere von ihnen hereingekommen und starrten ungläubig auf den wachsenden Stapel von Schußwaffen aller Art. Und dann bat Israel den Leutnant, meine Bibel zu signieren.

In diesem Augenblick trat David Wilkerson ein. Er warf uns einen schnellen Blick zu und ging dann zum Leutnant, der seine Beamten zusammenrief. „Pfarrer", sagte er, „ich möchte Ihnen die Hand drücken."

Wilkerson sah sich fragend um, dann ergriff er die Hand des Polizisten und schüttelte sie kräftig.

„Wie haben Sie das nur gemacht?" fragte der Offizier. „Diese Jungen hatten uns den Krieg erklärt und uns seit Jahren nichts als Ärger und Sorgen bereitet. Und heute morgen kommen sie plötzlich her, und wissen Sie, was sie wollen?"

Wilkerson schüttelte den Kopf.

„Sie wollen, daß wir unsere Namen in die Bibel da schreiben!"

Wilkerson war sprachlos. „Das habt ihr von den Polizisten verlangt?" fragte er.

Ich schlug meine Bibel auf und zeigte ihm den Namenszug des Offiziers auf der ersten Seite.

„Sie sehen, Leutnant", sagte Wilkerson da, „daß Gott auch hier am Werk ist!"

Dann gingen wir alle wieder auf die Straße und ließen Polizisten zurück, die immer noch fassungslos den Waffenvorrat betrachteten, der sich vor ihnen auftürmte.

Wir umdrängten David Wilkerson, und Israel sagte: „Davie, ich habe fast die ganze Nacht in meiner Bibel gelesen! Ich habe auch meinen Namen darin gefunden. Israel! Das bin ich! Ich bin berühmt!"

Einige Wochen später kam Pfarrer Arce, der Geistliche der Spanischen Kirche, in mein Zimmer, als Israel wieder einmal da war. Pfarrer Arce bat uns, am nächsten Abend in seine Kirche zu kommen und Zeugnis abzulegen. Er würde uns in seinem Wagen abholen.

Es war der erste Gottesdienst, in dem ich das Wort ergriff. Israel und ich saßen auf dem Podest, und die Kirche war brechend voll. Am Schluß forderte Pfarrer Arce mich auf, Zeugnis abzulegen.

Nachdem ich gesprochen hatte, ergriff Israel das Wort.

Zum erstenmal hörte ich ihn öffentlich sprechen. Mit fester Stimme berichtete er von allen Ereignissen, die schließlich zu seiner Bekehrung geführt hatten. Obwohl wir in den letzten Wochen täglich beisammen gewesen waren, erlebte ich ihn erst heute in einer Gefühlstiefe und einer Ausdruckskraft, die ich sonst noch nie an ihm wahrgenommen hatte. Seine Worte führten mich zu dem Abend in der St.-Nicholas-Halle zurück, als Israel so willig auf das Evangelium gehört hatte. Jetzt dachte ich an meine eigene Haltung gegenüber David Wilkerson. Ich hatte ihn gehaßt, Gott, wie sehr hatte ich ihn gehaßt! Wie hatte ich nur so schlecht sein können? Wilkerson hatte doch nur gewollt, daß ich durch ihn Gottes Liebe erfahren sollte, und ich hatte ihn angespuckt, ihn verflucht und ihn sogar umbringen wollen.

„Ich war immer noch nicht von Wilkersons Aufrichtigkeit überzeugt", schloß Israel seinen Bericht.

„Eines Nachmittags kam Wilkerson zu mir und bat mich, ihn mit einigen anderen Anführern der Gang bekannt zu machen. Er wollte sie zu der großen Versammlung in der St.-Nicholas-Halle einladen. Gemeinsam gingen wir durch Brooklyn, und ich zeigte ihm Little Jo-Jo, den Präsidenten der Drachen von Coney Island, der größten Straßengang der Stadt. Dann ging ich ohne Abschied weiter, denn wir waren mit den Drachen verfeindet, und Jo-Jo durfte nicht wissen, daß ich David Wilkerson auf ihn angesetzt hatte. Während dieser auf Little Jo-Jo zutrat, versteckte ich mich hinter ein paar Treppenstufen. Jo-Jo sah den Pfarrer lange an und spuckte ihm dann auf die Schuhe. Das ist der höchste Ausdruck der Verachtung, der überhaupt unter uns möglich ist. Dann sagte er: ,Hau ab, du reicher Kerl! In dieser Gegend hast du nichts zu suchen! Du kommst nach New York und redest groß von Gott und von den Menschen, die sich verändern sollen. Du hast blanke Schuhe und Hosen mit Bügelfalten an, und wir haben nichts. Meine Alte hat mich 'rausgeschmissen, weil wir zu zehnt in einem Loch hausten und nichts zu essen hatten. Mann, deinen Typ kenne ich! Verschwinden Sie lieber, bevor Ihnen jemand ein Messer in den Bauch rennt'

Ich merkte genau, daß etwas Davids Herz berührt hatte. Vielleicht spürte er, daß Jo-Jo die Wahrheit sprach. Später hat er mir gesagt, er hätte sich an die Worte von General Booth erinnert: ,Es ist unmöglich, die Herzen der Menschen mit der Liebe Gottes zu erwärmen, wenn sie sich gleichzeitig die Zehen erfrieren.' Vielleicht habe ich das jetzt nicht ganz richtig gesagt, aber irgend so etwas ist David damals durch den Kopf gegangen. Und wissen Sie, was er getan hat? Er setzte sich auf die Stufen, gleich da auf der Straße, zog seine Schuhe aus und schenkte sie Jo-Jo.

Little Jo-Jo hat Wilkerson nur angesehen und gefragt: ,Was wollen Sie denn damit beweisen, Pfarrer? Daß Sie ein Herz haben oder so? Ich werde diese Schuhe bestimmt nicht anziehen!'

Aber David sagte: ,Du hast dich doch eben noch über meine Schuhe aufgeregt. Jetzt zieh sie gefälligst an oder hör auf, andere zu beschimpfen.'

Schließlich zog Jo-Jo Davids Schuhe an, der bereits die Straße entlang zu seinem Wagen ging. Er mußte auf Strümpfen zwei Häuserblocks weit gehen, und die Leute lachten über ihn. Da habe ich gemerkt, daß er es wirklich ehrlich meinte.

Bisher war nichts von dem, was David Wilkerson zu mir gesagt hatte, wirklich zu mir durchgedrungen. Aber ein Wortemacher war er bestimmt nicht. Er lebte das vor, was er predigte. Und in dem Augenblick wußte ich, daß ich einer Kraft nicht widerstehen konnte, die einen Menschen dazu brachte, das zu tun, was er eben für Jo-Jo getan hatte."

Nach dem Gottesdienst drängten sich die Leute im Vorraum oder standen draußen auf dem Bürgersteig. Ich schüttelte immer noch Hände, als ich aus der Tür trat. In diesem Augenblick sprangen auf der anderen Straßenseite zwei Autos an. Ich hörte eine Frau aufschreien, und zugleich sah ich, daß einige Revolver aus den Wagenfenstern gehalten wurden. Dahinter erkannte ich einige der Bischöfe. Sie schossen wild in meine Richtung. Ich warf mich zu Boden, und die Kugeln schlugen über mir in die Wand. Die Wagen verschwanden in der Dunkelheit.

Als die Erregung verebbt war, trat ein älterer Mann auf mich zu und legte mir den Arm um die Schultern. „Verlier nicht den Mut, mein Sohn! Du solltest dich geehrt fühlen, daß Satan gerade dich verfolgt. Du wirst Großes für Gott vollbringen, wenn du durchhältst!" Er klopfte mir auf die Schulter und verschwand in der Menge.

Ich wußte, daß ich Großes für Gott vollbringen wollte, aber ich war nicht ganz sicher, ob ich mich wirklich geehrt fühlte, weil der Teufel die Bischöfe ausgeschickt hatte, um mich zu töten.

Pastor Arce bot Israel und mir an, uns nach Hause zu fahren, aber ich wollte lieber laufen. Ich mußte nachdenken. Mr. Delgado, ein Mitarbeiter Wilkersons, forderte mich auf, die Nacht bei ihm zu verbringen. Er war ein freundlicher, gutangezogener Mann, und ich schämte mich meiner armseligen Manieren und meiner schäbigen Kleidung und lehnte die Einladung ab.

Als ich die Vanderbilt Avenue überquerte, sah ich Loca, die vor ihrem Haus stand. „Hallo, Nicky, du wärst aus der Gang ausgetreten. Stimmt das?"

Ich nickte mit dem Kopf.

„Du fehlst uns, Nicky. Es ist alles anders geworden, seit du nicht mehr dabei bist."

Plötzlich schlang jemand von hinten die Arme um mich. „He, ihr scheint mich ja wirklich wiederhaben zu wollen", sagte ich, denn ich glaubte, es wäre einer von unserer Gang. Locas Gesicht erstarrte vor Entsetzen. Ich drehte den Kopf und sah Joe, den Apachen, den wir damals entführt und mit unseren Zigaretten so übel zugerichtet hatten.

Während ich noch versuchte, mich aus seinem Griff zu befreien, sah ich das Messer in seiner rechten Hand. Mit dem linken Arm, den er mir um den Hals gelegt hatte, hielt er mich fest, während die Rechte ausholte, um mir das Messer zwischen die Rippen zu stoßen. Ich riß meinen freien Arm hoch, um die zwanzig Zentimeter lange Klinge abzuwehren, die mir zwischen Ringfinger und kleinem Finger durch die Hand fuhr, so daß sie meine Brust kaum noch erreichte.

„Diesmal bringe ich dich um!" keuchte er. „Wenn du denkst, du könntest davonkommen, wenn du dich hinter der Kirche versteckst, hast du dich gewaltig geirrt! Ich tue

163

der Welt ja nur einen Gefallen, wenn ich einen Feigling umbringe, der plötzlich fromm geworden ist!"

„Verschwinde! Der Kerl ist verrückt!" schrie ich Loca zu und riß im Zurückspringen die Antenne von einem parkenden Wagen. Jetzt standen die Chancen wieder gleich. In meiner Hand war die Antenne, eine ebenso tödliche Waffe wie sein Klappmesser.

Ich umkreiste den Jungen und hieb mit der Stahlrute durch die Luft. Jetzt war ich wieder in meinem Element. Die Antenne hielt ich in der linken Hand, während ich die bluttropfende rechte vorstreckte, um sein Messer abzuwehren. „Komm, Junge!" flüsterte ich. „Versuch's noch einmal! Noch ein einziges Mal! Das wird dann dein letzter Versuch sein!"

Die Augen des andern sprühten vor Haß. Ich wußte, daß ich ihn töten mußte, weil nichts anderes ihn aufhalten konnte.

Er sprang auf mich zu, und ich wich aus, daß sein Messer meinen Leib nur knapp verfehlte. Jetzt! Ich hob die Antenne, um sie ihm über das ungeschützte Gesicht zu schlagen.

Doch auf einmal betrachtete ich diesen Joe nicht als einen Feind, sondern als einen Menschen. Er tat mir leid, wie er da in der Dunkelheit stand und mich beschimpfte, während der Haß sein Gesicht verzerrte. Ich konnte mir genau vorstellen, wie ich in einer ähnlichen Lage vor ein paar Wochen gehandelt hätte.

In diesem Augenblick kam Loca herbeigelaufen und drückte mir den Hals einer Whiskyflasche in die Hand. „Zerhacke ihn, Nicky!"

Der Junge begann zu laufen. „Wirf sie ihm nach, Nicky! Wirf doch!"

Ich hob 'den Arm, doch anstatt die Flasche dem Fliehenden nachzuwerfen, schleuderte ich sie gegen die Hauswand.

Dann schlang ich mein Taschentuch um die Hand. Es war sofort durchgeblutet, und Loca lief in ihre Wohnung hinauf und brachte mir ein Frottierhandtuch. Sie wollte mich nach Hause bringen, doch ich sagte ihr, daß ich es schon allein schaffen würde, und ging den Bürgersteig entlang.

Ich wartete an der Straßenecke, daß die Ampel grünes Licht gab. Aber meine Augen begannen zu flackern. Ich mußte über die Straße, ehe ich das Bewußtsein verlor.

Ich taumelte mitten durch den Verkehr. Dann hörte ich einen Schrei, und einer der Mau-Maus sprang auf mich zu. Es war Tarzan, der einen großen mexikanischen Hut trug.

„Willst du dich umbringen, Nicky?" fragte er. Er hielt mich ohnehin für verrückt, weil ich mich zu Gott bekannt hatte.

„Ich bin verletzt. Ziemlich schwer. Bring mich zu Israel, ja?"

Er brachte mich zu Israels Haus, und wir stiegen die fünf Treppen zu seiner Wohnung hinauf. Seine Mutter öffnete die Tür. Israel kam aus dem anderen Zimmer, sah mich an und fing an zu lachen: „Was ist denn mit dir los?"

„Ein Apache wollte mich töten."

„Nanu? Ich dachte, so etwas könnte dir gar nicht passieren?"

Israels Mutter unterbrach uns und bestand darauf, daß ich ins Krankenhaus ginge. Israel und Tarzan halfen mir die Treppen hinunter und zur Hilfsstation im nahen Krankenhaus. Dann bat ich Israel, meinem Bruder Frank zu sagen, was sich zugetragen hatte. Er wartete, bis der Arzt meine Hand untersucht hatte. Es waren einige Sehnen durchschnitten worden. Israel sah sehr ernst aus, als sie mich hinausrollten. „Keine Angst, Nicky! Wir kriegen den Kerl, der das getan hat!"

Ich wollte ihm noch sagen, daß wir nicht mehr an Rache denken durften. Aber die Tür schloß sich schon leise hinter mir.

Früh am nächsten Morgen war Israel bei mir. Ich war noch benommen von der Betäubung, aber ich sah, daß er sich den Kopf völlig kahlgeschoren hatte.

„He, Glatzkopf, was soll denn das?" murmelte ich.

Israel hatte wieder den alten Gesichtsausdruck. „Mann, erst erschießen sie uns beinahe vor der Kirche, und dann fallen sie mit dem Messer über dich her! Dieser ganze Kram von Gottes Liebe und so taugt nichts. Den Joe werde ich mir kaufen."

Mühsam richtete ich mich im Bett auf. „Das darfst du nicht tun! Ich hätte ihn gestern abend selbst fertigmachen können, aber ich habe es Gott überlassen. Wenn du jetzt wieder auf die Straße gehst, kommst du nie mehr zurück. Erinnere dich, was David von der Hand gesagt hat, die man an den Pflug legt und dabei... Israel, du fängst nicht wieder an..."

Erst jetzt bemerkte ich, daß Lydia und Loretta mit Israel gekommen waren. Noch schwach vom Blutverlust und von der Operation fiel ich wieder in meine Kissen zurück. Mein rechter Arm steckte von den Fingerspitzen bis zum Ellbogen in Gips.

Loretta, ein hübsches, schwarzhaariges italienisches Mädchen, mit der ich ein paarmal ausgegangen war, mischte sich ein. „Nicky, Israel hat recht! Diese Kerle werden noch ins

Krankenhaus kommen und dich umbringen, wenn du nicht zur Gang zurückkommst! Wir warten auf dich!"

Ich sah Lydia an. „Meinst du das auch?" fragte ich.

Sie ließ den Kopf hängen. „Nicky, ich muß dir etwas sagen. Ich schäme mich, daß ich erst jetzt damit herausrücke, aber ich glaube schon seit zwei Jahren an Gott."

„Was?" Ich starrte sie ungläubig an. „Du meinst, du bist die ganze Zeit Christin gewesen und hast es mir nie gesagt? Wie kannst du denn all das tun, was du getan hast? Christen benehmen sich anders. Sie schämen sich vor Gott!"

Lydia biß sich in die Unterlippe und kämpfte mit den Tränen, während sie über meine Bettdecke strich. „Ich schäme mich, Nicky. Ich hatte Angst, dir etwas von Christus zu erzählen. Ich dachte, dann würdest du nichts mehr mit mir zu tun haben wollen."

Israel ging an die andere Seite des Bettes. „Nicky, du darfst dich jetzt nicht aufregen. Wir reden später darüber, nur meinen Loretta und ich, du solltest wieder zur Gang zurückkommen. Denk darüber nach und mach dir keine Sorgen. Ich werde mit ein paar von den Jungen reden, und dann greifen wir uns den Kerl, der dich so zugerichtet hat."

Ich wandte mich von ihm ab. Loretta beugte sich zu mir und küßte mir die Wange. Ich fühlte Tränen, als auch Lydia mich küßte. „Es tut mir leid, Nicky! Bitte, verzeih mir!"

Als sie fort waren, konnte ich die Gegenwart Satans fast körperlich spüren. Er sprach durch Israel und Loretta zu mir. Er wies auf meine Enttäuschung über Lydia hin. „Nicky", flüsterte er, „du bist ein Narr. Geh wieder zur Gang! Erinnere dich, wie schön es dort war, wie zufrieden du warst, wenn du dich rächen konntest. Du hast deine Gang im Stich gelassen, Nicky, aber es ist noch nicht zu spät zur Umkehr!"

Während Satan mich versuchte, kam die Schwester mit einem Tablett. Ich hörte das Flüstern noch immer. „Gestern abend hast du dich zum erstenmal in deinem Leben nicht gewehrt. Was bist du doch für ein Feigling! Der große, tapfere Nicky Cruz! Er läßt sich von einem Apachen fertigmachen und ihn dann laufen!"

„Mr. Cruz?" Es war die Krankenschwester, die neben meinem Bett stand.

Ich fuhr auf und schlug ihr das Tablett aus der Hand. „Machen Sie, daß Sie 'rauskommen!"

Ich wollte noch mehr sagen, aber ich brachte kein Wort mehr hervor. Alle die alten Schimpfworte waren verschwunden. Ich konnte mich nicht an sie erinnern. Ich saß nur mit offenem Munde da. „Es tut mir leid", sagte ich. „Bitte, rufen Sie einen Pfarrer! Rufen Sie Pastor Arce!"

Die Schwester las wortlos das Geschirr vom Boden auf.

Bald darauf kam Pastor Arce und betete mit mir. Dabei fühlte ich, wie mich der böse Geist verließ, von dem ich besessen gewesen war. Der Pastor sagte mir, er würde Mr. Delgado bitten, daß er sich um mich kümmerte.

Nachdem die Krankenschwester mir abends geholfen hatte, den Schlafanzug zu wechseln, kniete ich im Krankenzimmer nieder. Am Nachmittag war das zweite Bett belegt worden, und ich glaubte, daß mein Nachbar schlief. Ich betete laut, weil ich nicht wußte, wie ich sonst beten sollte. Für mich war das Beten ein Gespräch mit Gott, und dann mußte man eben laut sprechen.

Ich bat Gott, dem Jungen zu vergeben, der mich verletzt hatte, und ihn vor allem Unheil zu bewahren, bis auch er Jesus kennenlernte. Ich bat Gott, mir mein Verhalten gegenüber Lydia zu verzeihen und auch, daß ich der Schwester das Tablett aus der Hand geschlagen hatte. Ich versprach ihm, überall hinzugehen und alles zu tun, was er von mir verlangte; ich sagte ihm, daß ich keine Angst vor dem Sterben hätte, aber er möchte mich doch so lange am Leben lassen, daß ich eines Tages auch Vater und Mutter von Jesus erzählen könnte. Ich lag lange auf den Knien, ehe ich wieder in mein Bett kroch und einschlief.

Am nächsten Morgen sollte ich entlassen werden. Bevor ich das Zimmer verließ, flüsterte der Nachbar etwas und winkte mich zu sich her. Es war ein alter Mann. Man hatte eine Röhre in seinen Hals eingeführt.

„Gestern abend lag ich wach", sagte er mühsam.

Ich war verlegen und grinste dümmlich.

„Ich danke dir für dein Gebet!"

„Aber ich habe gar nicht für Sie gebetet", gestand ich.

Der alte Mann ergriff meine unverletzte Hand mit seinen kühlen, feuchten Fingern. Er war sehr schwach, doch ich spürte den leichten Druck. „Nein, du irrst dich! Du hast für mich gebetet. Und ich habe auch gebetet. Zum erstenmal seit vielen Jahren habe ich gebetet. Ich möchte auch tun, was Jesus von mir verlangt. Ich danke dir!"

In meinem ganzen Leben hatte ich noch nie versucht, einem fremden Menschen einen Dienst zu erweisen. Jetzt hatte ich das starke, gute Gefühl, daß Gott mich als sein Werkzeug benutzt hatte. Ich war glücklich.

Mr. Delgado erwartete mich in der Halle. Er hatte meine Rechnung bereits erledigt und führte mich zu seinem Wagen. „Ich habe gestern abend David Wilkerson angerufen", sagte er. „Er leitet in Elmira eine Reihe von Veranstaltungen, und er hat mich gebeten, dich und Israel morgen abend dorthin zu bringen."

„Aber Israel hat sich wieder der Gang angeschlossen. Ich glaube nicht, daß er mitkommen wird", sagte ich.

„Ich werde ihn heute abend besuchen", versicherte Mr. Delgado. „Ich möchte, daß du heute bei mir bleibst; nur dort bist du wirklich sicher."

Es war beinahe eine Ironie des Schicksals, daß ich zu Wilkerson nach Elmira fahren sollte, wohin mich einst die Polizei hatte schicken wollen, wenn auch aus ganz anderen Gründen.

Am nächsten Morgen standen wir sehr früh auf und fuhren durch die Stadt nach Brooklyn. Israel hatte eingewilligt mit uns zu fahren, und er wollte uns um sieben Uhr an einer bestimmten Stelle treffen. Als wir dort ankamen, war Israel noch nicht da. Ich wurde unruhig. Mehrmals fuhren wir um den ganzen Häuserblock, doch von Israel war nichts zu sehen. Wir fuhren dann zu Israels Wohnung, vielleicht erreichten wir ihn dort noch. Aber er war nicht daheim.

„Können wir nicht wenigstens noch einmal um den Block fahren?" fragte ich. „Vielleicht haben wir ihn gerade verpaßt."

„Gut, Nicky", sagte Mr. Delgado. „Ich weiß, daß du Israel gern magst und fürchtest, er könnte zur Gang zurückgekehrt sein. Ich glaube es beinahe. Trotzdem will ich noch einmal um den Block fahren, aber David Wilkerson erwartet uns um zwei Uhr, und bis nach Elmira haben wir bald sechs Stunden zu fahren."

Als wir die Stadt hinter uns ließen, legte ich mich aufseufzend in die Polster zurück. In meinem Herzen war eine tiefe Traurigkeit, weil wir Israel zurückgelassen hatten. Es sollte sechs Jahre dauern, ehe ich ihn wiedersah.

Am Abend stellte David mich den Leuten in Elmira vor, und ich legte mein Zeugnis ab. David hatte mir geraten, meine Geschichte genau so zu erzählen, wie sie sich zugetragen hatte. Alle Einzelheiten waren mir nicht mehr ganz geläufig, und manches hatte ich vergessen, aber ich glaube, daß ich meine Sache gut machte. Am Schluß forderte David Wilkerson die Menschen auf, ihre Herzen Jesus zu übergeben. Viele kamen nach vorne, und in mir wuchs die Überzeugung, daß Gott mich zu einem besonderen Dienst berief, denn ich spürte, wie er in meinem Leben wirkte.

Am nächsten Tage hatte ich Gelegenheit zu einem langen Gespräch mit David. Er fragte mich, ob es mir ernst damit sei, in den Dienst Gottes einzutreten. Ich erwiderte, ich wüßte noch zu wenig von Gott und spräche auch kein allzu gutes Englisch; aber ich sagte auch, daß der Herr mein Herz angerührt habe und mich in diese Richtung führe. Darauf versprach David, alles zu tun, damit ich eine gute Schule besuchen könne.

Schule! Seit drei Jahren war ich nicht mehr in der Schule gewesen. Damals hatte man mich hinausgeworfen! „David, in die Schule kann ich nicht mehr gehen! Der Direktor hat mir gedroht, wenn ich mich noch einmal dort sehen ließe, würde er mich der Polizei übergeben!"

David lachte: „Deine alte Schule meine ich nicht, Nicky! Würdest du gern nach Kalifornien gehen?"

„Wohin?"

„Nach Kalifornien! Es liegt an der Westküste."

„Ist das in der Nähe von Manhattan?" fragte ich.

Wilkerson lachte wieder. „Nicky, Nicky! Ich glaube, mit dir wird Gott noch eine Menge Arbeit haben. Aber ich glaube auch, daß er mächtig genug ist, um auch sie zu schaffen. Durch deinen Dienst werden noch große Dinge geschehen! Ich glaube fest daran!"

Ich schüttelte den Kopf. Soviel ich gehört hatte, waren die Polizisten in Manhattan ebenso schlimm wie die in

Brooklyn. Und wenn ich zur Schule gehen sollte, dann war es mir lieber, wenn es soweit wie möglich fort von New York sein konnte.

David wollte, daß ich in Elmira blieb, während er an die Bibelschule schrieb, die in La Puente in Kalifornien liegt, in der Nähe von Los Angeles. Obwohl ich kein Abschlußzeugnis der High School besaß, bat David Wilkerson um meine Aufnahme.

In Elmira ging es nicht besonders gut. Jemand hatte das Gerücht verbreitet, daß ich noch immer ein Bandenführer sei und eine neue Gang aufbauen wolle. David war darüber sehr aufgebracht. An diesem Abend sprach David zu mir über die Taufe. Ich hörte aufmerksam zu, verstand jedoch nicht alles, was er mir klarzumachen suchte. Er sprach auch über die Bekehrung des Paulus, der drei Tage danach die Taufe des Heiligen Geistes empfangen habe und mit einer ganz neuen Kraft erfüllt worden sei.

„Auch du brauchst das, Nicky", schloß David. „Gott will dich mit seiner Kraft erfüllen und dir besondere Gaben geben."

„Was für Gaben?" fragte ich.

Er schlug im 12. Kapitel des 1. Korintherbriefes die Verse 8 bis 10 auf und erklärte mir die neun Gaben des Heiligen Geistes: „Sie werden denen zuteil, die im Heiligen Geist getauft sind. Vielleicht empfängst du sie nicht alle, aber sicher einige von ihnen."

„Du meinst, daß ich dann auch gutes Englisch sprechen kann, ohne es richtig gelernt zu haben?" fragte ich.

David wollte antworten, aber dann schloß er seine Bibel. „Der Herr hat den Aposteln gesagt, sie sollten Geduld haben, dann würden sie Kraft empfangen. Ich will es auch mit dir nicht überstürzen. Wir wollen auf Gott warten. Er wird dich taufen, wenn die Zeit für dich gekommen ist."

Er schaltete das Licht aus, und ich sagte: „Wenn Gott mir eine andere Sprache gibt, dann ist es hoffentlich italienisch. Ich kenne das liebste italienische Mädchen, und ich möchte sie gern ..." Ich wurde von Wilkersons Kopfkissen unterbrochen, das durch den Raum gesegelt kam und genau meinen Kopf traf.

„Schlaf, Nicky! Es ist schon fast Morgen, und die halbe Stadt hält dich noch für einen Bandenchef. Wenn Gott dir eine andere Sprache gibt, dann hoffentlich eine, mit der du den Leuten hier klarmachen kannst, daß du tatsächlich kein Gangster mehr bist!"

Am nächsten Vormittag sah David besorgt aus, als er aus der Stadt kam. „Es sieht nicht gut aus, Nicky", sagte er. „Wir müssen dich noch heute hier fortschaffen, und ich weiß nicht, wohin ich dich schicken soll, wenn nicht wieder nach New York."

„Glaubst du, daß der Herr gestern abend dein Gebet gehört hat?" fragte ich.

David sah betroffen aus. „Ja, selbstverständlich glaube ich das."

„Hast du nicht gebetet, daß Gott mich beschützen soll?"

„Das weißt du doch."

„Warum hast du denn dann jetzt Angst?"

David sah mich lange schweigend an. Dann sagte er: „Los, frühstücken wir! Ich habe einen Bärenhunger. Du auch?"

Einige Tage später kam David mit der freudigen Nachricht an, daß man in La Puente bereit sei, mich zur Probe aufzunehmen. Ich fuhr noch am gleichen Tag mit dem Bus nach New York, von wo es dann weiter nach Kalifornien ging. Diesmal machte es mir nichts aus, wieder nach New York zu fahren. Ich erinnerte mich an die letzte Fahrt und daran, wie erleichtert ich mich in die Polster zurückgelehnt hatte. Doch diesmal war ich auf dem Weg aus meiner Wildnis.

Auf dem Omnibusbahnhof mußte ich 5 Stunden warten, ehe David mich abholen konnte, und ich hatte ihm versprochen, im Wartesaal zu bleiben, um jeden möglichen Ärger zu vermeiden. Aber die Schwierigkeiten wußten zu gut, wie sie mich einholen konnten. Sie kamen in Gestalt von zehn Viceroys auf mich zu, die mich stumm einkreisten, während ich in einer Zeitschrift las.

„Seht mal, was da für ein hübsches Kerlchen sitzt", sagte einer von ihnen und betrachtete grinsend meinen Anzug und meine Krawatte. „Du, sag mal, weißt du gar nicht, daß du auf dem Gebiet der Viceroys bist?"

Plötzlich mischte sich ein anderer Junge ein. „Wißt ihr, wer das ist? Das ist der Kerl von den Mau-Maus, der plötzlich fromm geworden ist!"

Wieder ein anderer kam auf mich zu und stieß mir den Finger gegen die Stirn. „Sag mal, Pfarrer, darf ich dich anfassen? Vielleicht bleibt so 'n bißchen was Heiliges an mir kleben!"

Ich schlug seine Hand von meinem Gesicht fort. „Willst du vielleicht ein Messer im Bauch haben?" fuhr ich ihn an. „Faß mich noch einmal an, dann bist du ein toter Mann!"

„He!" Der Junge sprang in gespielter Überraschung zurück. „Hört euch den an! Der sieht aus wie ein Pfarrer, aber er spricht wie ein ...", und er benützte ein schmutziges Schimpfwort.

Ehe er sich noch rühren konnte, war ich auf den Beinen

und hieb ihm beide Fäuste in die Magengrube. Während er sich zusammenkrümmte, schlug ich ihm die Faust auf den Hinterkopf, und er fiel bewußtlos zu Boden. Die anderen Jungen waren zu überrascht, um etwas zu unternehmen. Die Leute im Omnibusbahnhof suchten hinter den Bänken Deckung. Ich ging rückwärts zur Tür hin. „Versucht irgend etwas gegen mich zu unternehmen, dann bringe ich einen nach dem anderen von euch um! Jetzt hole ich erst einmal die Mau-Maus! In einer Stunde bin ich wieder hier, und dann geht es euch dreckig!"

Sie wußten, daß ich es ernst meinte, und sie wußten auch, daß die Mau-Maus zweimal so stark waren wie sie selbst. Sie sahen einander beunruhigt an und strebten dem Ausgang zu, ihren humpelnden Gefährten mit sich ziehend.

„Ich komme wieder!" schrie ich ihnen nach.

Dann lief ich zu dem nahen U-Bahn-Eingang. Aber auf diesem Wege kam ich an einer spanischen Kirche vorüber. Irgend etwas hielt mich zurück und ließ mich umkehren. Langsam ging ich die Stufen hinauf und trat ein. Vielleicht sollte ich lieber erst beten und dann die Mau-Maus holen, dachte ich.

Sobald ich die Kirche betrat, vergaß ich die Mau-Maus und die Viceroys. Ich dachte an Jesus. Und dann an das neue Leben, das vor mir lag. Ich weiß nicht, wie lange ich dort gebetet habe, als sich mir eine Hand auf die Schulter legte. Ich sah mich um. Es war David Wilkerson.

„Als ich dich auf dem Busbahnhof nicht traf, habe ich mir gedacht, daß ich dich hier finden würde", sagte er.

„Selbstverständlich", antwortete ich. „Was hast du denn gedacht, wo ich sonst sein könnte? Vielleicht wieder bei der Gang?"

Er lachte, während wir zu seinem Wagen gingen.

Harte Schule

Das Bibelinstitut in La Puente in Kalifornien ist nicht gerade imposant zu nennen. Es liegt auf einem schmalen Streifen Land dicht vor der Stadt. Die meisten der 70 eingeschriebenen Studenten sprachen spanisch, und fast alle kamen aus bescheidenen Verhältnissen.

Steve Morales und ich kamen mit dem Flugzeug aus New York. Die Schule war ganz anders als alles, was ich bisher erlebt hatte. Es herrschte eine strenge Ordnung, und der Tagesplan wurde genau eingehalten. Der Unterricht wurde dienstags bis samstags gegeben, und die meisten Studenten wohnten in barackenähnlichen Unterkünften auf dem Schulgelände.

Ich brauchte einige Monate, bis ich mich an die Schule gewöhnt hatte. Bisher hatte ich stets getan und gelassen, was ich wollte, doch hier wurde alles — vom Aufstehen um sechs Uhr bis zum Löschen der Lichter um halb zehn — von einer Glocke geregelt. Es gab keinerlei freie Zeit, und neben den täglichen sechs Unterrichtsstunden und der Vorbereitung darauf, erwartete man von uns, daß wir einige Zeit im Gebet verbrachten. Mein größtes Problem bestand darin, daß ich nicht mit den Mädchen sprechen konnte. Das war streng verboten, und wir konnten uns nur einige heimliche Augenblicke lang miteinander unterhalten, ehe der Unterricht begann, oder wenn wir unseren regelmäßigen Küchendienst taten.

Es gehörte nun einmal zum Prinzip dieser Schule, auf Disziplin und Gehorsam zu achten, und ich brauchte diese Strenge.

Das Essen war zwar reichlich, aber keineswegs schmackhaft. Unser Frühstück bestand zum Beispiel aus einem heißen Haferbrei und Toast, nur einmal wöchentlich gab es zusätzlich ein Ei.

Mit mir bewiesen die Lehrer sehr große Geduld. Ich wußte anfangs nicht, wie ich mich verhalten sollte, und diese Unsicherheit bedrückte mich. Ich versuchte, sie dadurch auszugleichen, daß ich mich mal aufsässig, mal herablassend gab.

Ich erinnere mich, daß wir während meines dritten Monats einen Morgen lang neben unseren Plätzen standen, während der Lehrer ein endloses Morgengebet sprach. Das hübsche, schwarzhaarige und sehr fromme mexikanische Mädchen, das vor mir stand, begeisterte mich, doch nie war es mir gelungen, ihre Aufmerksamkeit zu erregen. Während des Gebets zog ich behutsam den Stuhl von ihrem

Platz. Nun würde sie mich bestimmt bemerken. Und ob sie mich bemerkte! Aus ihrer unangenehmen Lage auf dem Fußboden sah sie zu mir auf, und ihre Augen blitzten. Ich konnte mein Lachen nicht bezwingen, als ich mich bückte, um ihr wieder auf die Beine zu helfen. Sie wies mich mit einem zornigen Blick ab. Sie sagte kein Wort, und auf einmal fand ich das alles nicht mehr spaßig. Als sie den Stuhl wieder zurechtschob, stieß sie ihn mir hart gegen das Schienbein. Ich glaube nicht, daß mir irgend etwas jemals so weh getan hat. Ich fühlte, daß mir das Blut aus dem Gesicht wich und fürchtete, ohnmächtig zu werden. Die ganze Klasse lachte. Ich sah sie vorwurfsvoll an, und sie gab mir einen Blick zurück, der Löcher durch die dickste Panzerplatte gebrannt hätte.

Der Professor räusperte sich und sagte: „Wir wollen nun mit der Arbeit beginnen. Mr. Cruz, Sie haben sich doch sicher vorbereitet, nicht wahr?“

Ich wollte etwas antworten, doch mein Bein tat so weh, daß ich kein Wort herausbrachte.

„Mr. Cruz, Sie wissen, welche Strafe darauf steht, wenn man seine Aufgaben nicht erledigt hat. Ich weiß, daß Sie Sprachschwierigkeiten und ihren Geist noch nicht an akademisches Denken gewöhnt haben. Wir alle haben viel Geduld mit Ihnen, doch wenn Sie nicht mitarbeiten, bleibt mir keine andere Wahl, als Sie nach New York zurückzuschicken. Darum frage ich Sie noch einmal, sind Sie vorbereitet?“

Ich nickte und stand auf. Mein Kopf war völlig leer. Ich humpelte nach vorn und stand vor der Klasse, dann sah ich das hübsche Mädchen mit den dunklen Augen an. Sie machte ein belustigtes Gesicht und schlug ihr Übungsheft so auf, daß ich Zeile für Zeile lesen konnte, über was ich zu sprechen hatte. Ich blickte den Lehrer an, sagte eine leise Entschuldigung und lief aus der Klasse.

Ich hatte mich nur lächerlich gemacht. Ich hatte geglaubt, ich könnte mich aufspielen, und alle würden darüber lachen, wie sie es in der Gang getan hatten. Aber diese Menschen waren anders. Sie tolerierten mich, weil ich ihnen leid tat. Ich war ein Versager und ein Ausgestoßener.

Ich ging in den Aufenthaltsraum und schrieb einen langen Brief an David Wilkerson, in dem ich ihm darlegte, wie schwer alles für mich war, und daß es ein Fehler gewesen sei, überhaupt erst hierherzugehen. Es täte mir leid, ihn enttäuschen zu müssen, doch ich würde ihn nur noch mehr enttäuschen, wenn ich länger bliebe. Dann bat ich ihn um ein Rückflugbillet, klebte eine Marke für Eilzustellung auf den Brief und adressierte ihn an seine Wohnung in Pennsylvanien.

Wilkersons Antwort traf eine Woche später ein. Eifrig riß ich den Umschlag auf und fand nur wenige Zeilen:

Lieber Nicky,

ich freue mich zu hören, daß Du so gut arbeitest. Es tut mir leid, daß wir gerade augenblicklich kein Geld übrighaben. Ich schreibe Dir wieder, wenn es uns finanziell besser geht. Dein Freund David

Ich war krank vor Enttäuschung. Später schrieb ich einen Eilbrief an Mr. Delgado. Ich wußte, daß er Geld hatte. Da ich mich scheute, ihm einzugestehen, wie schwer es mir hier in der Schule fiel, schrieb ich ihm, daß meine Familie in Puerto Rico Geld brauche, und ich heim müsse, um für sie zu sorgen. Zwar hatte ich seit einem Jahr kein Wort mehr von meinen Leuten gehört, doch es schien mir die einzige Geschichte zu sein, mit der ich mein Ziel erreichen konnte.

Bald darauf erhielt ich zur Antwort:

Lieber Nicky, ich habe mich gefreut, von Dir zu hören. Deiner Familie habe ich Geld geschickt, damit Du die Schule weiter besuchen kannst. Gott segne Dich!

An diesem Abend sprach ich mit dem Rektor der Schule über meine Probleme. Ich rebellierte gegen jede Autorität. Am Tage zuvor war ich an der Reihe gewesen, den Hörsaal zu reinigen, doch ich hatte den Besen in die Ecke geworfen und gesagt, ich sei nach Kalifornien gekommen, um etwas zu lernen, und nicht, um wie ein Sklave zu arbeiten. Zwar wußte ich genau, daß ich nicht mehr so denken durfte wie der alte Nicky, aber ich konnte es nicht ändern. Wenn die anderen Jungen im Schlafsaal versuchten, mir Mut zu machen, wies ich sie ab und sagte, sie seien zu gut für mich. Ich war und blieb eben ein Versager, ein Gangster. Sie boten mir ihre Freundschaft an, aber ich ließ sie nicht in meine Nähe kommen.

Rektor Lopez war ein kleiner Mann mit bronzefarbener Haut. Er hörte mir zu, nickte und griff endlich nach seiner alten Bibel, die unter einem großen Stapel noch nicht durchgesehener Arbeiten lag.

„Nicky, du möchtest Christus nachfolgen, aber du wirst niemals einen wirklichen Sieg in deinem Leben erringen, wenn du nicht Christus als deinen Erretter empfängst."

Ich saß da und hörte zu, wie Dean Lopez mir anhand der Bibel erklärte, welch ein herrlicher Sieg mich erwartete, wenn ich seinen Geist erhalte.

Ich hörte aufmerksam zu, während die Finger des Rektors geübt und zielsicher die Seiten der abgegriffenen Bibel durchblätterten. „Im Garten Gethsemane zog Jesus sich von seinen Jüngern zurück, um zu beten. Aber sobald sie nicht mehr in seiner Nähe waren, schliefen sie ein."

Ich dachte: Das bin ich! Ich weiß, was er von mir erwartet, aber ich habe nicht die Kraft, es wirklich zu tun. Ich liebe ihn und will ihm dienen, aber ich bin zu schwach.

Der Rektor sprach weiter und fuhr dabei mit der einen Hand über den Einband der Bibel. „Und dann kommt später die Nacht, in der Petrus draußen vor dem Palast steht. Als sie den Herrn fortführten, verlor er seine Kraft. Und in dieser Nacht konnte sogar eine einfache Dienerin Petrus dazu bringen, daß er den Herrn verfluchte und verleugnete.

Ja, Nicky, das sieht uns allen so ähnlich! Wie schrecklich ist es doch, daß Jesus in der Stunde der Not allein sein mußte. Ich wünschte, ich hätte bei ihm stehen und mit ihm sterben können. Und doch fürchte ich, daß ich dann genauso wie Petrus gehandelt hätte."

Dann schlug er seine Bibel wieder bei der Apostelgeschichte auf und fragte: „Erinnerst du dich, Nicky, was nach der Kreuzigung geschah?"

Ich schüttelte den Kopf.

„Die Apostel gaben auf. Sie kehrten zu ihren Fischerbooten zurück. Dann erschien der Auferstandene seinen Jüngern und sagte ihnen, sie sollten nach Jerusalem zurückgehen und dort warten, bis sie neue Kraft empfingen... Die verheißene Kraft des Heiligen Geistes.

Das letzte Versprechen, das Jesus seinen Jüngern gab, war das Versprechen dieser Kraft. Siehst du, hier, im ersten Kapitel der Apostelgeschichte, der achte Vers." Er hielt die Bibel so, daß ich zugleich mit ihm lesen konnte: „Ihr werdet aber die Kraft des heiligen Geistes empfangen, welcher auf euch kommen wird, und werdet meine Zeugen sein zu Jerusalem und in ganz Judäa und Samarien und bis an das Ende der Erde."

„Siehst du, Nicky, das ist Jesu Versprechen, daß man Kraft empfangen wird. Und als die Apostel diese Kraft hatten, konnten sie gar nicht mehr anders: Sie mußten zu Zeugen werden. Der Geist war auf herrliche, überwältigende Weise vom Himmel zurückgekehrt und hatte jeden der Apostel mit der gleichen Kraft erfüllt, die auch Jesus besessen hatte."

„Wenn Gott seinen Geist sendet", fragte ich und rutschte unruhig auf meinem Stuhl hin und her, „warum schickt er ihn dann nicht auch zu mir?"

„Das hat er ja getan!" versicherte der Rektor, stand auf und ging neben seinem kleinen Schreibtisch auf und ab. „Er hat es getan, aber du hast ihn noch nicht empfangen."

„Gott hat ihn geschickt... Aber ich habe ihn noch nicht empfangen... Das begreife ich nicht. Ich habe versucht, mein Leben zu ändern und meine Sünden abzulegen. Ich habe gefastet und gebetet, aber nichts hat sich ereignet. Was soll ich noch tun?"

Er lächelte. „Du kannst gar nichts tun, Nicky. Du kannst nur darum bitten!"

Er schwieg eine Weile, dann sah er mich offen an und sagte: „Die Welt braucht deine Stimme, Nicky! Noch immer leben in Amerika Hunderttausende junger Leute wie du gelebt hast. Sie sind in den Klauen des Hasses, der Sünde und der Furcht gefangen. Sie brauchen eine starke Stimme, die ihnen den Weg aus den Slums und dem Elend zeigt und sie auf Christus verweist, der allein der Weg ist. Die wortgewaltigen Kanzelprediger von heute hören sie sich nicht an. Sie hören auch nicht auf die Sozialarbeiter oder die großen Evangelisten. Sie gehen nicht in die Kirchen. Sie brauchen einen Menschen aus ihren eigenen Reihen, Nicky. Und von dieser Stunde an bete ich, daß du einmal dieser Mensch sein wirst. Du sprichst ihre Sprache. Du hast gelebt, wo sie leben. Du bist wie sie. Du hast gehaßt, wie sie hassen, du hast Angst gehabt wie sie. Und nun hat Gott dich aus der Gosse geführt, damit du andere dazu führen kannst, den Weg des Kreuzes zu gehen."

Der Rektor lächelte. „Die Zeit ist bestimmt nicht mehr fern, daß dein Leben sich völlig verändert. Ich werde für dich beten, wie du für dich selbst betest."

Ich sah auf die Uhr. Vier Stunden war ich bei ihm gewesen. Es war zwei Uhr morgens.

Der Unterricht nahm mich tagsüber ganz und gar in Anspruch. Ich wollte unbedingt den Anschluß an die Klasse finden, nachts ging ich oft in die Kapelle und bat Gott um seine Führung. Aber nichts geschah. Es war, als sei die Kapelle eine Dunkelzelle und meine Stimme könne nicht zu Gott dringen.

Vielleicht mache ich etwas falsch, dachte ich eines Abends. Ich muß es noch einmal versuchen. „Jesus!" rief ich, „ich bin's, Nicky Cruz, hier in der Kapelle von La Puente. Taufe mich!" Meine Erwartung war übermächtig. Aber nichts geschah. Nichts. Langsam ging ich über das Schulgelände in meinen Schlafraum.

Jasminduft lag in der Luft. Das Gras unter meinen Füßen war feucht vom Nachttau. In den Büschen hörte ich eine einsame Grille und in der Ferne das Brummen eines Lastwagens. Der Mond verschwand hinter einer Wolke wie ein Mensch, der die Haustür hinter sich zuzieht. Die Straßenlampen blinzelten, wenn der Wind die Palmenzweige vor ihnen schwenkte.

Leise schlüpfte ich in den Schlafsaal und schlich zu meinem Bett. Dann starrte ich mit unter dem Kopf verschränkten Händen in die Dunkelheit. Ich hörte den Atem der anderen Jungen. „Gott!" betete ich. „Ich habe eine ganze

Woche lang um deine Hilfe gefleht, doch ich fühle mich allein gelassen. Ich tauge nichts. Ich weiß, warum du mich nicht anhörst. Ich bin nicht gut genug. Ich bin viel schlechter als alle anderen. Ich weiß immer noch nicht genau, wie ich Messer und Gabel halten muß. Ich kann nicht sehr gut lesen, ich denke noch nicht schnell genug, um überall mitzukommen. Am besten kenne ich die Gesetze der Gang. Hier bin ich ganz fehl am Platze, weil ich so schmutzig und sündig bin. Ich will gut sein, aber ich kann es nicht, ohne daß dein Geist mich erfüllt!

Das Bild meines alten Zimmers am Greene Place stand vor meinen Augen. „Ich will nicht wieder zurück, Gott, aber ich schaffe es einfach nicht. Alle diese Jungen und Mädchen sind besser als ich. Ich weiß, daß ich hier nicht hingehöre. Morgen fahre ich zurück nach New York."

Ich drehte mich um und fiel in einen unruhigen Schlaf.

Am nächsten Tag ging ich nach dem Unterricht in den Schlafraum und packte meine Sachen. Ich war fest entschlossen, die lange Heimfahrt per Anhalter anzutreten. Es war sinnlos, noch länger hierzubleiben.

Am Abend saß ich auf meinem Bett und wurde in meinen Gedanken von einem anderen Studenten unterbrochen.

„Hallo, Nicky! Ich suche dich schon die ganze Zeit."

Der hat mir gerade noch gefehlt, dachte ich.

„Nicky", fuhr er fort, und es klang sehr freudig, „wir haben heute abend eine Bibelstunde mit Andacht in der kleinen Missionskirche am Guava Boulevard. Ich möchte gern, daß du mitkommst!"

Ich schüttelte den Kopf. „Nicht heute, Gene! Ich bin müde und muß noch eine Menge arbeiten. Nimm einen von den anderen mit."

„Es sind aber keine anderen da", sagte er und schlug mir auf die Schulter. „Und außerdem sagt mir mein Gefühl, ich sollte gerade dich mitnehmen!"

„So? Dein Gefühl? Siehst du, mir sagte meins, ich sollte heute abend hier bleiben und arbeiten. Und jetzt geh und laß mich in Ruhe!" Ich legte mich hin und kehrte ihm den Rücken zu.

„Ich gehe nicht, wenn du nicht mitkommst!" sagte er störrisch, setzte sich an das Fußende meines Bettes und schlug die Beine übereinander.

Ich war verzweifelt. Gene hatte keinen Takt. Merkte er denn nicht, daß ich einfach nicht wollte?

„Also gut", gab ich schließlich nach. „Ich komme mit. Aber du darfst dich nicht wundern, wenn ich bei der Andacht einschlafe."

Ich war fest entschlossen, gleich danach zu verschwinden. Die Zahnbürste und ein paar andere notwendige Kleinigkeiten steckte ich in die Tasche und dachte mir, daß ich den Rest zurücklassen könnte. Er war ohnehin nicht viel wert.

Gegen halb acht erreichten wir die kleine Missionskirche. Die rohen Holzbänke waren mit einfachen Landarbeitern gefüllt.

Wenigstens bin ich in guter Gesellschaft, dachte ich. Aber diese Leute sind immer noch besser als ich. Sie sind hier, weil sie hier sein wollen, und ich bin nur hier, weil man mich dazu gezwungen hat.

Gene predigte ungefähr 15 Minuten. Ich saß in der letzten Reihe neben einem alten Mann, dessen Kleider aussahen, als wäre er gerade vom Feld gekommen. Er roch nach Schweiß. Während Gene das Schlußgebet sprach, hörte ich den Alten unaufhörlich sagen: „Jesus, Jesus, Jesus. Danke, Jesus! Ja, ich danke dir!"

„Gott!" Ich biß die Zähne zusammen und wollte die Erregung zurückhalten, doch der Damm war gebrochen, und ich lief den Mittelgang entlang nach vorn.

Dann stand Gene neben mir. „Nicky, Gott wollte dich heute abend nicht fortgehen lassen. Er hat mich zu dir geschickt. Ich mußte dich mit hierhernehmen."

Woher wußte er das? Niemand wußte es! Niemand außer Gott.

„Gott hat mich zu dir geschickt, Nicky. Wir alle haben für dich gebetet, weil wir glauben, daß Gott dich in einen großen und bedeutenden Dienst führen will." Ich wollte etwas sagen, konnte aber kein Wort herausbringen. „Darf ich mit dir beten, Nicky?"

Ich hörte nicht, was Gene sagte. Ich weiß nicht einmal, ob er wirklich betete. Plötzlich öffnete ich den Mund, und ich lobte und dankte Gott in Worten, die ich bisher niemals hatte finden können.

Mir war, als seien nur Augenblicke vergangen, als Gene meine Schulter schüttelte. „Nicky, es wird Zeit. Wir müssen zur Schule zurück!"

Wir waren allein in der Kirche.

Laut singend betrat ich den Schlafsaal.

„He, was ist denn los? Was fehlt dir denn?" Die anderen schimpften. „Schalt das Licht aus, du verrückter Kerl, und gib endlich Ruhe!"

„Nein!" rief ich. „Heute feiere ich! Ihr wißt ja nicht, was mir geschehen ist! Ich muß einfach singen!" Von allen Seiten schwirrten Kissen auf mich zu.

Ich löschte das Licht. Aber ich wußte, daß in meiner Seele ein Licht entzündet war, das nie mehr verlöschen würde.

Wo selbst Engel zaudern

Die folgenden Tage waren voller Freude. An dem Tag, an
dem ich vor der Klasse mein Zeugnis ablegte, kam Gloria —
so hieß das vor mir sitzende Mädchen mit den schönen
dunklen Augen — auf mich zu und gab mir sehr würdevoll
die Hand. „Gott segne dich, Nicky! Ich habe für dich gebetet."

Vermutlich, dachte ich, hatte sie gebetet, daß ich bald
verschwinden möge. Doch sie zeigte wirklich Freude.

In der nächsten Woche raffte ich meinen ganzen Mut zusammen und bat sie, zu einem Missionsgottesdienst mitzukommen, der in einer nahegelegenen Kirche stattfand. Sie
lächelte, als sie zustimmend nickte.

Im Laufe des Jahres besuchten wir viele Gottesdienste gemeinsam. Obwohl wir dann immer mit Kameraden beisammen waren, erfuhr ich doch manches über sie. Sie war in Arizona geboren worden. Ihre Eltern waren aus Italien eingewandert. Als sie fünf Jahre alt war, hatte die Familie in Oakland ein Geschäft eröffnet. Während ihrer letzten High School Jahre hatte sie beschlossen, die Bibelschule zu besuchen.

Mit der Zeit hatte ich das Empfinden, daß Gloria innerlich tief verwirrt war. Die strenge Disziplin der Schule mochte mit daran schuld sein. Am Ende des ersten Studienjahres sagte sie mir, daß sie das kaum noch ein weiteres Jahr ertragen könne und nach den Ferien nicht wiederkommen werde. Ich war bitter enttäuscht.

In diesem ersten Sommer blieb ich in Los Angeles bei einem Schulfreund. Obwohl die ganze Familie sich sehr um mich kümmerte, fehlte Gloria mir überall. Als die Schule im Herbst wieder begann, fand ich einen Brief von ihr vor.

In ihm legte sie mir die Gründe auseinander, die sie dazu veranlaßt hatten, die Schule aufzugeben. „Meine Erfahrungen waren anders als deine, Nicky", schrieb sie. „Obwohl meine Eltern eine Bar besitzen, bin ich in einer guten, christlichen Atmosphäre aufgezogen worden. Als ich bekehrt wurde, wandte mein Leben sich Extremen zu. Man sagte mir, es sei Sünde, das Leben der Welt mitzumachen. Ich verwendete kein Make-up mehr, weigerte mich, einen Badeanzug anzuziehen und trug nicht einmal mehr Schmuck. Alles an mir war negativ. Und als ich dann zur Schule ging, wurde es noch schlimmer. Ich wollte mit dir darüber sprechen, aber wir hatten ja nie einen Augenblick für uns allein. Ich kann nur hoffen, daß du mich verstehst. In die Schule komme ich nicht wieder."

Das zweite Jahr ging schnell vorüber. Meine Leistungen besserten sich zusehends, und ich wurde nun auch von den Mitstudenten anerkannt. Manchmal predigte ich.

Im April bekam ich einen Brief von Pfarrer Wilkerson. Er wohnte noch in Pennsylvanien, wollte aber im Sommer wieder nach New York gehen und unter den Gangs in Brooklyn arbeiten. Er plante, ein Haus an der Clinton Avenue zu mieten, und er fragte mich, ob ich nicht in den Semesterferien zu ihm kommen wolle.

Nach dem Abendessen rief ich David an. Das Telefon läutete lange, ehe sich endlich jemand meldete.

„Hallo, David! Ich bin's, Nicky! Hab ich dich beim Abendbrot gestört?"

„Hast du vielleicht eine Ahnung, wie spät es ist?"

„Ja, sicher, acht Uhr abends!"

„Nicky...", in der Stimme klang eine winzige Andeutung von Verzweiflung, „in Kalifornien mag es jetzt vielleicht wirklich acht Uhr sein, aber hier bei uns ist es bald Mitternacht. Gwen und ich schlafen seit zwei Stunden. Und jetzt hast du auch noch das Baby geweckt!"

„Aber, David, ich wollte dir doch nur Bescheid sagen." Ich hörte das Kind schreien.

„Was kann schon so wichtig sein, daß es nicht bis morgen früh Zeit gehabt hätte, Nicky?"

„Solange konnte ich nicht warten! David, ich komme im Sommer nach New York und arbeite mit dir!"

„Wunderbar, Nicky! Wirklich! Ich bin ganz aufgeregt, und Gwen und dem Baby geht es auch nicht anders. Gute Nacht!"

Ich blieb die ganze Nacht wach und schmiedete Pläne für meine Rückkehr.

Die Heimreise half mir zu erkennen, wie sehr ich mich

189

verändert hatte. Als das Flugzeug über dem La Guardia Flughafen in New York niederging, war mein Herz voller Erinnerung und Erregung. Ich entdeckte die Silhouette des Empire State Building und dann die Brooklyn Bridge. Nie zuvor hatte ich begriffen, wie groß diese Stadt war. Mein Herz quoll über vor Liebe und Mitleid für die Millionen von Menschen, die im Asphaltdschungel der Sünde und der Verzweiflung gefangen waren. Ich war traurig und doch glücklich — ängstlich und doch eifrig. Ich war zu Hause.

David erwartete mich am Flughafen. Er legte mir den Arm um die Schulter und führte mich zum Wagen. Ich hörte, wie er mir den Plan für Teen Challenge auseinandersetzte und fühlte mich etwas beunruhigt. Er merkte es und fragte nach dem Grund.

„David, hast du was von Israel gehört?"

„Ja, Nicky, aber es geht ihm nicht gut. In meinen Briefen habe ich nichts davon erwähnt, weil ich dich nicht beunruhigen wollte. Er ist in Elmira. Im Dezember war er in einen Mordfall verwickelt, gleich, nachdem du nach Kalifornien geflogen bist. Seitdem sitzt er im Gefängnis."

Ich fühlte, daß meine Hände feucht wurden. Ich atmete tief. „Sag mir alles, was du weißt, David. Ich muß es wissen."

„Ich habe es leider erst erfahren, als alles schon vorbei war. Dann bin ich nach New York gefahren, um Israels Mutter zu besuchen. Sie hat mir weinend erzählt, Israel habe einmal im Leben eine Chance gehabt. Aber dann sei er schwer enttäuscht worden und zur Gang zurückgekehrt."

„Was für eine Enttäuschung?"

„Weißt du das denn nicht?"

„Du meinst, als ich nach meiner Verwundung nicht wollte, daß er es dem Burschen heimzahlte?"

„Nein, es war etwas anderes. Seine Mutter hat es mir erzählt. An dem Tag, an dem du aus dem Krankenhaus kamst, ist Mr. Delgado bei ihm gewesen und hat ihn gebeten, gemeinsam mit dir nach Elmira zu fahren. Israel war begeistert. Am nächsten Morgen ist er zur Flatbush Avenue gegangen, und hat von sechs bis neun Uhr auf euch gewartet. Irgendwie hat er euch verfehlt. Dann ist er zurückgekommen und hat losgewettert, daß alle Christen bloß eine Bande von Heuchlern seien. Am gleichen Abend ist er wieder zur Gang gegangen."

Ich wandte mich erregt David zu. „Wir haben ihn gesucht. Überall sind wir herumgefahren. Ich wollte nicht aufgeben, aber Mr. Delgado sagte, wir hätten keine Zeit mehr... Hast du ihn besuchen können? Hast du ihn seither sehen können?"

„Zuerst habe ich ihm geschrieben, aber er durfte nicht antworten. Er darf nur an seine nächsten Familienangehörigen schreiben. Selbst seine Fernunterrichtsbriefe werden ihm durch den Gefängnisgeistlichen zugestellt. Endlich bekam ich eine Besuchserlaubnis. Es war kurz vor seiner Überstellung in das Arbeitslager Comstock. Ich durfte ihn nur wenige Minuten sprechen. Es geht ihm den Verhältnissen entsprechend gut. Er hat noch über drei Jahre zu verbüßen." Dann schloß er: „Wir haben für Israel alles getan, was wir tun konnten. Aber die Stadt ist voll von Menschen, die genau wie er sind, und die wir vielleicht noch retten können. Bist du bereit, an die Arbeit zu gehen?"

„Los!" sagte ich, aber ich wußte, daß meine Arbeit niemals getan sein würde, solange es mir nicht gelang, Israel zu befreien.

„Morgen werde ich meine alten Gang-Mitglieder besuchen", sagte ich beiläufig.

David sah mich von der Seite an, während er an einer Ampel hielt. „Ich würde nicht zu voreilig handeln, Nicky. Seit du weg bist, ist viel geschehen. Erinnerst du dich noch an die Zeit, als du Christ wurdest? Sie hätten dich fast umgebracht. Es gibt genug zu tun. Du brauchst dich nicht gleich mit den Mau-Maus einzulassen. Nur Narren gehen dorthin, wo selbst die Engel zaudern."

Die Ampel gab grünes Licht, und wir überholten einen Bus. „Vielleicht bin ich ein Narr, David, aber diesmal bin ich ein Narr Gottes. Er wird bei mir sein und mich beschützen."

David nickte lächelnd, während er in die Clinton Avenue einbog. Dann hielt er vor einem Wohnhaus und sagte: „Gott ist dein Führer, Nicky, nicht ich. Wenn du tust, was er dir sagt, wirst du nur Siege erleben. Komm, ich möchte, daß du Thurman und Luis kennenlernst."

Brooklyn hatte sich nicht sehr verändert. Ein paar ältere Häuser waren abgerissen worden, aber sonst war alles noch so, wie ich es vor zwei Jahren zurückgelassen hatte. Aber ich hatte mich verändert. Ich war schwerer geworden und hatte mir das Haar schneiden lassen, aber die größte Veränderung hatte sich in meinem Innern vollzogen. Ich war ein neuer Nicky.

Während ich durch den Washington Park ging, schlug mein Herz schneller. Ich hielt nach Mau-Maus Ausschau, und zum erstenmal wußte ich nicht, wie ich sie begrüßen sollte. Was würden sie wohl bei meinem Anblick sagen? Beim Verlassen des Parks sah ich eine Gruppe von Mau-Maus an einer Hauswand lehnen. Davids Worte schossen mir durch den Kopf: „Nur Narren gehen dorthin, wo selbst Engel zaudern", aber mit mir ging Gott.

Ungefähr dreizehn Jungen standen dort beisammen. Ich entdeckte Willie Cortez, schlug ihm auf die Schulter und sagte: „He, Willie, alter Junge!"

Er drehte sich um und sah mich an. „Sag mal, bist du etwa Nicky?"

„Ja, ich bin es!"

„Mann, du siehst ja wie ein Heiliger aus oder so."

„Langsam, Junge! Ich komme gerade aus Kalifornien. Mir geht's gut. Ich bin ein Christ und gehe zur Schule."

Er packte mich bei den Schultern, drehte mich mehrmals rundum und betrachtete meine Kleider und mein Gesicht. „Mensch, Nicky, ich kann es immer noch nicht glauben!"

Dann wandte er sich an die anderen neugierig zusehenden Bandenmitglieder und sagte: „Los, nehmt die Hüte ab! Das ist Nicky! Der war mal unser Präsident. Ein Mordskerl! Der hat mit den Mau-Maus hier Geschichte gemacht! Er war der wildeste von allen!"

Die Jungen nahmen Hüte und Mützen ab. Willie Cortez war der einzige in der Gruppe, den ich noch kannte. Doch die anderen Jungen hatten von mir gehört, und jetzt umdrängten sie mich und streckten mir die Hände entgegen.

Ich legte Willie den Arm um die Schultern und grinste ihn an. „Komm, Willie, wir gehen ein bißchen durch den Park! Ich muß mit dir allein sprechen."

Wir verließen die Gruppe und gingen in den Washington Park. Die Hände in den Taschen, ging Willie neben mir her und ließ die Schuhe über den Asphalt schleifen. „Willie", unterbrach ich das Schweigen, „ich möchte dir gern erzählen, was Christus in meinem Leben bewirkt hat."

Und ich erzählte ihm, wie ich noch vor gut zwei Jahren als Mitglied der Gang gedacht und empfunden, und wie ich dann mein Herz Christus überantwortet hatte. Ich erzählte

193

ihm, wie Gott mich aus der Wildnis hier geführt und an einen Ort gestellt hatte, an dem ich nun ein schöpferisches, menschliches Wesen sein durfte.

Willie unterbrach mich, und ich bemerkte, daß seine Stimme zitterte. „Hör auf, Nicky, ja? So was mag ich nicht. Wenn du redest, dann ist irgendwas in mir nicht in Ordnung. Was hat dich bloß so verändert? Du bist nicht mehr der alte Nicky, und ich fürchte mich ein bißchen vor dir."

„Du hast recht, Willie, ich bin durch Christus ein anderer Mensch geworden. Ich fürchte mich nicht mehr und hasse nicht mehr. Jetzt liebe ich meine Mitmenschen."

Zum erstenmal im Leben begriff ich, wie wichtig es war, daß ich meinen alten Freunden von Christus erzählte. Ich konnte die Einsamkeit in seinem Gesicht sehen, die Angst. Genauso war ich noch vor einiger Zeit gewesen.

Beim Abschied versprach er mir, am nächsten Tag mit der Gang zu mir zu kommen. An diesem Abend eilte ich mit frohem Herzen in die Clinton Avenue und dankte Gott mit jedem Atemzug. Ich erinnerte mich daran, wie ich durch das große Feld vor unserem Hause in Puerto Rico gelaufen war, die Arme geschwungen und versucht hatte, wie ein Vogel zu fliegen. Heute hob ich den Kopf und atmete tief. Endlich war ich vom Boden freigekommen.

Den Rest der Semesterferien verbrachte ich mit der Gang, hielt Predigten auf der Straße und führte viele Einzelgespräche. Oft blieb ich den ganzen Tag ohne Essen und merkte, daß sich immer dann, wenn ich solch ungewolltes Fasten auf mich nahm, etwas in meinem Leben ereignete. Inzwischen hatte ich auch regelmäßig an Gloria geschrieben, und in letzter Zeit nahmen ihre Briefe einen mehr und mehr persönlichen Ton an.

Kurz bevor ich nach Kalifornien zurückkehren mußte, kam ein Geschäftsmann aus Davids Beratergruppe zu mir und überreichte mir zu meiner größten Überraschung eine Hin- und Rückflugkarte nach Puerto Rico. Ich durfte heim!

Es dunkelte bereits, als ich in Las Piedras aus dem Bus stieg und durch den Ort und dann den vertrauten Weg zu unserem Haus auf dem Hügel ging. Viele Erinnerungen regten sich in meinem Herzen. Jemand rief: „Da ist Nicky! Nicky Cruz!" Dann sah ich, daß ein Mann vor mir her den Hügel hinauflief, um meinen Eltern zu sagen, daß ich heimgekommen sei. Sekunden später flog die Tür auf, und vier meiner Brüder kamen den Hügel herabgestürmt. Ich hatte sie seit über fünf Jahren nicht mehr gesehen, doch ich erkannte sie sofort. Hinter ihnen sah ich die flatternde Schürze meiner Mutter. Ich ließ meinen Koffer fallen und lief ihnen entgegen. Die Jungen kletterten an mir hoch, warfen mich zu Boden und wälzten sich in einem herrlichen Ringkampf mit mir im Gras. Mutter kniete neben mir, umarmte mich und küßte mich immer wieder.

Als ich endlich wieder auf die Beine kam, sah ich, daß zwei der Brüder sich bereits meines Koffers bemächtigt hatten und damit dem Hause zustrebten. Dann erblickte ich die große, aufrechte Gestalt meines Vaters. Zögernd ging ich ihm entgegen, er blieb stehen und sah mich prüfend an. Dann lief ich auf ihn zu, und er legte mir seine mächtigen Arme um die Brust und hob mich in die Luft: „Willkommen daheim, kleiner Vogel! Willkommen!"

Es hatte sich schnell herumgesprochen, daß ich daheim war, und manche Kirchenmitglieder kamen am Abend herauf, um mich zu begrüßen. Viele aber fürchteten sich, das „Zauberhaus" zu betreten. Sie glaubten immer noch, Papa könne mit den Toten reden. Aber sie wollten unten im Dorf einen Gottesdienst halten und baten mich, zu ihnen zu sprechen.

„Den Gottesdienst will ich gern halten", versicherte ich, „aber dann muß er hier stattfinden."

Erst sahen sie einander unsicher an, dann sagte einer: „Nicky, viele von unseren Leuten fürchten sich vor den bösen Geistern. Sie fürchten sich vor deinem Vater."

Doch ich konnte diese Bedenken zerstreuen.

Als Vater später von meiner Absicht hörte, widersprach er heftig. „Das dulde ich nicht! In diesem Haus gibt es keinen Gottesdienst! Damit verdirbst du mir nur das Geschäft! Ich verbiete dir das!"

Mama widersprach ihm. „Siehst du denn nicht, wie Gott deinen Sohn verändert hat? Es muß doch etwas daran sein. Als du ihn das letztemal gesehen hast, gebärdete er sich wie eine Raubkatze. Jetzt ist er ein Lamm geworden. Wir werden den Gottesdienst hier im Hause haben, und du wirst ihm beiwohnen!"

Mama stritt selten mit unserem Vater, aber wenn sie es doch einmal tat, setzte sie sich auch durch. Diesmal war es nicht anders.

Am folgenden Abend war unser Haus voll von Dorfbewohnern, und auch aus umliegenden Orten waren manche gekommen. Es war drückend heiß, als ich vor der Versammlung stand und Zeugnis ablegte. In allen Einzelheiten beschrieb ich, wie der Teufel mich beherrscht hatte, und wie ich durch die Macht Christi aus seinem Bann befreit worden war. Die Leute nickten oft zustimmend, während ich sprach, und manchmal schrien sie entsetzt auf, als ich ihnen mein Slumleben beschrieb.

Am Schluß des Gottesdienstes forderte ich diejenigen, die

Jesus Christus als ihren Heiland annehmen wollten, zum Vortreten auf. Dann schloß ich die Augen und betete. Bewegung entstand. Ich spürte förmlich, daß einige vortraten. Gott war hier am Werk.

Jemand fiel in mein Gebet ein. Ich erkannte die Stimme und öffnete ungläubig die Augen.

Und dieselbe Stimme, die mich einst mit den Worten in mein Zimmer geschickt hatte: „Ich hasse dich!" hörte ich jetzt sagen: „Gott, vergib mir, daß ich bei meinem Sohn versagt habe. Vergib mir, daß ich ihn aus dem Haus getrieben habe. Vergib mir meine Sünden und auch, daß ich nicht an dich geglaubt habe! Ich glaube! Jetzt glaube ich an dich! Errette mich, Gott! Errette mich!"

Als ich wieder den Blick hob, sah ich den Vater allein groß und aufrecht an der Rückwand des Raumes stehen. Dann wandte er sich plötzlich um und ging hinaus.

Mein Vater legte niemals ein öffentliches Glaubenszeugnis ab. Aber sein Leben veränderte sich von dieser Zeit an zusehends, und nach diesem Abend geschah in unserem Haus keine Geisterbeschwörung mehr.

Zwei Tage später kehrte ich nach New York zurück, und ein Pfarrer aus der Umgebung taufte in der folgenden Woche meine Mutter und meine beiden Brüder.

Während meiner letzten New Yorker Tage fand eine große Jugendversammlung in der spanischen Kirche statt. Ich hatte mir besondere Mühe gegeben, meine alte Gang zur Teilnahme zu bewegen; Steve, ihr neuer Präsident, hatte schließlich versprochen zu kommen.

Ich stand im Vorraum der Kirche und betrachtete nachdenklich die Einschußlöcher der Kugeln, die vor zwei Jahren auf mich abgefeuert worden waren, als die ersten Mau-

Maus eintrafen. Die Kirche war bis zum letzten Platz gefüllt.

Am Ende des Gottesdienstes bat mich der Pastor, ein Zeugnis abzulegen. Ich wandte mich um und sah die Jungen an. Ich dachte daran, daß ich am nächsten Tag nach Kalifornien reisen würde und daß bei meiner Rückkehr einige dieser Jungen vielleicht tot waren, vielleicht im Gefängnis saßen. Ich sprach. Ich sprach wie ein Sterbender zu Sterbenden. Ohne jede Zurückhaltung schüttete ich mein Herz aus. Obwohl wir schon bald zwei Stunden in der Kirche waren, sprach ich noch weitere 45 Minuten. Doch niemand rührte sich. Am Schluß bat ich die Jungen, ihr Leben Gott zu überantworten. Dreizehn Jungen traten vor. Wenn doch nur Israel dabei wäre, dachte ich. Aber mein alter Kamerad Hurricane Hector war dabei. Ich erinnerte mich daran, wie ich ihn damals in die Gang aufgenommen hatte, und daß er wenig später vor mir ausgerissen war, weil er meinen Wecker gestohlen hatte.

Nach dem Gottesdienst ging ich mit ihm zum Greene Place zurück. Da ich ihn in die Gang gebracht hatte, fühlte ich mich für ihn besonders verantwortlich. Ich fragte ihn nach seiner Adresse.

„Ich hause in einem verlassenen Loch."

„Warum wohnst du nicht mehr bei deinen Eltern?"

„Weil sie mich rausgeworfen haben. Sie schämen sich. Du erinnerst dich vielleicht: Ich war einer von denen, die damals in der Nicholas Halle zusammen mit Israel und dir vorgetreten sind. Ein paar Wochen später habe ich meine Eltern überredet, mit mir in die Kirche zu gehen. Wir sind dort sogar ziemlich aktiv geworden. Diese Umstellung war sehr schwer, und schließlich verlor ich den Mut."

Es war immer wieder dieselbe Geschichte. Er war den

Mau-Maus begegnet, und sie hatten ihn überredet, wieder in die Gang zu kommen, wie sie es auch mit mir versucht hatten. Sie hatten die Christen als Schlappschwänze und Feiglinge bezeichnet und die Gang als die einzige Gruppe, die etwas mit dem Leben anzufangen wisse. Sie hatten ihn förmlich zurückbekehrt.

Eine Reihe von Festnahmen folgte. Seine Eltern versuchten, ihn zu beeinflussen, aber er blieb aufsässig und verließ das Elternhaus. Jetzt hauste er in einem alten, abbruchreifen Haus.

„Manchmal geht's mir dreckig", schloß er, „aber ich würde lieber verhungern, als meinen Alten um irgend etwas bitten. Er spricht nur noch von Sünde und Gott. So war ich ja auch einmal, aber jetzt bin ich wieder da, wohin ich gehöre: bei den Mau-Maus."

Inzwischen waren wir vor seinem Haus angelangt. Alle Fenster waren mit Brettern vernagelt. Hinten war ein Schlupfloch, wo man ein Brett abheben und in das Haus kriechen konnte. Das ganze Mobiliar bestand aus einigen alten Säcken, auf denen er schlief.

„Wieso bist du denn heute abend nach vorne gekommen?" fragte ich.

„Weil ich gern in Ordnung sein möchte, Nicky. Ich möchte gern Gott folgen. Aber ich finde die richtigen Antworten nicht. Jedesmal, wenn ich mich wieder zu ihm wende und mich dann doch wieder abkehre, wird alles noch schlimmer. Du müßtest wieder in der Gang sein, Nicky. Vielleicht käme ich wieder zu Christus, wenn du da wärst."

Wir setzten uns auf die verfallene Haustreppe und sprachen lange miteinander. Schließlich sagte ich: „Hurricane, ich fühle, daß Gott von mir verlangt, dir dies zu sagen: Wenn du dein Herz Jesus geben willst, dann nimmt er dich auch jetzt wieder an. Es ist spät, aber nicht zu spät. Du fühlst dich schuldig, aber Gott wird dir vergeben."

Hector stützte den Kopf in die Hände, schüttelte immer wieder den Kopf und sagte: „Ich will es ja, aber ich weiß genau: Wenn ich ihm heute auch mein Herz gebe, nimmt mich doch nicht. Ich kann es einfach nicht!"

Ich fragte ihn, ob ich für ihn beten sollte. Er hob die Schultern. „Es nützt ja doch nichts, Nicky. Ich weiß es."

Ich stand auf und betete laut darum, daß Gott Hectors Herz berühre, damit es wieder zu Christus fände. Als ich fertig war, schüttelte ich ihm die Hand. „Hurricane, hoffentlich sehe ich dich noch, wenn ich wiederkomme. Aber wenn du heute nicht zu Christus zurückkehrst, werde ich dich niemals mehr wiedersehen."

Am nächsten Nachmittag flog ich nach Kalifornien. Zu dieser Zeit konnte ich noch nicht wissen, daß meine Prophezeiung in Erfüllung gehen sollte.

Gloria

Als ich wieder in La Puente eintraf, sah ich als erstes Gloria. Sie war doch wieder zurückgekommen! Bei ihrem Anblick wurde mir völlig bewußt, wie sehr ich sie liebte.

Aber die Lage in der Schule war noch wie früher. Alles schien darauf abgestellt zu sein, uns voneinander zu trennen. Die Regeln, die uns vor zwei Jahren behindert hatten, galten noch immer. Die Tischgespräche waren auf Worte wie: „Darf ich um das Salz bitten?" beschränkt, und scharfäugige Lehrer überwachten unser Tun und Treiben auf dem Schulgelände. Obwohl ich Küchendienst haßte, meldete ich mich jetzt oft freiwillig dazu, nur damit ich in Glorias Nähe sein konnte. In der lärmenden Küche war man zwar auch nicht gerade unter sich, aber wenn wir uns beide über den Spültisch beugten, konnten wir wenigstens ein paar persönliche Worte wechseln. Diese Lage machte mich krank. Trotz meiner spanischen Vorfahren fand ich es fast unmöglich, mich in eine romantische Stimmung zu versetzen, wenn ich dabei über einem schmutzigen Geschirrstapel stand.

Eines Donnerstagsabends wurde mir erlaubt, in die Stadt zu gehen. Von der ersten Telefonzelle aus rief ich Gloria an. Als sich der aufsichtsführende Lehrer meldete, legte ich mein Taschentuch über die Sprechmuschel und fragte mit tiefer Baßstimme nach Miss Steffani. Nach einer kurzen Pause hörte ich, wie der Lehrer Gloria zuflüsterte: „Ich glaube, es ist dein Vater!"

Gloria kicherte, als sie mich am anderen Ende der Leitung stammeln hörte: „Ich brauche deine Hilfe, Gloria."

„Ist etwas Schlimmes passiert?" antwortete sie, denn sie dachte daran, daß sie eigentlich mit ihrem Vater sprach.

Doch die richtigen Worte wollten sich nicht einstellen. Alle meine Beziehungen zu Mädchen hatten sich bisher nach dem Gesetz der Gang vollzogen, und ich wußte nicht, wie man mit einem so reinen und guten Wesen wie Gloria sprechen sollte. „Ich glaube, wenn wir uns treffen könnten, dann wäre alles leichter zu erklären", sagte ich. „Wahrscheinlich ist es besser, wenn ich dich nicht länger störe."

„Nein!" hörte ich sie sagen. „Wage ja nicht, jetzt einzuhängen!" Gloria schien fest entschlossen, die entscheidenden Worte aus mir herauszuzwingen.

„Ruhig!" warnte ich. „Sonst wissen die sofort, daß nicht dein Vater am Apparat ist!"

„Das ist jetzt unwichtig. Sag mir endlich, was du auf dem Herzen hast."

Ich suchte nach Worten und stotterte schließlich: „Ich

finde, es wäre schön, wenn du in diesem Schuljahr mit mir gehen würdest." Ich hatte es gesagt. Ich hatte es tatsächlich über die Lippen gebracht.

„Mit mir gehen? Was heißt das, mit mir gehen?" antwortete Gloria.

„Einfach nur das", sagte ich verlegen und spürte, daß ich rote Ohren bekam, obwohl ich eine halbe Meile von ihr entfernt in einer Telefonzelle stand.

„Du meinst, ich soll dein Mädchen sein?"

„Ja, das meine ich", sagte ich, noch immer verlegen.

Bestimmt hatte sie den Mund jetzt ganz nahe an der Sprechmuschel, als sie sagte: „Ja, Nicky, das wäre wunderbar. Ich werde dir einen langen Brief schreiben. Morgen bekommst du ihn."

In dieser Nacht schrieb Gloria im kargen Licht, das von den Straßenlaternen durch die Fenster drang, den ersten Liebesbrief. Er war zwar völlig unleserlich, aber es war doch der kostbarste Brief, den ich je bekommen habe.

Einige Wochen darauf bat mich ein Lehrer unserer Schule, Professor Castillo, ihm beim Beginn einer Missionsarbeit im nahegelegenen San Gabriel zu helfen. Er habe dort eine kleine verlassene Kirche entdeckt. Einige andere Studenten und ich sollten am Samstag von Haus zu Haus gehen und die Einwohner zum Missionsgottesdienst einladen. Wir sollten die Kirche auch einigermaßen instandsetzen und in der Sonntagsschule helfen.

Ich fühlte mich von dieser Aufforderung sehr geehrt, und ich strahlte nur so, als er mir augenzwinkernd erzählte, daß auch Gloria sich zur Mitarbeit bereitgefunden habe.

„Sie sind ein sehr weiser Lehrer", gab ich lächelnd zurück. „Ich glaube, mit dem Ausschuß, den Sie da zusam-

203

mengestellt haben, können wir eine hervorragende Arbeit leisten."

Am folgenden Samstag arbeiteten wir in der kleinen Missionskirche und gingen anschließend von Haus zu Haus, um die Leute zum sonntäglichen Gottesdienst einzuladen. Endlich kam die Gelegenheit für Gloria und mich, einmal ungestört beieinander zu sein. Heute sollten wir zum erstenmal drei herrliche, ununterbrochene Stunden für uns allein haben.

Ich hatte schon lange darauf gewartet, ihr jede Einzelheit meines Lebens zu erzählen, und während ich nun endlos sprach, saß sie, den Rücken an einen Baum gelehnt, stumm da und hörte nur zu.

„Es tut mir leid", schloß ich, „daß ich die ganze Zeit geredet habe, aber ich hatte soviel auf dem Herzen und wollte, daß du alles von mir weißt... Alles Gute und alles Schlechte. Ich wollte jeden Augenblick meiner Vergangenheit mit dir teilen."

Sie stützte den Kopf in die Hände, und ich legte ihr linkisch den Arm um die Schultern.

„Ich liebe dich, Nicky", flüsterte sie. „Ich liebe dich so wie du bist."

„Gloria, ich möchte dich heiraten. Ich weiß es schon lange. Mein ganzes Leben möchte ich mit dir teilen. Aber ich habe dir nichts zu bieten. Ich habe viel Ungutes getan, aber Gott hat mir vergeben, und wenn du mir auch vergeben kannst, dann möchte ich, daß du später meine Frau wirst."

Sie schloß ihre Arme fester um mich und sagte: „Ja, Nicky! Wenn Gott will, will ich deine Frau werden."

Wir küßten uns. Dann lagen wir nebeneinander im Gras und hielten uns eng umschlungen, und ich fühlte ein erregendes Gefühl in mir. Die Vergangenheit war noch nicht tot.

Plötzlich fuhr ich auf: „Ameisen!" schrie ich. „Meine ganzen Füße sind voller Ameisen." Ich zog die Schuhe aus. Es war hoffnungslos. Meine Socken waren von Hunderten der kleinen Quälgeister übersät. Ich brauchte einige Zeit, um sie alle loszuwerden. Einige hatten sich bereits zwischen meinen Zehen häuslich eingerichtet.

Wir gingen zur Schule zurück, oder vielmehr: Sie ging, ich humpelte und gab mir die größte Mühe, nicht böse zu werden, weil sie über mich lachte. Ich konnte beim besten Willen nichts Komisches an der ganzen Geschichte entdecken.

Vor dem Mädchenhaus verabschiedete ich mich von ihr und lief dann eilends unter die Dusche. „Gott", sagte ich, während das Wasser auf mich niederprasselte, „ich weiß, daß sie für mich bestimmt ist. Diese Ameisen beweisen es. Ich danke dir, daß du es mir gezeigt hast, und bitte darum, daß du es mir nicht noch einmal zeigen mußt."

Kurz vor Beendigung meines letzten Studienjahres schrieb David, daß er ein großes altes Haus in der Clinton Avenue gekauft habe und dort ein Heim für Jugendliche und Rauschgiftsüchtige einrichten werde. Er forderte mich auf, nach meiner Abschlußprüfung für Teen Challenge zu arbeiten.

Ich besprach es mit Gloria. Ursprünglich hatten wir geglaubt, mit unserer Heirat noch ein Jahr zu warten, bis ich festen Boden unter den Füßen hatte. Aber jetzt öffneten sich neue Türen, und es schien Gottes Wille zu sein, daß ich nach New York zurückkehrte. Und doch wußte ich, daß ich nicht ohne Gloria gehen konnte.

Ich antwortete Wilkerson, er möge bis zu meiner Hochzeit auf die endgültige Entscheidung warten, worauf er schrieb, daß auch Gloria herzlich willkommen sei.

Wir entschieden uns, im November zu heiraten, und einen Monat darauf trafen wir in New York ein.

Das häßliche, alte dreistöckige Haus lag in der Clinton Avenue, in einer alten Wohngegend von Brooklyn, nur ein paar Häuserblocks vom Greene Place entfernt. Freiwillige Mitarbeiter hatten das Haus instandgesetzt, damit die Arbeit beginnen konnte. Ein junges Ehepaar war von David eingestellt worden. Es wohnte im Hause und führte die Aufsicht, und für Gloria und mich war hinter dem Haus eine kleine Garagenwohnung eingerichtet worden.

Sie war recht unfreundlich, die Dusche befand sich nebenan im Haupthaus, aber wir fühlten uns wie im Himmel. Wir hatten nichts und wir brauchten nichts, denn wir hatten ja einander und zugleich das brennende Verlangen, Gott zu dienen.

Kurz vor Weihnachten stattete ich den Mau-Maus meinen ersten Besuch ab. Oft hatte ich an Hurricane Hector gedacht, und ich freute mich ein wenig, mich jetzt um ihn kümmern zu können. Aber ich sollte ihn nicht mehr sehen. Steve erzählte mir sein Schicksal: „Nachdem du nach Kalifornien abgereist warst, wurde er händelsüchtig und gewalttätig, wie er sonst nie gewesen war. Bei den Straßenschlachten benahm er sich stets wie ein Wilder. Drei Monate später passierte es."

„Wie ist es denn gekommen?" fragte ich, und ich fühlte eine drückende Beklemmung in mir.

„Hurricane, Gilbert und ich wollten uns einen Apachen vorknöpfen, der sich dreckig benommen hatte. Er wohnte

206

ganz allein im 5. Stock eines Appartementhauses. Hurricane hatte einen Revolver. Wir klopften an die Tür. Es war dunkel. Aber der Junge war auf der Hut. Er öffnete die Tür nur einen Spalt breit und sah uns. Dann sprang er auf den Flur und schlug mit einem Bajonett um sich. Hurricane schoß dreimal. Plötzlich hörten wir jemand schreien: ‚Er bringt mich um! Er bringt mich um!‘"

Wir meinten, Hurricane habe den Apachen getroffen, und schon jagten wir die fünf Treppen hinunter und auf die Straße.

Jetzt erst merkten wir, daß Hurricane fehlte. Gilbert lief zurück und fand ihn über das Treppengeländer gelehnt. Das Bajonett steckte tief in seinem Leib. Er flehte Gilbert an, ihn nicht allein zu lassen, und sagte noch etwas wie ‚es ist zu spät‘. Dann stürzte er vornüber zu Boden und starb."

Benommen ging ich zur Clinton Avenue zurück. Bei jedem Schritt hörte ich meine eigene Stimme sagen: „Es ist spät, Hector, doch noch nicht zu spät. Aber wenn du heute nicht zu Christus zurückkehrst, werde ich dich niemals mehr wiedersehen."

„Bitte, Gott", betete ich, „laß mich niemals mehr von einem alten Freund fortgehen, ohne ihm geholfen zu haben."

Schon bald wurde deutlich, daß wir hauptsächlich unter Rauschgiftsüchtigen zu arbeiten hatten. Viele Gangmitglieder, die sich bisher mit Marihuana und Alkohol zufriedengegeben hatten, begannen Heroin zu spritzen.

Unsere Methode war sehr einfach. Wir gingen auf eine Gruppe von Jugendlichen an irgendeiner Straßenecke zu und begannen ein Gespräch, in dessen Verlauf wir besonders auf die Gefahren des Rauschgifts hinwiesen. Zum

Schluß fragten wir: „Willst du deine Sucht nicht loswerden?" Fast immer lautete die Antwort: „Wenn ich es nur könnte!"

„Komm doch zur Teen Challenge nach Clinton. Wir werden für dich beten. Wir glauben, daß Gott Gebete erhört. Durch die Macht Gottes kannst du deine Sucht ablegen." Und dann gaben wir ihnen die „Feiglings-Schrift". Sie war von Wilkerson verfaßt, und wir nannten sie so, weil darin die Jugendlichen aufgefordert wurden, keine Feiglinge zu sein und sich zu Christus zu bekennen.

Es war ein langsamer Anfang. Die meiste Zeit standen wir so an Straßenecken und redeten. Die Süchtigen arbeiten nicht. Ihr Geld beschaffen sie sich durch Raub, Hehlerei und Taschendiebstahl. Sie brechen in Wohnungen ein und nehmen mit, was sie in die Hände bekommen. Sie plündern Handtaschen aus. Sie stehlen Wäsche von der Leine, Milch von der Haustür — wenn sie damit Geld für ihren Stoff bekommen. Überall lungern kleine Gangs mit acht bis zehn Mitgliedern herum, die Pläne für einen neuen Einbruch schmieden oder überlegen, wie sie gestohlenes Gut am besten an den Mann bringen können.

Kurz vor Weihnachten hatte ich meinen ersten Erfolg.

Pedro gehörte zu den Mau-Maus. Der große farbige Bursche hatte mit einer verheirateten Frau zusammengelebt. Eines Tages hatte ihr Mann ihn gestellt und an die Luft gesetzt. Ich schlug Pedro vor, im Teen Challenge Zuflucht zu suchen. Er war sofort bereit. Drei Tage nachdem er bei uns eingezogen war, bekannte er sich zu Christus.

In den nächsten drei Monaten bestand unser Leben nur noch aus Pedro. Unser erstes Weihnachtsfest als Ehepaar verbrachten Gloria und ich in unserer kleinen Wohnung mit Pedro als Gast. Er aß immer mit uns. Er begleitete uns auf Schritt und Tritt. An den Wochenenden waren wir fast immer mit der U-Bahn unterwegs und besuchten Versammlungen. Pedro war stets dabei.

Eines Märzabends kam ich erst spät nach Hause. Gloria hatte sich schon hingelegt. Ich dachte, sie schliefe schon, und kleidete mich leise aus, um sie nicht zu stören. Dann legte ich mich zu ihr, und ich merkte, daß sie weinte.

„Was hast du denn, Gloria?"

Ich lag neben ihr und streichelte sie beruhigend, bis sie endlich sprechen konnte.

„Nicky, du verstehst es doch nicht und wirst es nie verstehen!"

„Was werd' ich nie verstehen?" Ihre feindselige Antwort verwirrte mich.

„Diese Klette! Dieser Pedro!" sagte sie. „Begreift er denn nicht, daß ich wenigstens hin und wieder gern mit dir allein sein möchte? Wir sind erst vier Monate verheiratet, und er weicht uns nicht von der Seite. Wahrscheinlich würde er auch noch mit uns baden, wenn im Badezimmer Platz dafür wäre."

„Nanu? Das klingt doch gar nicht nach meiner Gloria!" sagte ich. „Eigentlich müßtest du stolz sein. Er ist Christ geworden und unser Freund. Dafür sollten wir Gott dankbar sein!"

„Aber ich will dich nicht dauernd teilen, Nicky! Dich habe ich geheiratet, du bist mein Mann, und ich möchte wenigstens hin und wieder mit dir beisammen sein, ohne daß der grinsende Pedro dabei sitzt und sagt: ‚Gott sei gelobt!'"

„Das meinst du doch nicht im Ernst, Gloria!"

„Ich habe noch nie etwas so ernst gemeint! Einer von uns

209

muß gehen. Entweder du bist mit mir verheiratet, oder du kannst meinetwegen mit Pedro schlafen. Beides geht jedenfalls nicht."

„Aber hör mal, Liebling, wenn wir ihn jetzt fortschicken, fällt er bestimmt in sein altes Luderleben zurück. Wir müssen ihn einfach behalten!"

„Wenn er zur Gang zurückgeht, dann stimmt etwas nicht mit Gott. Was für einem Gott hat Pedro sich denn überhaupt überantwortet? Einem Gott, der ihn sofort im Stich läßt, wenn er zum erstenmal frei seiner Wege geht? Das glaube ich nicht. Ich glaube, wenn ein Mensch eine Bekehrung erlebt hat, dann ist Gott auch stark genug, um ihn zu halten. Und wenn wir für alle die Burschen, die du hier einlädst, das Kindermädchen spielen sollen, dann muß ich eben gehen." Glorias Stimme wurde immer heftiger.

„Aber, Gloria, er ist mein erster Bekehrter!"

„Vielleicht ist das dein Fehler und seiner auch. Er ist dein Bekehrter. Wenn er Gottes Bekehrter wäre, würdest du dir nicht so große Sorgen machen."

„Vielleicht hast du recht. Aber wir müssen ihm doch einen Platz geben, an den er gehört. Und vergiß nicht, Gloria, Gott hat mich zu diesem Dienst berufen, und du warst damit einverstanden."

„Aber, Nicky, ich will dich doch nur nicht die ganze Zeit teilen!"

Ich drückte sie an mich. „Jetzt brauchst du mich nicht zu teilen. Und morgen rede ich mit Pedro und versuche, ob ich nicht eine Aufgabe für ihn finden kann, die ihn nicht dauernd bei uns sein läßt. Einverstanden?"

Sonny kam am letzten Apriltag zugleich mit den ersten Vorboten eines Maischnees.

Ich trat in die Kapelle und sah einen blassen Jungen in der anderen Ecke sitzen. Daß er ein Süchtiger war, sah ich sofort, und ich setzte mich neben ihn, legte ihm den Arm um die Schultern und fing an, sehr offen mit ihm zu reden. Er hielt den Kopf gesenkt und starrte zu Boden. „Ich weiß, daß du süchtig bist. Ich sehe dir an, daß du schon längere Zeit Rauschgift nimmst und nicht mehr davon loskommen kannst. Du glaubst, niemand kümmert sich darum. Du glaubst, niemand könne dir helfen. Aber Gott kann dir helfen!"

Der Junge hob den Kopf und sah mich mit leeren Augen an. Später erfuhr ich, daß er aus einer christlichen Familie stammte. Er war von zu Hause fortgelaufen und in Brooklyn untergetaucht. Er hatte viele Festnahmen und Strafen wegen Rauschgiftmißbrauchs und Diebstahls hinter sich. Im Gefängnis war er mehrfach entwöhnt worden und dann doch immer wieder dem Heroin verfallen.

Sonny hatte eine recht eigenartige Methode, das Geld für seinen Stoff zu besorgen. Sein Freund entriß irgendeiner Frau auf der Straße die Handtasche, und wenn sie dann um Hilfe schrie, war Sonny sofort bei ihr und sagte: „Regen Sie sich nicht auf! Ich kenne den Kerl. Warten Sie hier, ich sorge dafür, daß Sie Ihre Handtasche wiederbekommen." Dann beruhigte sich die Bestohlene und wartete, während Sonny die Straße entlanglief, seinen Freund einholte und die Beute mit ihm teilte.

Neben ihm in der Kapelle sitzend, sagte ich: „Ich möchte für dich beten." Ich fühlte großes Mitleid mit ihm. „Gott, hilf diesem Mann! Er stirbt. Du allein kannst ihm helfen. Er braucht Hoffnung und Liebe. Bitte, hilf ihm!"

Als ich geendet hatte, sagte Sonny: „Ich muß nach Hause."

„Ich begleite dich!"

„Nein!" wehrte er erschrocken ab. „Das geht nicht!"

Ich wußte genau, daß er nur fort wollte, um sich wieder einen Schuß zu besorgen. „Dann behalten wir dich eben hier", sagte ich.

„Nein", wehrte er wieder ab. „Morgen früh muß ich zum Gericht. Sie werden mich ins Gefängnis schicken. Ich weiß gar nicht, warum ich überhaupt hergekommen bin."

„Du bist hier, weil Gott dich geschickt hat", versicherte ich. „Bleib heute nacht bei uns, und morgen früh gehe ich mit dir zum Gericht."

Er bestand jedoch darauf, allein nach Hause zu gehen. Wir verabredeten, daß ich ihn am nächsten Morgen um acht Uhr abholte.

Ich ging mit ihm zum Gericht. Unterwegs sagte ich: „Sonny, ich werde darum beten, daß Gott den Richter bewegt, deine Verhandlung um zwei Monate zu vertagen, damit du mit deiner Sucht fertigwerden und zu Christus finden kannst."

Sonny spottete: „Schlechte Aussichten! Dieser fette Kerl von einem Richter hat noch nie eine Verhandlung verschoben. Sie werden mich gleich dabehalten."

Auf den Treppen des Gerichtsgebäudes blieb ich stehen und betete laut: „Herr, ich bitte dich im Namen deines Sohnes Jesus Christus, daß du den Richter dazu bewegst, Sonnys Verhandlung zu vertagen, damit er geheilt werden kann. Ich danke dir, daß du mein Gebet erhören willst. Amen!"

Sonny sah mich an, als hätte ich den Verstand verloren. Ich zog ihn weiter. „Komm! Wir wollen doch hören, wie der Richter deinen Fall vertagt."

Wir betraten den Gerichtssaal, Sonny meldete sich beim

Schreiber und setzte sich dann auf die Bank zu den anderen Angeklagten.

In den ersten drei Fällen verurteilte der Richter die Jungen zu langen Gefängnisstrafen. Der dritte Junge schrie auf, als der Richter sein Urteil verkündete. Er stürmte auf den Richtertisch zu und drohte, den Mann umzubringen. Polizisten schlugen den Jungen nieder und legten ihm Handschellen an. Während sie ihn aus der Seitentür abführten, strich sich der Richter über die Stirn und sagte: „Kommen wir zum nächsten Fall."

Sonny stand aufgeregt vor ihm, während der Richter seine Akte durchblätterte. Dann sah er über die Brille hinweg und sagte: „Aus irgendeinem Grunde ist Ihre Akte unvollständig. Sie haben in 60 Tagen erneut vor diesem Gericht zu erscheinen."

Sonny wandte sich um und sah mich ungläubig an.

Die Entwöhnung vom Heroin ist eines der quälendsten Erlebnisse, die man sich nur vorstellen kann. Ich bereitete im 3. Stock unseres Hauses ein Zimmer für Sonny vor. Da ich wußte, daß unablässige Aufsicht unerläßlich war, sagte ich Gloria, ich würde die nächsten drei Nächte bei Sonny verbringen. Ich war fest entschlossen, nicht von seinem Bett zu weichen, bis er sich ausgetobt hatte.

Am ersten Tag war er unruhig, ging unaufhörlich auf und ab und sprach ohne Pause. Am Abend begann er zu zittern. Dann saß ich die ganze Nacht bei ihm, während er von Schüttelfrost gepackt wurde, daß ihm die Zähne klapperten. Hin und wieder riß er sich von mir los und lief zur Tür, doch ich hatte sie verschlossen, und er konnte nicht hinaus.

In der Dämmerung des zweiten Tages ließ das Zittern

ein wenig nach, und ich führte ihn hinunter, damit er ein wenig frühstückte. Dann schlug ich einen Spaziergang rund um den Block vor, aber er war kaum auf der Straße, als er sich krümmte und sich übergeben mußte. Ich richtete ihn auf, doch er riß sich los und lief auf die Straße, wo er zusammenbrach. Ich zerrte ihn an den Bürgersteig zurück und hielt seinen Kopf, bis der Anfall vorüber war und er wieder zu Kräften kam. Wir kehrten in sein Zimmer im 3. Stock zurück.

Gegen Abend schrie er: „Nicky, ich schaffe es nicht! Ich schaffe es nicht!"

„Nein, Sonny, gemeinsam werden wir es schaffen. Gott wird dir die Kraft geben, die du dazu brauchst."

„Ich will keine Kraft! Ich will eine Spritze! Ich muß sie haben! Bitte, bitte, Nicky! Behalt mich nicht hier! Um Gottes willen, behalt mich nicht hier!"

„Nein, Sonny, um Gottes willen, ich lasse dich nicht gehen. Du bist für Gott sehr kostbar. Er will dich in seinem Dienst gebrauchen, aber er kann es nicht, solange du von diesem Dämon besessen bist. Ich behalte dich hier, bis du wieder gesund bist!"

Er war in Schweiß gebadet und würgte immer wieder, daß ich fürchtete, er würde seinen Magen ausbrechen. Ich kühlte ihm die Stirn mit feuchten Tüchern und half, so gut ich konnte.

Am nächsten Tag konnte ich mich kaum noch auf den Beinen halten. Wieder versuchte ich, ihm etwas zu essen zu geben, aber er konnte nichts bei sich behalten.

Abends fiel er in einen unruhigen Schlaf. Er stöhnte und wälzte sich hin und her. Zweimal fuhr er auf und versuchte, die Tür zu erreichen. Beim zweitenmal mußte ich ihn gewaltsam wieder ins Bett schaffen.

Ich hatte seit 42 Stunden nicht mehr geschlafen und konnte kaum noch die Augen offenhalten. Doch wenn ich jetzt einschlief, schlich Sonny vielleicht auf Nimmerwiedersehen davon. Wir waren dem Sieg schon ganz nahe, aber ich konnte nicht mehr kämpfen. Das Kinn sank mir auf die Brust, und ich dachte: Wenn ich nur für ein paar Minuten die Augen schließe . . .

Erschrocken fuhr ich hoch. Das fahle Licht der Straßenlaternen fiel in den kahlen Raum. Ich meinte zwar, die Augen nur wenige Sekunden zugemacht zu haben, aber irgend etwas sagte mir, daß es wohl doch länger gewesen sein müsse. Sonnys Bett war leer.

Ich sprang auf und lief auf die Tür zu, als ich ihn neben dem Fenster sah. Eine Welle der Erleichterung war in mir. Draußen fiel Schnee. Straße und Bürgersteig verschmolzen zu einem weißen Teppich, und die Zweige der Bäume vor dem Fenster mit ihren zarten Knospen funkelten unter den weißen Flocken.

Sonny sagte: „Es ist wunderbar! Es ist unglaublich! Ich habe noch nie etwas so Schönes gesehen! Du?"

Ich starrte ihn an. Seine Augen waren klar, und seine Zunge war nicht mehr unbeholfen.

Er lächelte. „Gott ist gut, Nicky. Er ist wunderbar! Heute nacht hat er mich aus der Hölle befreit. Ich bin frei geworden!"

Ich sah auf das schöne Bild, das sich uns bot, und flüsterte: „Ich danke dir, Gott! Ich danke dir!" Und neben mir flüsterte auch Sonny: „Ich danke dir!"

Zum erstenmal seit drei Tagen ließ ich Sonny allein und ging durch den Neuschnee in meine Wohnung zurück.

Leise klopfte ich an das Fenster, und Gloria öffnete die Tür. „Wie spät ist es?" fragte sie verschlafen.

„Ungefähr drei Uhr", antwortete ich. Nebeneinander standen wir unter der Tür, und ich nahm Gloria in die Arme, während wir beide zusahen, wie der Schnee die häßliche, schmutzige Erde in ein weißes Kleid der Unschuld hüllte.

„Sonny hat zu Christus gefunden", sagte ich. „Ein neues Leben hat angefangen!"

„Sonnys Leben ist nicht das einzige Leben, das neu angefangen hat", sagte Gloria. „Ich hatte noch keine Zeit, es dir zu sagen. Aber in mir ist auch ein neues Leben, Nicky. Wir werden ein Kind haben!"

Ich drückte sie voller Liebe und Freude an mich. „Ach, Gloria, ich liebe dich! Ich liebe dich so sehr!" Behutsam nahm ich sie auf die Arme, trug sie über die Schwelle und stieß die Tür mit dem Fuß zu. Dann trug ich sie zur Couch und legte sie vorsichtig nieder.

Nach seiner Bekehrung führte uns Sonny in die dunkle Unterwelt der Stadt ein. Er zeigte uns die Welt der Süchtigen, der Prostituierten, der Kriminellen.

David war nach Staten Island gezogen und kam immer zu uns, wenn er in der Stadt war, um die Arbeit zu überwachen. Wir kauften einen alten Kleinbus. Damit waren wir zweimal wöchentlich unterwegs, um Gangmitglieder aufzulesen und sie in unser Haus zu bringen.

Pedro wohnte jetzt in Jersey, aber Sonny blieb bis zum Herbst und ging dann zur Bibelschule nach La Puente. Im selben Sommer wurde die Wohnung im 2. Stock des Haupthauses frei, und Gloria und ich zogen ein. Die Schlafräume der Männer lagen ebenfalls im zweiten Stock, darunter befanden sich die Büros, die Küche, der Speisesaal und ein weiterer großer Raum, den wir als Kapelle benutzten.

Ich hoffte, der Umzug würde helfen, Glorias innere Spannungen zu beseitigen. Aber das Leben mit vierzig Süchtigen in einem Haus hilft nicht gerade zu einem Leben in Ruhe und Frieden.

Gloria und ich hatten nur wenige Augenblicke für uns allein. Im Herbst 1962 starb mein Vater. Gene, Frank und ich flogen mit unseren Frauen nach Puerto Rico, und ich erwies ihm die letzte Ehre.

Als christlicher Pfarrer war ich zurückgekehrt, und wenn mein Vater sich auch niemals öffentlich zu Christus bekannt hatte, begrub ich ihn in der Gewißheit, daß sich in seinem Leben eine Wandlung vollzogen hatte, und daß Gott ihn in seiner liebevollen Gnade aufnehmen werde. Der „Große" war tot — aber die Erinnerung an einen Vater, den ich noch lieben gelernt hatte, blieb in meinem Herzen.

Alicia Ann wurde im Januar 1963 geboren. Sie half, eine Lücke in Glorias Leben auszufüllen, denn sie hatte nun jemanden, mit dem sie ihre Liebe während der langen einsamen Stunden teilen konnte. Wie gern wäre ich mehr bei den beiden gewesen, doch meine vielfältige und immer wieder neue Probleme mit sich bringende Arbeit hielt mich vom Morgen bis zum späten Abend auf den Beinen.

Ich habe nie erfahren, wie viele Abende Gloria sich in den Schlaf weinte. Gott muß sie selbst für mein Leben ausgewählt haben. Keine andere Frau hätte diese Belastung ertragen.

Ausflug in die Hölle

Ich war einige Tage in Pennsylvanien gewesen, und als ich zurückkam, sah ich zum erstenmal Maria. Die Achtundzwanzigjährige war halb erfroren von der Straße zu uns gekommen. Sie litt unter akuten Entziehungserscheinungen und war dem Tode nahe. Gloria bat mich, besonders an diese junge Frau zu denken, wenn ich am Abend in der Kapelle predigte.

Nach dem Gottesdienst kam sie in mein Büro. Sie konnte nur noch stammeln.

„Heute abend", sagte sie, „hatte ich das seltsame Gefühl, daß ich mein wertloses Leben wegwerfen solle. Und doch möchte ich wieder wirklich leben. Ich begreife das nicht."

„Maria, Sie können die Liebe Gottes nicht empfangen, solange Sie sterben wollen", erklärte ich ihr. „Wollen Sie, daß Ihr altes Leben stirbt, daß Rauschgift und Prostitution für immer vorbei sein sollen?"

„Ja", schluchzte sie. „Ich will alles tun, um endlich aus diesem Leben herauszukommen."

„Sind Sie auch bereit, Ihr altes Ich zu töten?" fragte ich.

„Ja", bestätigte sie unter Tränen. „Auch das."

Ich stand auf und schloß die Tür. „Maria", sagte ich, „nichts im Leben ist mir so wichtig wie Ihre Zukunft. Doch wenn ich Ihnen helfen soll, muß ich wissen, was in Ihrem Leben geschehen ist."

Ihr Leidensweg begann, als sie neunzehn Jahre alt war und die High School absolviert hatte. Ich ließ sie reden.

„Durch Jonny wurde ich mit dem Marihuana vertraut. Er sagte, es sei nicht schlimm, solange man sich nicht an etwas Stärkeres gewöhne. Jonny hatte immer einen kleinen Vorrat an Zigaretten bei sich."

Ich dachte, wie typisch es doch für die vielen Süchtigen war, die in unser Haus kamen. Neunzig Prozent von ihnen fingen mit einer Marihuanazigarette an und landeten bei Heroin. Ich wußte genau, was nun folgte, doch sie sollte es selbst erzählen. „Weiter, Maria! Wie ging's weiter?"

Sie saß entspannt auf ihrem Stuhl und schloß die Augen, während sie berichtete.

„Ich hatte das Gefühl, daß alle meine Sorgen einfach wegschwammen", sagte sie. „Einmal war mir, als schwebte ich selbst eine Meile über der Erde. Und dann zerfiel ich. Meine Finger, meine Arme wurden selbständig und schwebten allein durch den Raum. Die Beine lösten sich von meinem Leib. Ich zerfiel in Millionen Teile und schwebte auf einem leisen Windhauch dahin."

Wieder schien sie zu überlegen. „Mit der Zeit war Marihuana nicht genug. Es weckte nur meinen Wunsch nach etwas Stärkerem. Heute weiß ich es, ich war damals schon süchtig.

Und dann kam Jonny mit der Nadel und dem Löffel. Ich wußte genau, was er wollte, aber er war davon überzeugt, daß es mir helfen würde. Ich ließ es zu.

Mit dem Gürtel schnürte er mir den Arm über dem Ellenbogen ab, bis die Vene an meinem Unterarm dick hervortrat. Dann schüttete er aus einem kleinen Umschlag ein weißes, zuckerähnliches Pulver auf den Löffel, fügte mit einer Pipette ein wenig Wasser hinzu und hielt ein Feuerzeug unter den Löffel, bis die Flüssigkeit kochte. Dann griff er wieder zu der Pipette und saugte das aufgelöste Heroin damit auf. Als er die Injektionsnadel in die Vene stach, merkte ich, wie geschickt er das machte, und dann träufelte er die Flüssigkeit aus der Pipette ganz vorsichtig in die Öffnung der Injektionsnadel und bewegte dann die Spitze in meinem Arm hin und her, bis alles Heroin aus der Nadel verschwunden war. Als er sie wieder herauszog, war ich gerade zum Mainliner geworden (so nennen sie die Süchtigen, die das Gift direkt in die Ader spritzen). ‚Jonny, mir wird übel‘, sagte ich.

‚Nein, es ist alles in Ordnung, Baby‘, antwortete er. ‚Bald wirst du schweben. Ich verspreche es dir.‘

Aber ich hörte ihn kaum noch. Ich mußte mich übergeben. Dann ließ ich mich auf das Bett fallen und fing an zu zittern. Jonny saß neben mir und hielt meine Hand. Bald wurde ich ruhiger, und ein warmes Gefühl durchströmte mich. Mir war, als schwebte ich zur Decke hinauf, und über mir sah ich Jonnys lächelndes Gesicht. Er beugte sich über mich und fragte flüsternd: ‚Na, wie ist es, Liebling?‘

,Schön!' flüsterte ich. ,Wirklich schön!'

Ich hatte meinen Weg zur Hölle angetreten.

Ungefähr eine Woche lang bekam ich keine Spritze mehr. Als Jonny es dann wieder vorschlug, war ich sofort einverstanden. Die nächste folgte drei Tage später, diesmal flehte ich ihn darum an.

,Hör zu, Baby', sagte er da. ,Ich liebe dich und all das, aber dieses Zeug kostet bekanntlich viel Geld!'

,Ich weiß, Jonny, aber ich brauche es!'

Jonny lächelte. ,Ich kann nicht, Baby! Du fängst an, ziemlich teuer zu werden.'

,Bitte, Jonny!' bettelte ich. ,Mach dich nicht über mich lustig! Siehst du denn nicht, daß ich die Spritze haben muß?'

Jonny ging zur Tür. ,Heute nicht. Du mußt es eben ausschwitzen. Ich habe heute weder Zeit noch Geld.'

,Jonny!' schrie ich. ,Laß mich nicht allein! Um Gottes willen, geh nicht fort!' Aber er war schon fort, und ich hörte, wie er den Schlüssel im Schloß herumdrehte.

Vom Fenster aus sah ich, daß Jonny unten mit ein paar Mädchen sprach. Ich kannte sie. Sie arbeiteten für ihn. Er bezeichnete sie als zu seinem ,Stall' gehörend. Es waren Prostituierte, die für das Geld, das sie bei ihrem Geschäft verdienten, den Stoff bei ihm kauften. Jonny sorgte dafür, daß sie immer bekamen, was sie brauchten.

Ich sah, wie er in die Tasche griff und einem der Mädchen einen kleinen weißen Umschlag gab. Es konnte nur Heroin sein. Warum gab er ihr den Stoff und nicht mir? Ich brauchte ihn doch!

Ich riß das Fenster auf und hörte mich schreien: ,Jonny! Jonny!' Er sah zu mir herauf und verschwand wieder im Haus. Als er die Tür aufschloß, lag ich schluchzend und

221

bebend auf dem Bett. Ich hatte mich nicht mehr in der Gewalt.

Er schloß die Tür hinter sich, ich richtete mich auf und wollte etwas sagen, doch bevor ich ein Wort hervorbringen konnte, trat er auf mich zu und schlug mir den Handrücken heftig über den Mund. ,Was bildest du dir eigentlich ein?' schrie er mich an. ,Willst du vielleicht, daß ich geschnappt werde?'

,Jonny, bitte, hilf mir doch! Ich habe gesehen, daß du den Mädchen den Stoff gegeben hast. Warum gibst du ihn nicht auch mir?' Ich war völlig verzweifelt. Blut lief mir über das Kinn. Es störte mich nicht. Ich brauchte die Nadel.

Jonny grinste. ,Hör zu, Baby, du bist anders als die Huren da unten auf der Straße. Du hast Klasse! Aber der Stoff ist schließlich nicht umsonst zu haben. Er kostet eine Menge Geld. Die Mädchen da unten arbeiten dafür. Und was tust du, he?'

,Ich will ja arbeiten, Jonny! Alles will ich tun, alles! Aber gib mir eine Spritze!'

,Ach, ich weiß nicht', sagte er nachdenklich. ,Eigentlich bist du zu schade für die Arbeit da unten.'

,Jonny, ich tu wirklich alles. Du brauchst es nur zu sagen!' Ich kniete vor ihm nieder und umschlang seine Beine.

,Du meinst, du willst für mich auf die Straße gehen?' Er schwieg und fuhr dann begeistert fort. ,Das kannst du, Baby! Du kannst, wenn du willst! Die Huren da unten stichst du mühelos aus. Die Männer werden nur so kommen, und wir beide können uns alles teilen. Was meinst du? Ich könnte dir dann soviel Heroin besorgen, wie du nur willst, und du brauchtest so etwas wie heute nicht noch einmal durchzumachen. Was meinst du? Willst du?'

‚Ja, Jonny, ja, ja, aber gib mir einen Schuß!'

Jonny ging zum Ofen hinüber und schaltete den Brenner ein. Dann schüttete er etwas weißes Pulver auf den Löffel und hielt ihn über die Flamme, füllte die Nadel und kam zu mir.

‚Baby, das wird der Himmel für uns zwei! Wenn du mit mir arbeitest, sind wir gemachte Leute.' Ich fühlte, wie die Nadel in die Vene eindrang. Sekunden später hörte mein Zittern auf. Jonny legte mich aufs Bett, wo ich sogleich einschlief.

Aber es wurde nicht der Himmel. Es war der Anfang eines langen, langen Alptraums, der acht schreckliche Jahre währte — es war die Hölle. Sie ist ein bodenloses Loch, in das man stürzt und stürzt und niemals aufschlägt. Wenn man süchtig geworden ist, gibt es keinen Halt mehr.

Jonny konnte mich nicht brauchen, solange ich nicht süchtig war. Sobald ich aber Sklavin des Giftes geworden war, wurde ich auch seine Sklavin. Ich mußte tun, was er wollte, und er wollte, daß ich mich für ihn prostituierte und Geld heranbrachte.

Schon bald erfuhr ich, daß Jonny noch eine andere Frau hatte. Zwar hatte ich genau gewußt, daß er mich nicht heiraten wollte, aber ich hatte nicht geahnt, daß er noch eine zweite Frau aushielt. Ich erfuhr es auf recht schmerzliche Weise.

In der Nacht war das Geschäft mäßig gegangen, und so war ich am nächsten Nachmittag früher aufgestanden als sonst und ein bißchen durch die Straßen gebummelt, um einzukaufen. Ich ging gern aus. Ich spielte dann die große Dame und vergaß ganz, was ich wirklich war. Ich stand gerade an einer Straßenecke und wartete auf grünes Licht, als sich eine Hand auf meine Schulter legte.

‚Du bist doch Maria, nicht wahr?' Es war eine Frau, deren langes, schwarzes Haar bis über die Schultern fiel. Augen sprühten Feuer. Ehe ich noch antworten konnte, sagte sie: ‚Ja, du bist es! Ich habe dich schon gesehen. Du hast etwas mit meinem Mann, aber ich werde es dir zeigen, du billige Hure!'

Ich wollte fortlaufen, doch sie schlug mir ins Gesicht und schrie laut: ‚Du dreckige Hure! Du schläfst mit meinem Mann! Ich werde es dir zeigen!' Dann schlug sie mit der Handtasche nach mir. Ich duckte mich, warf mich mit aller Kraft gegen sie, und sie fiel gegen das Gitter neben dem U-Bahn-Eingang. Ich nahm ihre Haare zwischen die Hände und versuchte, sie daran hochzuziehen, weil ich ihr wehtun wollte. Dann lief ich fort. Ich sah mich nicht mehr um. Am Abend war ich wieder auf der Straße. Die Frau habe ich nie mehr gesehen.

Aber jetzt fühlte ich mich Jonny nicht mehr verpflichtet. Ich wußte genau, daß ich das Heroin auch von einem Dutzend anderer Kerle bekommen konnte, die froh waren, wenn ich für sie arbeitete. Ich lebte mit einem Mann nach dem anderen zusammen. Alle waren süchtig. Ich verkaufte meinen Körper, und sie nahmen mir das Geld ab.

Später arbeitete ich auch mit anderen Mädchen zusammen. Wir mieteten gemeinsam ein Zimmer und gingen auf die Straße und warteten. Wir hatten regelmäßige Kunden, und doch blieben sie uns fremd. Schwarze, Braune, Weiße — das Geld war immer grün.

Es war die wahre Hölle. Wenn ich tagsüber schlief, schreckte ich schreiend aus furchtbaren Träumen auf. Mein eigener Körper hielt mich gefangen. Ich war mein eigener Kerkermeister. Es gab keinen Ausweg aus der Angst, aus dem Schmutz, aus der Häßlichkeit.

Vor Betrunkenen fürchtete ich mich. Ich war einmal an einen Kerl geraten, der Vergnügen daran fand, mich mit dem Gürtel zu verprügeln.

Oft gingen die Männer lieber in ihre eigenen Wohnungen oder in ein Hotelzimmer. Manche waren Geschäftsreisende. Aber ich hatte Angst davor, mit einem Mann woanders hinzugehen. Es war schon zuviel Schreckliches geschehen. Andere wollten, daß ich in ihren Wagen stieg. Nach ein paar schlechten Erfahrungen tat ich es nicht mehr.

Einer setzte mich ganz am anderen Ende der Stadt ab, und ich brauchte die halbe Nacht, um mit der U-Bahn wieder nach Hause zu kommen. Ein anderer verlangte sein Geld zurück. Als ich mich weigerte, legte er mir einen Revolver an die Stirn und drückte ab. Die Waffe versagte, und ich lief in wilder Hast davon.

Ärger hatte ich aber nicht nur mit den Männern, sondern auch immer wieder mit der Polizei. In den acht Jahren saß ich elfmal im Gefängnis. Die längste Strafe betrug sechs Monate. Ich wurde wegen aller möglichen Dinge festgenommen: Ladendiebstahl, Rauschgift, Landstreicherei und Prostitution.

Ich haßte die Gefängnisse. Beim erstenmal hörte ich nicht auf zu weinen, und ich nahm mir fest vor, nie mehr etwas zu tun, wofür man mich festnehmen könnte. Aber vier Monate später war ich wieder da.

Das Heroin zerriß mich förmlich. Ich erinnere mich noch genau an meine erste Überdosis. Ich hatte eine Bürostelle angenommen und war wieder zu meiner Mutter gezogen, nachdem ich Jonny verlassen hatte. Mutter arbeitete in einer Fabrik. Dann überredete ich meine Mutter dazu, ein Darlehen bei der Bank aufzunehmen, weil ich für meine Arbeit auch neue Garderobe brauchte.

Eines Nachmittags kam ich früher von der Arbeit nach Hause und nahm mir das Geld. Dann ging ich zu einer bekannten Rauschgiftschieberin und kaufte einigen Stoff. Ein paar Häuserblocks weiter ging ich in eine Kellerwohnung, in der ein paar Süchtige wohnten. Dort füllte ich die Nadel und spritzte mir den Inhalt in die Vene. Ich wußte gleich, daß etwas nicht in Ordnung war. Dann wurde ich ohnmächtig. Ich erinnere mich noch, daß jemand versuchte, mich auf die Beine zu stellen, und ich glaube, die anderen bekamen es mit der Angst zu tun, als ich mich nicht rührte. Jemand stahl mir den Rest meines Heroins, zog mich dann aus der Kellerwohnung und ließ mich draußen auf dem Pflaster liegen.

Als ich wieder aufwachte, lag ich im Krankenhaus. Die Polizei hatte mich gefunden und hingebracht. Drei Polizisten standen rund um mein Bett und schossen gleichzeitig ihre Fragen auf mich ab. Ich sagte, ich sei in einer Bar gewesen und irgend jemand müsse etwas in meinen Whisky getan haben. Aber sie wußten es besser, und der Arzt schrieb auf mein Krankenblatt das Wort ‚Überdosis'. Es sollte nicht die letzte sein.

Eine hätte mich beinahe umgebracht. Ich hatte in meinem Zimmer getrunken, und die Mischung aus Alkohol und einer Überdosis Heroin warf mich um. Ich schlief auf meinem Bett ein, und meine Zigarette fiel mir ins Haar. Ich erinnere mich noch an das seltsame Gefühl. Ich träumte, daß die Hand Gottes zu mir herabgriff und mich schüttelte und immer schüttelte. Ich erinnere mich noch, daß ich schrie: Gott, laß mich in Ruhe! Ich will schlafen. Dann wurde ich wach.

Ich wußte sofort, daß etwas nicht stimmte. Ich kroch über den Boden zum Spiegel, zog mich daran hoch und sah mich an. Das Gesicht gehörte nicht mir. Es bestand nur noch aus Blasen, und das Haar war nicht mehr da. Auch die Hände waren voller Brandblasen; im Unterbewußtsein hatte ich wahrscheinlich versucht, das Feuer zu ersticken.

Ich fing an zu schreien. Ein Mann, der gegenüber wohnte, hörte es und schlug gegen die Tür. Ich wollte noch öffnen, doch meine zerschundenen Hände blieben am Türgriff kleben. Nur langsam bewegte er sich nach unten. Dann war der Mann bei mir.

Er brachte mich ins Krankenhaus. Drei und einen halben Monat dauerte es, bis die Brandwunden verheilt waren.

Meine erste Spritze nahm ich genau 45 Minuten, nachdem ich wieder in Freiheit war, und abends stand ich wieder auf der Straße und wartete auf Kunden. Wegen meiner Wunden und Narben war das jetzt freilich viel schwieriger geworden. Niemand wollte mich.

Ein junger Spanier sprach mich manchmal auf der Straße an. Er hatte früher selbst Heroin gespritzt und war dann eines Tages zu Teen Challenge gegangen, wo er von seiner Sucht geheilt wurde. Er war Christ geworden, und seit Monaten bedrängte er mich herzukommen. Und nun bin ich da."

Maria sprach nicht weiter und schaute die Bibel an, die auf meinem Tisch lag.

„Maria", sagte ich leise, „hat Gott Ihr Weinen nicht gehört?"

Sie sah mich an. „O doch. Daran habe ich nie gezweifelt. Aber wenn das Rauschgift zu stark lockt... Beten Sie für mich. Mit Gottes Hilfe werde ich es schaffen."

Mit Christus in Harlem

David war die meiste Zeit unterwegs, um Mitarbeiter für den Sommer zu gewinnen und Geld für unser Haus zu beschaffen. Im Laufe der Zeit hatte er selbst immer weniger Kontakt zu den Süchtigen und fand sich in der Rolle eines Verwalters wieder. Diese Rolle gefiel ihm ganz und gar nicht, aber sie war ihm von den Umständen einfach aufgezwungen worden.

Hauptbestandteil unserer Außenarbeit waren die Versammlungen und persönlichen Gespräche an den Straßenecken. Fast an jedem Nachmittag stellten wir Mikrofon und Lautsprecher in irgendeinem Gettowinkel der Stadt auf.

Eines Nachmittags packten Mario und ich einige Freunde

in unseren Kleinbus, und wir fuhren nach Harlem. Wir verteilten Schriften und versuchten ohne Erfolg, das Interesse der Menschen zu wecken.

Da sagte Mario plötzlich: „So, jetzt hole ich eine ganze Volksmenge!"

„Aber nicht heute nachmittag", entgegnete ich. „Ich glaube, wir können ruhig heimfahren."

„Nein", beharrte Mario, „wir bekommen unsere Zuhörer. Ihr könnt ruhig schon die Lautsprecher aufstellen. In spätestens einer Stunde halten wir hier unsere bisher größte Straßenversammlung."

„Da bin ich aber gespannt", sagte ich.

„Laß mich nur machen!" sagte Mario und verschwand um die nächste Straßenecke.

Wir stellten unsere Ausrüstung auf. Es war ein echtes Glaubensabenteuer. Ich fühlte mich wie Noah beim Bau seiner Arche.

Eine Viertelstunde später kam eine Meute von Jungen auf mich zugestürmt. Sie schwangen Knüppel und Baseballschläger und schrien aus Leibeskräften. Ich ging zum Mikrofon zurück, als eine weitere Gruppe von der anderen Seite herankam.

Ich muß hier verschwinden, dachte ich. Die Burschen haben eine Straßenschlacht vor. Aber es war bereits zu spät. Schon war ich von den lärmenden und stoßenden Banden umringt. Dann sah ich Mario. Er lief mitten auf der Straße und schrie zu den Häusern hinauf: „He, hört alle mal her! Der ehemalige Präsident der Mau-Maus aus Brooklyn spricht in einer Viertelstunde. Hört ihn euch an! Hört den großen Nicky Cruz, den einst gefährlichsten Mann von Brooklyn! Aber seid auf der Hut! Er ist immer noch gefährlich!"

229

Die Jugendlichen kamen aus ihren Wohnungen, kletterten die Feuerleitern herunter und liefen auf mich zu. Dann drängten sie sich um mich und schrien: „Wo ist Nicky? Wir wollen ihn sehen? Wo ist der Chef der Mau-Maus?"

Mario kam grinsend herzu. „Ich hab's doch gleich gesagt, daß ich eine ganze Menge auf die Beine bringe!"

Wir sahen uns um. Ja, er hatte für einen wirklichen Auflauf gesorgt. Mindestens 300 Jugendliche drängten sich auf der Straße.

Ich schüttelte den Kopf. „Ich kann nur hoffen, daß wir nicht alle umgebracht werden. Die Burschen sind ziemlich brutal, weißt du!"

Mario grinste noch immer und war ganz außer Atem. „Los, Pfarrer! Deine Gemeinde wartet!"

Mit schweißnassem Gesicht trat er hinter das Mikrofon, hob die Hand und verlangte Ruhe. Die Jugendlichen hörten zu, als er so wie ein Jahrmarktschreier auf sie einsprach, der möglichst viel Gäste in seine Bude locken will.

„Meine Damen und Herren! Heute ist ein großer Tag! Der Chef der gefährlichen und berühmten Mau-Maus wird zu euch sprechen. Jung und alt fürchteten ihn. Aber er ist heute nicht mehr ihr Chef. Er war es und will euch jetzt erzählen, warum er nicht mehr in der Gang ist. Es spricht Nicky Cruz."

Dann gab er das Mikrofon frei. Die Jugendlichen begannen zu schreien und zu klatschen. Ich stand lächelnd auf dem kleinen Podium und winkte den Jungen zu. Viele von ihnen kannten mich oder hatten in der Zeitung über mich gelesen.

Ungefähr 200 Erwachsene hatten sich hinter den Jugendlichen versammelt. Zwei Polizeiwagen kamen herangerollt und hielten zu beiden Seiten der Menge.

Ich hob die Arme, und das Schreien, Pfeifen und Klatschen ließ allmählich nach. Dann herrschte Stille.

„Ich war einmal der Chef der Mau-Maus", begann ich, „und ich sehe, daß ihr von meinem Ruf gehört habt." Wieder brach die Menge in spontanen Beifall aus, ich hob die Hand, und es wurde wieder still.

„Heute nachmittag will ich euch erzählen, warum ich jetzt der Ex-Präsident der Mau-Maus bin. Ich bin der Ex-Chef, weil Jesus mein Herz verändert hat. Eines Tages hörte ich auf einer Straßenversammlung wie dieser hier einen Mann, der von jemandem erzählte, der mein Leben verändern könne. Er sagte, daß Jesus mich liebe. Wer dieser Jesus war, wußte ich nicht, aber eines wußte ich ganz genau: Niemand liebte mich. Und doch sagte mir David Wilkerson, daß Jesus mich liebte. Und jetzt ist mein Leben verändert. Ich habe mich Gott überantwortet, und er hat mir ein neues Leben gegeben. Früher war ich genau wie ihr. Ich trieb mich auf den Straßen herum, schlief auf Dächern, wurde von der Schule verjagt, die Polizei war hinter mir her, und ich wurde oft genug festgenommen und saß mehrmals im Gefängnis. Aber dann veränderte Jesus mein Leben. Er gab mir etwas, wofür es sich zu leben lohnt. Er gab mir Hoffnung. Er gab meinem Leben einen neuen Zweck. Ich rauche nicht mehr Marihuana, ich prügele mich nicht mehr und stehle nicht mehr. Ich liege nachts nicht mehr wach, weil mich die Furcht nicht schlafen läßt. Ich habe keine Alpträume mehr. Wenn ich über die Straßen gehe, reden die Leute mich an. Die Polizei achtet mich. Ich bin verheiratet und habe ein kleines Kind. Aber vor allem bin ich glücklich, daß ich nicht mehr auf der Flucht bin."

Die Zuhörer lauschten aufmerksam. Ich beendete meine Ansprache und betete.

Am Schluß des Gebets bemerkte ich, daß einige Polizisten aus ihren Wagen gestiegen waren und die Mützen abgenommen hatten. Ich hob das Gesicht. Über Harlem schien die Sonne.

Der spanische Teil Harlems wurde zum bevorzugten Platz unserer Arbeit. Hier schienen wir größere Menschenmengen ansprechen zu können, und das Verlangen nach dem Evangelium war hier größer als an den anderen Stellen, an denen wir auch predigten. Immer wieder erinnerte ich unsere Gruppe daran, daß die Gnade dort am größten sei, wo die Sünde sich am stärksten zeigte.

Gloria fand sich nicht leicht mit Harlem ab, denn manche dieser Marktplätze waren von einem unerträglichen Gestank. Selbst mir fiel es schwer, mich daran zu gewöhnen.

Bald schlimmer noch ist der Geruch nach Verfaultem, der von den Süchtigen ausströmt; wenn mehrere von ihnen beisammenstehen, dann ist es vor allem im Sommer kaum auszuhalten. In diesen ersten Monaten unseres Straßendienstes lernten wir viel. Wir merkten, daß diejenigen am erfolgreichsten waren, die selbst von der Straße kamen und ein persönliches Zeugnis von der verwandelnden Kraft Christi ablegen konnten. Wenn ich vor Süchtigen predigte, war ich nicht so erfolgreich wie andere, die selbst süchtig gewesen waren. Ihr aufrichtiges, ehrliches Zeugnis übte stets eine große Wirkung aus.

Das war besonders bei Maria der Fall, die sich durchaus nicht schämte, vor ihre ehemaligen Gefährten, die Süchtigen und die Prostituierten zu treten und die Gnade Gottes zu bezeugen. Ihre schlichten Worte sprachen zu Herzen. Sie schilderte Gott wie einen sehr vertrauten persönlichen Freund, der in Gestalt seines Sohnes Jesus Christus durch die Straßen geht, die Menschen anrührt und sie heil macht. Die meisten Zuhörer waren einem solchen Gott noch nie begegnet. Wenn sie überhaupt von Gott gehört hatten, dann war es ein rächender Gott, der die Sünde verfluchte und die Menschen unter seine Knute zwang wie ein Polizeibeamter.

Eines Tages sprach einer unserer schwarzen Mitarbeiter, einst Bandenmitglied und heroinsüchtig, über seine Kindheit. Er berichtete, wie er mit 13 Jahren von zu Hause ausziehen mußte, weil die Wohnung überfüllt gewesen war. Er sprach über die verschiedenen Männer, die mit seiner Mutter zusammengelebt hatten. Er sprach von seinem Leben auf den Häuserdächern und in den U-Bahn-Schächten. Er gestand, daß er gestohlen, gebettelt und geraubt hatte, um zu überleben. Er lebte wie ein sträunender Hund, überall gejagt und verjagt.

Während er sprach, begann eine alte Frau zu weinen. Sie wurde fast hysterisch, und ich ging zu ihr. Nachdem sie sich ein wenig beruhigt hatte, sagte sie, dieser Junge da vorn könne ihr eigener Sohn sein. Fünf Söhne wären genau wie er von zu Hause fortgegangen und lebten auf den Straßen. Ihre Schuld kam ihr unerträglich vor. Dann hob sie das Gesicht und bat Gott um Vergebung und um Schutz für ihre Söhne. An diesem Nachmittag fand sie ihren Frieden mit Gott, aber an ihren Söhnen war der Schaden bereits getan. Und in Tausenden von Fällen wurde noch immer der gleiche Schaden angerichtet. Oft schien es uns, als sollten wir den Ozean mit einem Teelöffel leeren. Aber wir wußten, daß Gott nicht von uns erwartete, daß wir die Welt gewännen, sondern daß wir treu und beständig für ihn arbeiteten. Und das wollten wir.

An einem Donnerstag hielten wir in Spanisch-Harlem

eine Versammlung an der Ecke eines Schulhofes. Es war ein heißer Sommerabend, und eine erhebliche Menge hatte sich eingefunden, um die Gospel-Songs zu hören, die aus unseren Lautsprechern drangen.

Die Menge war sehr unruhig. Als die Musik schneller wurde, fingen ein paar Mädchen und Jungen vor dem Mikrofon an, sich in den Hüften zu wiegen und in die Hände zu klatschen. Und in einer Ecke merkte ich, daß sich etwas zusammenbraute. Dort befand sich eine ziemlich große Gruppe von Jugendlichen. Fünf oder sechs von ihnen tanzten mitten auf der Straße und stießen die Beine von sich. Die Zuhörer wurden immer unaufmerksamer, und immer mehr fielen in das Händeklatschen ein. Ich ging zu den Tänzern. „He, was ist mit euch los? Hier könnt ihr doch nicht tanzen! Hier ist Gottes Gebiet!"

Einer antwortete: „Der da drüben bezahlt uns für das Tanzen. Er hat uns einen Dollar gegeben." Dabei deutete er auf einen hageren, ungefähr 28jährigen Mann, der am Rande der Menschenmenge stand.

Ich ging auf ihn zu, und als er mich kommen sah, begann er selbst zu tanzen. Ich wollte mit ihm sprechen, doch er tanzte weiter, warf die Beine, schwang die Hüften und sagte: „Mann, die Musik ist toll! Chachacha..."

Er stemmte die Hände in die Hüften und drehte sich im Kreise, warf den Kopf zurück und sang: „Bebop, chachacha, tanzt, Leute, tanzt!"

Ich fuhr ihn an: „Ich will Sie etwas fragen."

„Ja, was denn?" fragte er und wiegte sich weiter im Takt der Musik. „Was wollen Sie?"

„Haben Sie den Burschen da Geld gegeben, damit sie tanzen und unsere Versammlung stören?" fragte ich. Meine Geduld war fast am Ende.

Er grinste mich an. „Richtig! Sie sind an der richtigen Adresse!" Er tanzte und sang weiter.

„Warum?" schrie ich ihn an. „Was ist überhaupt mit Ihnen los?"

„Weil wir euch nicht leiden können! Wir mögen keine Christen. Nein, wir mögen euch nicht. Chachacha ..."

Mit geballten Fäusten ging ich auf ihn zu. „Wir halten jetzt unsere Versammlung, und Sie halten den Mund, sonst drücke ich Sie da drüben gegen die Wand, daß Sie den Mund nie mehr aufkriegen, ist das klar?"

Er schlug die Hände vor den Mund und schielte mit gespieltem Entsetzen über seine Finger, aber er tanzte nicht mehr und war still.

Ich ging wieder zum Mikrofon und erzählte an diesem Abend über meine Erfahrungen, die ich als Heranwachsender in New York gesammelt hatte.

Die Leute nahmen die Hüte ab, während ich sprach. Das ist eines der sichersten Zeichen der Aufmerksamkeit und der Achtung. Ich wußte, daß die Macht Christi sich auf besondere Weise zeigte, aber ich konnte nicht ahnen, wie er sich in den nächsten Augenblicken offenbaren sollte.

Es war deutlich zu spüren, daß Gott in dieser Versammlung wirkte. Als ich meine Rede schloß und zum Vortreten aufforderte, sah ich am Rande der Menge einen Menschen, der unter offensichtlichen Qualen litt. Er griff in seine Hemdtasche, zog einige Päckchen hervor, warf sie zu Boden und trampelte darauf herum und schrie, während er die kleinen, weißen Umschläge zertrat: „Ich verfluche dich, ich verfluche dich! Du hast mein Leben zerstört! Du hast meine Frau vertrieben! Du hast meine Kinder umgebracht! Du hast mich in die Hölle geschickt!" Dann brach er auf dem Pflaster zusammen. Einer unserer Helfer ging zu ihm.

Wir packten unsere Ausrüstung zusammen und luden sie in den Kleinbus. Da trat ein Junge auf mich zu und sagte, daß der „Tänzer" mich sprechen wolle. Ich fragte ihn, wo der Mann denn sei, und er deutete auf eine Nebenstraße.

Es dunkelte bereits, und ich hatte wenig Lust, in eine schmale Gasse zu gehen, in der ein halbverrückter Mann mich erwartete. Ich sagte dem Jungen, ich wolle gern mit dem Mann sprechen, aber nur hier. Nach ein paar Minuten war der Junge wieder da und erklärte mir, der Mann wolle mich unbedingt sprechen, aber er schäme sich, hierherzukommen.

Schon wollte ich ablehnen, doch plötzlich erinnerte ich mich daran, wie David Wilkerson einst in den Keller gekommen war, in den ich mich nach unserer ersten Begegnung verkrochen hatte. Ohne Furcht war er hereingekommen und hatte gesagt: „Nicky, Gott liebt dich!" Diese Furchtlosigkeit und Beharrlichkeit hatte mich schließlich dazu gebracht, Jesus als meinen Erlöser anzunehmen.

Ich ging über die Straße und blieb einen Augenblick am Eingang der Gasse stehen. Dann tastete ich mich an der Mauer entlang in die Dunkelheit.

Plötzlich stand der Mann vor mir. „Helfen Sie mir", schluchzte er, „bitte, helfen Sie mir! Ich habe in den Zeitungen über Sie gelesen. Ich weiß, daß Sie bekehrt worden sind und die Bibelschule besucht haben. Bitte, helfen Sie mir!"

Ich konnte kaum glauben, daß dies hier derselbe Mann war, der noch vor kurzer Zeit auf der Straße getanzt und gespottet hatte.

Ich sagte ihm, daß Gott ihm helfen werde. Ich wußte es. Er hatte ja auch mir geholfen. Dann fragte ich den Mann nach seinem früheren Leben, und er erzählte mir seine Geschichte.

Er hatte sich zu Gottes Dienst berufen gefühlt, er hatte

seine Arbeit aufgegeben und die Bibelschule besucht, um sich auf seinen Dienst vorzubereiten. Als er aber wieder nach New York kam, lernte er eine Frau kennen, die ihn dazu bewog, bei ihr zu wohnen und seine Frau und zwei Kinder zu verlassen. Er war wie von einem bösen Geist besessen. Zwei Monate später hatte die andere genug von ihm und setzte ihn auf die Straße. Seitdem war es mit ihm immer weiter bergab gegangen.

„Ich wollte Sie vertreiben", sagte er. „Darum habe ich mich vorhin so aufgeführt. Ich hatte Angst. Ich fürchtete mich vor Gott und davor, ihm begegnen zu müssen. Ich will wieder zu Gott kommen. Ich will wieder zu meiner Frau und zu meinen Kindern, aber ich weiß nicht wie. Wollen Sie für mich beten?"

Ich bat ihn mitzukommen, und wir gingen aus der dunklen Gasse über die Straße zum Bus. Er saß auf einem Mittelsitz und legte den Kopf auf die Rücklehne des vorderen Sitzes. Wir beteten für ihn, und auch er selbst betete. Plötzlich merkte ich, daß er Verse aus dem 51. Psalm zitierte, die König David einst gesprochen hatte, als er mit Bathseba die Ehe gebrochen und ihren Mann in den Krieg geschickt hatte, damit er dort getötet werde. Niemals habe ich die Kraft Gottes so nahe gespürt wie in dem Augenblick, da dieser frühere Prediger, der zum Diener Satans geworden war, sein Schuldbekenntnis und seine Bitte um Vergebung in Worten der Heiligen Schrift ausdrückte:

Gott, sei mir gnädig nach deiner Güte, und tilge meine Sünden nach deiner großen Barmherzigkeit. Wasche mich rein von meiner Missetat, und reinige mich von meiner Sünde; denn ich erkenne meine Missetat, und meine Sünde ist immer vor mir. An dir allein habe ich gesündigt und übel vor dir getan, auf daß du recht behaltest in deinen Worten und rein dastehst, wenn du richtest. Siehe, ich bin als Sünder geboren, und meine Mutter hat mich in Sünden empfangen. Siehe, dir gefällt Wahrheit, die im Verborgenen liegt, und im Geheimen tust du mir Weisheit kund. Entsündige mich mit Ysop, daß ich rein werde; wasche mich, daß ich schneeweiß werde. Laß mich hören Freude und Wonne, daß die Gebeine fröhlich werden, die du zerschlagen hast. Verbirg dein Antlitz vor meinen Sünden, und tilge alle meine Missetat. Schaffe in mir, Gott, ein reines Herz, und gib mir einen neuen, beständigen Geist. Verwirf mich nicht von deinem Angesicht, und nimm deinen heiligen Geist nicht von mir. Erfreue mich wieder mit deiner Hilfe, und mit einem willigen Geist rüste mich aus. Ich will die Übertreter deine Wege lehren, daß sich die Sünder zu dir bekehren.

Der Mann wischte sich den Schweiß vom Gesicht und wandte sich an mich. „Vorhin habe ich meinen letzten Dollar den Burschen gegeben, damit sie auf der Straße tanzen sollten. Könnten Sie mir vielleicht einen Vierteldollar geben, damit ich telefonieren und mit der U-Bahn fahren kann? Ich will nach Hause!"

Es gehörte zu meinen Grundsätzen, daß ich Süchtigen oder Trinkern niemals Geld gab, da ich wußte, daß es doch nur für Gift oder Alkohol ausgegeben wurde. Aber diesmal machte ich eine Ausnahme.

„Ihr werdet von mir hören", sagte er. „Ich komme wieder!"

Er kam wieder. Zwei Tage darauf brachte er Frau und Kinder mit in unser Haus, um sie vorzustellen, und in seinem Gesicht lag eine Freude, die Gift und Drogen niemals hervorrufen können. Es war die Freude Gottes.

Durch das finstre Tal

Es war fast unmöglich, 40 Rauschgiftsüchtige unter einem Dach zu beherbergen, ohne daß sich daraus Probleme ergaben. Das galt ganz besonders dann, wenn sie von unerfahrenem Personal betreut wurden. Wir saßen auf einem Pulverfaß, und jeder von uns konnte unwissentlich die Lunte anzünden, die uns alle in die Luft sprengte. Teen Challenges einzige Hoffnung zu überleben bestand darin, daß wir uns so eng wie möglich an Gott hielten.

Es ist sehr schwierig, die Süchtigen richtig zu beurteilen, denn die meisten von ihnen sind ausgezeichnete Schauspieler.

Durch Lügen hatten sie bisher ihren Lebensunterhalt bestritten, und oft war es nicht leicht, Dichtung und Wahrheit ihrer Reden auseinanderzuhalten.

Ich legte sehr großen Wert auf Disziplin und merkte bald, daß die meisten Verständnis dafür hatten, solange es vernünftig und gerecht zuging. Tatsächlich erwarteten sie sogar diese Disziplin, denn wir boten ihnen damit einen festen Halt und ein echtes Gefühl der Zugehörigkeit. Es war mir jedoch klar, daß nicht alle so empfanden, und die unangenehme Pflicht, ständig gegen die Übertreter der Ordnung vorgehen zu müssen, bedrückte mich. Oft mußte ich mitten in der Nacht aufstehen, um die Ordnung wiederherzustellen, und manchmal war es sogar notwendig, jemanden wegen Übertretung der Regeln aus dem Hause zu weisen. Fast alle wichtigen Entscheidungen blieben mir überlassen, und oft spürte ich die Unzulänglichkeit meiner eigenen Ausbildung und fühlte mich unsicher. Von der Verwaltungsarbeit verstand ich wenig oder gar nichts, und noch weniger wußte ich von den psychologischen Aspekten zwischenmenschlicher Beziehungen, die für die Zusammenarbeit mit meinen Mitarbeitern wichtig waren. Oft herrschten unter ihnen gewisse Eifersüchteleien, und ich merkte, daß diese Beziehungen gestört waren.

Wenn David zu uns kam, versuchte ich immer wieder, mit ihm über meine Probleme zu sprechen, doch er sagte nur: „Du mußt selbst damit fertig werden, Nicky. Ich setze sehr großes Vertrauen in deine Fähigkeiten."

Doch die Probleme häuften sich wie dunkle Gewitterwolken.

Im Herbst flog ich mit David nach Pittsburgh, um in Kathryn Kuhlmans Evangelisationsfeldzug zu sprechen. Kathryn leitete einen der größten Evangelisationsdienste der Welt. Ihre Arbeit erstreckte sich auf alle Erdteile. Seit sie Teen Challenge besucht hatte, interessierte sie sich sehr für meine Arbeit. Ich hatte sie damals in die Gettos und Slums New Yorks geführt, und sie hatte mir gesagt: „Ich danke Gott, daß er Sie hier herausgeführt hat. Wenn Sie jemals ein Problem haben sollten, mit dem Sie nicht fertig werden, dann wenden Sie sich bitte an mich."

Während meines Aufenthalts in Pittsburgh wollte ich gern mit ihr sprechen, denn ich fühlte mich bedrückt. Doch es fand sich keine Gelegenheit, mit ihr ein persönliches Wort zu reden. So verließ ich Pittsburgh noch niedergeschlagener, weil ich nicht fähig war, mit meinen eigenen Problemen fertig zu werden.

Anfangs 1964 war unsere Arbeit so sehr gewachsen, daß wir die Frauen nicht länger in Teen Challenge unterbringen konnten, und wir kauften deshalb ein altes Haus auf der gegenüberliegenden Seite der Clinton Avenue. In dieser Zeit spürte ich, daß hinter meinem Rücken intrigiert wurde, woran besonders ehemalige Süchtige beteiligt waren, die sich nicht unterordnen wollten.

Der Umgang mit Süchtigen glich einem Waldbrand, den man mit einem nassen Lappen löschen sollte. War irgendeine kleine Schwierigkeit beseitigt, meldete sich auch schon die nächste. Ich fühlte mich immer stärker persönlich beteiligt, und wenn ein Süchtiger uns verließ und in seine Welt zurückkehrte, empfand ich das als persönliches Versagen.

Gloria warnte mich oft davor, alle Lasten allein tragen zu wollen, doch ich fühlte mich nun einmal verantwortlich.

Dann kam Quetta zu uns. Sie trat sehr männlich auf, trug Männerkleider und -schuhe und war eine Zeitlang mit einem anderen Mädchen „verheiratet" gewesen.

Sie war ungefähr dreißig Jahre alt, alles in allem ein anziehendes Mädchen mit einem sehr sympathischen Wesen.

Quetta war eine der bedeutendsten Rauschgiftverteilerinnen der Stadt gewesen. Jahrelang hatte sie eine „Schießbude" geleitet. Männer und Frauen waren zu ihr gekommen, um nicht nur Heroin zu kaufen, sondern auch um an sexuellen Orgien teilzunehmen. Quetta lieferte alles, was benötigt wurde: Injektionsspritzen, Kocher, Heroin, Pillen, und für Kunden mit den ausgefallensten Wünschen auch die passenden Objekte.

Als die Polizei ihr Apartment durchsuchte, fand gerade eine Party statt — unter den Gästen befanden sich auch berufsmäßige Prostituierte. Die Beamten nahmen die Zimmer förmlich auseinander, rissen Tapeten ab, hoben den Fußboden aus, bis sie schließlich ein Giftlager im Werte von vielen tausend Dollar entdeckten und zehn komplette Ausrüstungen zum Heroinspritzen.

Während ihrer Bewährungsfrist kam Quetta zu uns. Ich erklärte ihr, daß sie sich der Hausordnung fügen und Frauenkleider tragen müsse. Weiter durfte sie nur dann mit einer unserer anderen Süchtigen allein sein, wenn ein Mitglied unseres Mitarbeiterstabes dabei war. Sie war zu krank zum Widersprechen und schien dankbar dafür zu sein, daß sie aus dem Gefängnis heraus war. Sie gab keinerlei Grund zur Klage, beteiligte sich mit offenbarem Interesse an den Andachten und gab auf jede erdenkliche Weise zu erkennen, daß sie bekehrt sei.

Bald merkte ich jedoch, daß selbst eine Bekehrung geheuchelt werden kann. Obwohl wir Quetta bei vielen Straßenversammlungen sprechen ließen, fühlte ich, daß etwas Falsches an ihr war.

Zwei Wochen später kam eine unserer jungen Mitarbeiterinnen schon am frühen Morgen zu mir. Sie war sehr blaß und aufgeregt. „Was ist denn los, Diane?"

Diane war unsere neueste Mitarbeiterin, sie stammte aus Nebraska und hatte gerade erst die Bibelschule beendet. „Ich weiß nicht, wie ich es dir sagen soll, Nicky", begann sie. „Es handelt sich um Quetta und Lilly."

Lilly war erst vor einer Woche zu uns gekommen und hatte sich bisher sehr zurückhaltend benommen.

„Was ist mit ihnen?" fragte ich besorgt.

Diane errötete. „Heute um Mitternacht waren sie zusammen in der Küche. Ich bin gerade hereingekommen, und sie waren..." Sie schwieg verschämt. „Ich habe die ganze Nacht nicht schlafen können."

Ich stand auf und begann meine Wanderung um den Tisch wie immer, wenn ich erregt war.

„Geh hinüber und sag beiden, daß ich sie sofort sprechen will!" stieß ich hervor. „Wir können solche Dinge hier nicht dulden."

Ich saß am Schreibtisch, den Kopf in die Hände gestützt, und betete verzweifelt um Weisheit. Wo hatte ich versagt? Wir hatten Quetta öffentlich Zeugnis ablegen lassen. Die Zeitungen hatten ihre Geschichte aufgegriffen und unter die Leute gebracht. Sogar in Kirchen hatte sie über die Verwandlung ihres Lebens gesprochen.

Ich wartete über eine Stunde, dann wollte ich selbst nachsehen, wo die beiden blieben, aber sie hatten uns bereits verlassen.

Langsam ging ich in mein Büro zurück. Diese Niederlage traf mich besonders. Gloria versuchte mich zu trösten, während ich an meiner Fähigkeit zweifelte, mit meiner Botschaft wirklich zu diesen Süchtigen vorzudringen.

„Nicky, sogar Jesus hatte unter seinen Jüngern Versa-

243

ger", sagte sie. „Denk doch lieber an alle Erfolge, an alle, die treu geblieben sind. Denke an Sonny, der sich jetzt darauf vorbereitet, Pfarrer zu werden! Denke an Maria und die wunderbare Veränderung in ihrem Leben! Erinnere dich, was Gott für dich getan hat! Wie kannst du nur zweifeln und wegen vereinzelter Fehlschläge den Mut verlieren?"

Gloria hatte recht, aber ich konnte mich selbst nicht aus meiner Niedergeschlagenheit befreien. Ich fühlte mich geschlagen. Die Verbindung zwischen mir und den Mitarbeitern war gestört. Gloria versuchte zwar immer wieder, mir Mut zu machen, aber meine Einstellung zur Arbeit wurde immer negativer.

Den einzigen Lichtblick in dieser Zeit bedeutete das Eintreffen von Jimmy Baez. Er war schon seit acht Jahren süchtig, als er zu uns kam und um Medizin bat, weil er es für eine Klinik hielt.

„Wir haben hier keine Medizin, aber wir haben Jesus", antwortete ich.

Er hielt mich für verrückt und blickte sich im Zimmer um. Offenbar suchte er eine Möglichkeit, so schnell wie möglich wieder aus meinem Büro zu verschwinden.

„Setz dich, Jimmy! Ich möchte mit dir reden. Christus kann dich ändern."

„Keiner kann mich ändern", knurrte er. „Ich hab's versucht, aber ich kann's nicht."

Ich stand auf und ging zu ihm hinüber und betete lange mit ihm. Er blieb bei uns, und von diesem Abend an verlangte er nie mehr nach Heroin.

„Siehst du", sagte Gloria, als wir uns über Jimmy unterhielten, „Gott wollte dir zeigen, daß er dich noch immer gebrauchen kann. Wie konntest du nur an ihm zweifeln? Es ist schon ein paar Monate her, seit du zuletzt Straßenversammlungen abgehalten hast. Geh wieder an die Arbeit für Gott, dann wirst du auch wie früher seine Leitung verspüren."

Gloria hatte recht. Ich ging wieder auf die Straße. Am ersten Abend stellten wir unsere Geräte in Brooklyn auf und predigten. Es war ein heißer, schwüler Abend, doch die große Zuhörerschaft war sehr aufmerksam. Plötzlich sah ich ihn. Sein Gesicht war unverkennbar. Es war Israel. Alle diese Jahre hindurch hatte ich gebetet, geforscht, gesucht — und hier stand er vor mir!

Mein Herz schlug schneller. Vielleicht hatte Gott ihn zurückgesandt. Ich spürte, daß das alte Feuer wieder in mein Herz zurückströmte. Israel schien aufmerksam zuzuhören. Die tragbare Orgel begann zu spielen. Dann sah ich, daß Israel sich umwandte und fortging.

Ich sprang vom Podium. Ich mußte ihn erreichen, ehe er im Gedränge der Straße verschwand. „Israel! Israel!" rief ich ihm nach. „Warte doch! Warte!"

Er blieb stehen und sah sich um. Seit sechs Jahren hatte ich ihn nicht mehr gesehen. Er war breiter und reifer geworden, aber sein Gesicht war wie lebloser Marmor, und seine Augen waren ohne Glanz.

Ich hielt ihn mit beiden Händen und versuchte, ihn wieder zur Menge zurückzuziehen. Er wehrte sich und stand unbeweglich. „Israel!" rief ich voll überschäumender Freude. „Bist du's wirklich?" Ich trat zurück, hielt ihn auf Armlänge von mir entfernt und sah ihn an. „Wo bist du gewesen? Wo wohnst du? Was tust du? Du mußt mir alles erzählen! Warum hast du mich nicht angerufen? Ganz New York habe ich nach dir abgesucht", sprudelte ich heraus.

Seine Augen blieben distanziert und kühl.

„Ich muß gehen, Nicky", sagte er. „Es war nett, dich wiederzusehen."

„Du mußt gehen? Wir haben uns seit sechs Jahren nicht mehr gesehen, und du mußt gehen? Du kommst mit mir nach Hause!" Doch er schüttelte den Kopf und befreite den Arm aus meinem Griff.

„Ein andermal, Nicky. Nicht heute." Mit diesen Worten ging er davon.

„Du bist doch mein Freund, Israel! Du kannst doch nicht einfach so weggehen!" rief ich ihm nach.

Mit einem kalten Blick wies er mich zurück. „Später, Nicky!" Und er verschwand in der Dunkelheit, aus der er gekommen war.

Ich wußte, daß ich Teen Challenge verlassen mußte, mein Dienst war hier beendet. Ich hatte in allem versagt, was ich angefangen hatte. Quetta! Lilly! Israel! Es war hoffnungslos, noch länger zu bleiben und Kämpfe auf mich zu nehmen, die ich doch nicht bestehen konnte. Es war sogar hoffnungslos, wenn ich weiter in meinem Dienst als Prediger blieb. Ich war erledigt, geschlagen.

„Gott, ich bin geschlagen. Ich habe mich geirrt. Ich habe auf mich selbst vertraut, nicht auf dich. Ich bin bereit, meine schreckliche Sünde offen zu gestehen. Demütige mich, Gott, aber wirf mich nicht auf den Abfallhaufen!"

Als ich nach Hause kam, hatte Gloria gerade das Baby zu Bett gebracht. Ich schloß die Tür und ging zum Sessel. Ehe ich mich noch setzen konnte, stand sie vor mir, umarmte mich und zog mich fest an sich. Sie wußte nicht, was sich auf der Straße zugetragen hatte, aber sie spürte wohl, wie tief ich verwundet war, und sie war bei mir, um mich zu stützen und mir Kraft zu geben, wenn ich sie brauchte.

„Es ist vorbei, Gloria. Ich gehe. Vielleicht bin ich überheblich gewesen. Vielleicht habe ich gesündigt. Ich weiß, daß mich Gottes Geist verlassen hat. Ich bin wie Samson, der kraftlos in den Kampf ziehen muß. Ich verderbe, was ich berühre."

„Was ist geschehen, Nicky?" Ihre Stimme war sanft und freundlich.

„Ich habe Israel gesehen. Zum erstenmal seit sechs Jahren habe ich meinen alten Freund gesehen, und er hat mir den Rücken gekehrt. Es ist meine Schuld, daß er so geworden ist. Hätte ich vor sechs Jahren meinen Willen durchgesetzt und auf ihn gewartet, dann würde er heute an meiner Seite arbeiten. Statt dessen saß er fünf Jahre im Gefängnis und ist für immer verloren. Gott kümmert sich nicht mehr um..."

„Nicky, das grenzt an Gotteslästerung", unterbrach sie mich. „Du trägst an Israels Schicksal keine Schuld. Damals warst du doch selbst nur ein verängstigter Junge. Es ist falsch, wenn du dir Vorwürfe machst, daß ihr Israel verpaßt habt. Und wie kannst du sagen, Gott kümmere sich nicht mehr um ihn. Gott kümmert sich um alles."

„Du verstehst mich nicht", sagte ich kopfschüttelnd. „Seit ich wußte, daß Israel zur Gang zurückgekehrt war, habe ich mir Vorwürfe gemacht. Ich habe die ganze Last der Schuld in meinem Herzen getragen. Heute habe ich Israel gesehen, und er hat sich von mir abgewandt. Er wollte nicht einmal mit mir sprechen."

„Aber Nicky, du kannst doch nicht gerade jetzt aufgeben, wo Gott sein Werk beginnt!"

„Morgen kündige ich", wiederholte ich. „Ich gehöre nicht hierher. Ich gehöre überhaupt nicht in Gottes Arbeit. Ich bin nicht gut genug. Wenn ich bleibe, wird Teen Challenge zugrunde gehen. Vielleicht laufe ich noch immer vor Gott davon und weiß es nur nicht. Ich muß wie Jonas über Bord geworfen werden, sonst wird das ganze Schiff sinken."

„Nicky, das ist doch Unsinn! Solche Worte kann dir nur Satan selbst eingeben!" Gloria war den Tränen nahe.

„Ja, vielleicht habe ich den Teufel in mir."

„Nicky, du könntest doch wenigstens vorher mit David sprechen."

„Ich habe es hundertmal versucht. Er meint immer, ich würde schon damit fertig. Aber das stimmt eben nicht. Es wird Zeit, daß ich es mir selbst eingestehe, daß ich zu nichts tauge."

Als wir zu Bett gegangen waren, legte Gloria den Arm um mich und bat: „Willst du mir eines versprechen, Nicky? Ruf doch wenigstens Kathryn Kuhlman an, ehe du gehst!"

Ich nickte zustimmend. Ich begrub den Kopf in den Kissen und betete darum, daß Gott in meinem Leben keinen neuen Morgen mehr anbrechen ließe.

In diesen Tagen der Düsternis und der Unentschlossenheit schien ein heller Stern durch die Gegenwart dieser würdevollen Frau aufzugehen, die ein starkes Gefühl der Ruhe und Geborgenheit ausstrahlte. Schon der Anruf bei Miss Kuhlman am nächsten Morgen bedeutete Hilfe. Sie bestand darauf, daß ich auf ihre Kosten nach Pittsburgh kommen sollte.

Am nächsten Nachmittag flog ich zu ihr und war überrascht, daß sie gar nicht versuchte, mich zum Verbleiben in Teen Challenge zu bewegen. Vielmehr sagte sie: „Vielleicht will Gott Sie in einen anderen Dienst führen, Nicky. Vielleicht führt er Sie durch das finstere Tal, damit Sie in desto helleren Sonnenschein hinaustreten können. Blicken Sie nur immer auf Jesus. Werden Sie nicht verbittert oder mutlos. Gott hat sie ausgewählt. Vergessen Sie eins nicht, Nicky, auch im finstern Tal geht er mit uns."

Am nächsten Morgen flog ich dankbar für alle Freundschaft und alle Stärkung in die Stadt zurück. Ich hatte mich entschlossen, irgendwo neu zu beginnen. Vielleicht in Kalifornien. Gloria war plötzlich einverstanden. Ihre Liebe gab mir neue Kraft.

Es war ein schreckliches Wochenende. Am Montagmorgen überreichte ich David meine schriftliche Kündigung und wartete gespannt auf seine Reaktion.

David war sehr bedrückt. „Habe ich etwas versäumt, Nicky?" fragte er dann. „Ich weiß, daß es auch meine Schuld ist. Ich hatte wenig Zeit, nicht einmal für meine Familie habe ich noch Zeit gehabt. Ehe wir also miteinander reden, bitte ich dich, mir zu vergeben, wenn ich etwas falsch gemacht und zuviel von dir verlangt habe."

Ich nickte stumm. David ließ sich in einen Sessel fallen. „Nun, Nicky, was veranlaßte dich zu dieser plötzlichen Entscheidung?"

„Sie kommt nicht plötzlich. Ich trage sie schon lange mit mir herum." Dann schüttete ich ihm mein Herz aus.

„Nicky", sagte er und sah mich durchdringend an. „Wir alle erleben solche Zeiten der Niedergeschlagenheit. Ich habe manche Menschen im Stich gelassen und bin von vielen im Stich gelassen worden. Ich habe schon oft aufgeben wollen und gesagt: ‚Gott, es ist genug!' Aber, Nicky, du bist einst dorthin gegangen, wo selbst Engel zaudern würden, und ich kann mir nicht vorstellen, daß du jetzt vor diesen kleinen Niederlagen davonlaufen willst!"

„Für mich sind sie nicht klein, David. Ich habe mich entschlossen, es tut mir leid."

Am nächsten Tag brachte ich Gloria und Alicia zum Flugzeug nach Oakland, am übernächsten flog ich nach Houston, um meine letzte bereits vereinbarte Evangelisation zu halten. Das war im August 1964. Zwei Jahre und neun Monate hatte ich für Teen Challenge gearbeitet.

In Houston schämte ich mich, den Leuten zu sagen, daß ich meine Arbeit in Teen Challenge aufgegeben hatte. Meine Vorträge waren ohne Kraft und Feuer. Ich war nur noch darauf bedacht, möglichst schnell wieder bei Gloria zu sein.

Während ich zu ihr flog, fiel mir ein, daß ich nun nicht mehr auf Dienstkosten reisen konnte. Wir hatten kaum Geld gespart, und die Reisekosten und das Geld für den Umzug würden uns mittellos zurücklassen.

Gloria holte mich am Flughafen ab. Sie hatte eine kleine Wohnung gemietet.

Sechs Jahre meines Lebens hatte ich Gott gegeben, und jetzt hatte ich das Gefühl, von ihm verlassen zu sein.

Ich wußte nicht, welchen Weg ich weiter gehen sollte. Ich zog mich ganz in mich zurück. Ich mochte nicht einmal mehr zur Kirche gehen und saß lieber zu Hause und starrte die Wände an.

In wenigen Wochen verbreitete sich die Neuigkeit, daß ich wieder in Kalifornien war. Einladungen von Kirchen stellten sich ein. Bald mochte ich nicht mehr dauernd absagen und irgendeine Entschuldigung dafür suchen. Ich bat Gloria, keine Ferngespräche mehr anzunehmen und keine Briefe mehr zu beantworten.

Aber allmählich wurde unsere finanzielle Lage verzweifelt, zumal es Gloria noch nicht gelungen war, Arbeit zu finden.

Ich gab mir eine letzte Chance und nahm die Einladung

an, bei einer Jugendevangelisation zu sprechen. Zum erstenmal betrat ich die Kanzel ohne vorheriges Gebet und wunderte mich selbst über meine Einstellung: Ich hatte eine Arbeit übernommen und wurde dafür bezahlt, das war alles.

Aber so einfach lagen die Dinge bei Gott eben doch nicht. Offensichtlich hatte er größere Dinge mit mir vor und wollte nicht nur, daß ich für eine Predigt einen Scheck kassierte. Für ihn ist das Predigtamt ein heiliges Amt.

Als ich am Schluß zum Vortreten aufforderte, geschah etwas Seltsames. Zuerst kam ein Junge, ein zweiter, dann strömten immer mehr vorwärts, bis alle Gänge voller junger Leute waren, die ihr Leben Jesus überantworten wollten. Noch nie hatte ich einen solchen Gottesdienst erlebt.

Gott sprach, und zwar nicht leise flüsternd, sondern mit Donnerstimme. Er sagte mir, daß er noch immer der Herr ist. Er erinnerte mich daran, daß ich ihn zwar verlassen hatte, daß er mich aber nicht verlassen wollte und mit meinem Leben noch nicht fertig war, sondern daß er mich noch brauche, auch wenn ich nicht bereit war, mich gebrauchen zu lassen.

Ich fühlte, daß mir die Knie zitterten, und mußte mich an der Kanzel festhalten. Und plötzlich kniete ich nieder und erneuerte aus einem reuevollen Herzen meine Hingabe an Gott.

Ich hatte das finstre Tal hinter mir gelassen. Gottes Gnade hatte mich wieder in helles Sonnenlicht geführt, und am Horizont sah ich die Verheißung eines neuen, herrlichen Tages.

Im Gebiet des Herrn

Im Jahre 1965 sprach ich in fast allen größeren Städten des Landes. Meine Versammlungen, die von Kirchen aller Denominationen organisiert wurden, hatten wunderbaren Erfolg. Aber ich war noch immer ruhelos. Wenn ich das eigentliche Problem auch noch nicht deutlich erkannte, irgend etwas bewegte mich.

Dann begegnete ich Dan Malachuk, einem Buchverleger aus New Jersey, der mein Problem ganz unabsichtlich zutage treten ließ. Eines Abends sagte er beiläufig, er verstände sehr gut, daß ich vor allem mit dem kleinen Volk arbeiten wolle. Ich antwortete nicht darauf, aber seine Worte blieben haften.

Ich erinnerte mich an meine eigene Kindheit. Wenn damals jemand sich bemüht hätte, mich zu Christus zu führen, dann wäre vielleicht...

Einige Monate später half Dan bei der Vorbereitung eines viertägigen Kreuzzuges in Seattle. Nach dem letzten Abend kam er in mein Hotelzimmer.

„Nicky, Gott segnet wirklich auf wunderbare Weise. Die Jugendlichen haben über 3000 Dollar gesammelt, die du für deinen Dienst verwenden sollst."

„Dan, das Geld kann ich nicht annehmen."

„Nicky", sagte er, während er es sich auf der Couch bequem machte und die Schuhe abstreifte, „das Geld ist doch nicht für dich. Es ist für Gottes Arbeit, die er durch dich tut."

„Und ich kann es so verwenden, wie Gott will?" fragte ich.

„Richtig", bestätigte er.

„Dann verwende ich es für das kleine Volk. Ich möchte ein Haus einrichten, in dem ich für sie arbeiten kann."

„Großartig!" sagte Dan. „Am besten nennst du es ‚Outreach for Youth‘ " (Geleit für die Jugend).

Und Outreach for Youth wurde der Name. Ich fuhr mit den 3000 Dollar nach Kalifornien zurück und war entschlossen, ein Kinderheim einzurichten.

Wir mieteten ein Haus am Broadway in Fresno und richteten es ein, so gut es unsere Mittel erlaubten. Dann begann ich, die Straßen zu durchkämmen. Am ersten Tag sah ich einen elfjährigen Jungen auf einer Türschwelle sitzen. Ich fragte nach seinem Namen.

Er sah mich von unten herauf an und sagte endlich: „Ruben. Warum?"

253

„Nur so", gab ich zurück. „Du machst so einen verlassenen Eindruck, und da dachte ich, ich könnte mich mit dir unterhalten."

Er erzählte mir bereitwillig, daß er schon Marihuana-Zigaretten rauchte. Die Schule hatte er nach der 6. Klasse verlassen. Ich sagte ihm dann, daß ich ein Heim für seinesgleichen eingerichtet habe, und ob er nicht dort wohnen wolle.

„Wie denn? Ich soll mitkommen, meinen Sie?"

„Ja", bestätigte ich. „Wir müßten nur erst mit deinem Vater reden."

„Nee", entgegnete er überzeugt. „Der ist froh, wenn er mich los ist. Bloß mit meinem Bewährungshelfer müßten wir klarkommen."

Der Bewährungshelfer sagte ja, und am Abend zog Ruben bei uns ein.

In den nächsten Wochen lasen wir noch zwei weitere Kinder auf und meldeten sie sofort in der Schule an. Mit Ruben hatten wir anfangs viele Schwierigkeiten, doch schon bald machte er als erstes seine Aufgaben, wenn er aus der Schule kam. Gloria und ich fühlten uns glücklich und froh. Meine Unruhe war verschwunden.

Allmählich gingen auch Anrufe von verzweifelten Müttern bei uns ein, die mit ihren Kindern nicht mehr fertig werden konnten. Nach wenigen Wochen war unser Haus bis obenhin voll, und noch immer erreichten uns neue Bitten.

Eines sehr frühen Morgens, ich hatte nur ein paar Stunden geschlafen, läutete das Telefon, und ich griff schlaftrunken nach dem Hörer. Es war Dan Smith, ein sehr aktives Mitglied der Vereinigung christlicher Kaufleute in Fresno.

„Nicky, ein paar von uns interessieren sich besonders für deine Arbeit. Wir wollen einen Verwaltungsbeirat für dich bilden, wenn du uns haben willst."

Es war eine weitere Gebetserhörung, daß diese Gruppe tüchtiger, einflußreicher Männer sich hinter unsere Arbeit stellte.

Im gleichen Monat stieß Dave Carter zu uns. Er war ein großer, stiller Junge. Ich kannte ihn von New York her, als er noch Chef einer Negergang war. Zwei junge Mexikanerinnen ergänzten unseren Mitarbeiterstab, sorgten für das weibliche Element und halfen bei der Arbeit im Sekretariat.

Das letzte Mitglied unserer Arbeitsgruppe bedeutete mir besonders viel. Es war Jimmy Baez. Jimmy hatte gerade die Bibelschule absolviert und ein stilles, freundliches Mädchen geheiratet. Er kam zu uns, um als Aufseher zu arbeiten, aber für mich war er mehr. Er war der lebende Beweis für die verändernde Macht Christi. Es war schwierig, sich diesen gebildet aussehenden jungen Mann mit dem ernsten Gesicht und der dunkel geränderten Brille als den gebrechlichen Jungen vorzustellen, der einst zu Teen Challenge gekommen war und um Heroin gebettelt hatte.

Die Herzen voller Glauben an Gott und die Hände voller Arbeit mit unserem kleinen Volk kamen wir gut voran. Gott segnete unser Tun, und ich meinte oft, eine noch größere Fülle seines Segens nicht mehr ertragen zu können. Aber für jene, die Gott lieben, hält er grenzenlose Überraschungen bereit.

Im Herbst holte mich Dan Malachuk für eine Reihe von Versammlungen nach New York. Nachdem er mich am Flughafen begrüßt hatte, fuhren wir Meile um Meile an den Slums von Brooklyn vorbei in die Stadt. Nein, ich war nicht mehr Bestandteil dieses Gettos, doch es war mir nicht gleichgültig, und ich dachte an alte Freunde und Mitglieder der Gang — und auch an Israel. „Jesus", betete ich, „gib mir noch eine Chance mit ihm zu reden!"

Nach der Abendversammlung kam Dan mit mir in mein Hotelzimmer. Kurz nach unserem Eintreten läutete das Telefon.

Ich meldete mich, und am anderen Ende war ein langes Schweigen, ehe eine leise, aber vertraute Stimme sagte: „Ich bin's, Nicky! Israel!"

„Israel!" rief ich. „Wo steckst du?"

„Zu Hause in der Bronx. Ich habe gerade in der Zeitung gelesen, daß du wieder in der Stadt bist. Ich habe dann deinen Bruder Frank angerufen, und er meinte, daß ich dich vielleicht im Hotel erreichen könne!"

Ich wollte etwas sagen, doch er unterbrach mich. „Nicky, ich möchte dich gern sehen. Nur mal so über die alten Zeiten reden, weißt du?"

Ich wandte mich an Dan. „Es ist Israel. Er möchte sich mit mir treffen."

„Sag ihm doch, er solle morgen abend zum Essen zu uns ins Hotel kommen", schlug Dan vor, und die langersehnte Begegnung wurde für den nächsten Tag um sechs Uhr verabredet.

Von halb sechs bis sieben gingen Dan und ich in der Hotelhalle auf und ab. Israel war noch nicht da, und ich erinnerte mich bedrückt an jenen Morgen, als wir ihn zum erstenmal verfehlt hatten.

Dann stand er vor mir. Sein hübsches Gesicht, seine tiefliegenden Augen, sein welliges Haar — nichts hatte sich verändert.

„Nicky", sagte er und griff meine Hand, „ich kann's noch gar nicht glauben!"

Plötzlich lachten und redeten wir gleichzeitig und achteten nicht mehr auf die Menschen rund um uns. Erst nach einer ganzen Weile sagte er: „Nicky, du mußt Rosa kennenlernen, meine Frau."

Neben ihm stand ein kleines, hübsches puertoricanisches Mädchen mit einem Lächeln, das sich über ihr ganzes Gesicht zog. Ich wollte ihr die Hand geben, doch sie umarmte mich und küßte mich auf die Wange.

„Ich kenne dich schon so lange", sagte sie in gebrochenem Englisch. „In den letzten drei Jahren hat Israel unaufhörlich von dir gesprochen."

Wir gingen zum Essen. Ich merkte, daß Israel und Rosa etwas beunruhigte. „He, Israel, was ist denn los? Dan zahlt alles! Komm schon!"

Israel sah mich verlegen an und zog mich zur Seite. „Nicky, ich passe hier nicht her. Ich habe noch selten mit so komischem Besteck gegessen."

Nach dem Essen fuhren wir in mein Zimmer im 14. Stock. Israel schien wieder ganz der alte zu sein, als er uns über sein Heim erzählte.

„Es ist nicht gerade angenehm, dort zu wohnen", sagte er. „Überall trittst du auf Küchenschaben. Aber es könnte schlimmer sein. In den unteren Wohnungen werden die kleinen Kinder manchmal von Ratten gebissen." Er schien über etwas nachzudenken. „Ich bin hier angekettet", fuhr er schließlich fort. „Ich komme einfach nicht 'raus! Für die Kinder ist es auch nicht die richtige Umgebung. Vergangene Woche wurden drei neunjährige Mädchen in unserer Gegend vergewaltigt. Wir wagen gar nicht mehr, unsere Kinder auf die Straße zu lassen. Ich will da 'raus, aber..."

Er stand auf, trat an das Fenster und sah zum glitzernden Bau des Empire State Building hinüber. „Aber irgendwo muß man schließlich wohnen, und woanders sind die Mieten zu hoch. Vielleicht können wir im nächsten Jahr in eine bessere Gegend ziehen. Ich habe schon ein bißchen geschafft. Als Tellerwäscher habe ich angefangen, und jetzt bin ich Büroangestellter in der Wall Street."

„Aber wenn du das geschafft hast, was dann?" fragte ich.

Israel sah mich verwundert an. „Wie meinst du das?" fragte er.

Jetzt war die Zeit gekommen, tiefer in die Vergangenheit einzudringen. „Israel, erzähl mir, was damals schief gegangen ist."

Er setzte sich neben Rosa auf die Couch. „Ich kann ruhig darüber sprechen. Vielleicht muß ich das sogar. Nicht einmal Rosa habe ich es erzählt. Erinnerst du dich noch an den Morgen, als du aus dem Krankenhaus gekommen warst und du und der andere Mann mich abholen wollten?"

Ich nickte.

„Drei Stunden habe ich auf euch gewartet. Wie ein Narr kam ich mir vor. Und dann hatte ich von allen Christen genug und bin wieder zur Gang gegangen."

Ich unterbrach ihn. „Israel, es tut mir leid. Wir haben dich gesucht . . ."

Er schüttelte den Kopf. „Vergiß es! Wahrscheinlich wäre alles anders gekommen, wenn wir uns getroffen hätten." Dann fuhr er fort: „Wir hatten Ärger mit den Engeln von der South Street. Einer von ihnen verirrte sich in unser Gebiet, und wir sagten ihm, daß er hier nichts zu suchen habe. Da spielte er sich auf, und wir verprügelten ihn. Er lief weg, fünf knöpften ihn noch einmal vor. Dann weiß

258

ich nur noch, daß einer von uns plötzlich seinen Revolver in der Hand hatte und schoß. Der Junge hielt sich den Kopf und schrie: „Ich bin getroffen, ich bin getroffen!" Wir anderen lachten. Und dann fiel er zu Boden. Er war tot."

Israel schwieg. Das einzige Geräusch im Zimmer war der gedämpft heraufdringende Verkehrslärm.

„Wir liefen weg. Vier von uns wurden geschnappt. Der Junge, der geschossen hatte, bekam zwanzig Jahre, wir anderen je fünf." Er ließ den Kopf hängen. „Es waren fünf Jahre in der Hölle." Er faßte sich wieder. „Wenn ich entlassen werden wollte, mußte ich eine Arbeitsstelle nachweisen können. Doch ich wollte nicht wieder nach Brooklyn, wollte lieber anderswo ganz von vorn anfangen, aber sie sagten mir, ich müßte wieder nach Brooklyn. Die Arbeitsstelle bekam ich durch einen Zellengenossen. Er kannte einen Mann, dem in Brooklyn eine Kleiderfabrik gehörte, und sagte zu meiner Mutter, wenn sie ihm 50 Dollar zahle, würde der Bekannte mich einstellen. Sie gab ihm das Geld. Nach kurzer Zeit erhielt ich von einer Brooklyner Firma einen Brief, in dem man mir eine Stelle zusicherte. Auf andere Weise konnte ich an keinen Job kommen. Wer will schon einen Sträfling haben?"

„Hast du die Stelle dann auch erhalten?" fragte Dan.

„Nein", sagte Israel. „Das war von vornherein klar. Man brauchte eben nur die Bescheinigung, denn nur dann wurde man entlassen. Ich habe mich von unten heraufarbeiten müssen. Ich begann als Tellerwäscher und hatte dann vielleicht ein Dutzend anderer Jobs. Über meine Vergangenheit muß ich schweigen. Wenn mein jetziger Chef wüßte, daß ich gesessen habe, würde er mich 'rausschmeißen, obwohl das schon vier Jahre her ist und ich gute Arbeit leiste. Also lüge ich, wenn man mich danach fragt."

„Hat dein Bewährungshelfer denn nichts getan?" fragte Dan.

„Ja, er hat wirklich sein Bestes getan. Aber er hat noch hundert andere Männer, denen er auch helfen soll. Nein, ich mußte mich auf mich selbst verlassen, und bisher habe ich es ganz gut geschafft."

Ich sagte: „Israel, erinnerst du dich noch, wie wir nach den Phantom Lords gesucht haben und in eine Falle geraten sind?"

„Ja, ich weiß", sagte er.

„An dem Abend hast du mir das Leben gerettet, Israel. Heute möchte ich dir etwas erzählen, das dir das Leben retten wird."

Er sah mich erwartungsvoll an.

„Israel, du bist mein alter Freund. Du siehst doch selbst, daß mein Leben sich verändert hat. Der alte Nicky ist tot. Der Mensch, den du heute vor dir siehst, ist durch Jesus Christus ein anderer geworden. Erinnerst du dich noch an den Abend in der Nicholas-Halle, als du dein Herz Gott gegeben hattest?"

Israel nickte und sah zu Boden.

„An dem Abend ist Gott in dein Herz gekommen, Israel. Ich weiß es. Gott hat einen Vertrag mit dir geschlossen, und er hält ihn noch immer. Er hat dich nicht losgelassen, Israel. Du bist all die Jahre vor ihm davongelaufen, aber er hält dich noch immer. Im Alten Testament steht die Geschichte eines Mannes, der Jakob hieß. Der lief auch vor Gott davon. Und dann mußte er eines Abends mit einem Engel kämpfen. Und an diesem Abend änderte Gott seinen Namen. Er hieß nicht mehr Jakob, sondern Israel. Und Israel bedeutet: Einer, der mit dem Engel rang und siegte."

Israel sah mich an, dann wandte er sein Gesicht Rosa zu.

Dann beteten wir gemeinsam. Es war ein langes Gebet. Als wir geendet hatten, betete Israel: „Herr, vergib mir! Vergib mir!"

Dan besorgte ein Taxi und ließ die beiden in ihre Wohnung zurückfahren.

„Nicky", sagte er zum Abschied, „das war der größte Tag meines Lebens, und ich bin ganz sicher: Gott wird Israel nach Kalifornien schicken, damit er dort mit dir arbeiten kann!"

Ich nickte.

Epilog

Es war ein Nachmittag im Spätfrühling, als Nicky und Gloria auf den Stufen des Hauses in Fresno standen und zusahen, wie Alicia und die jetzt 16 Monate alte kleine Laura im frischgemähten Gras spielten.

Gloria setzte sich auf die untere Treppenstufe und sah liebevoll und nachdenklich zu ihrem dunkelhäutigen Mann auf, der die Augen halb geschlossen hielt und Träumen nachzuhängen schien. Sie legte die Hand an sein Knie.

„Was hast du, Nicky?"

„Was sagst du?" fragte er und löste sich nur widerwillig von seinen Gedanken.

„Ich meinte, was du gerade jetzt träumst? Läufst du

immer noch davon? Wir haben das Haus für das kleine Volk, Israel und Rosa wohnen und arbeiten hier. Nächste Woche fliegst du nach Schweden und Dänemark, um dort zu sprechen. Was erträumst du dir noch? Was kannst du mehr von Gott verlangen?"

Nicky sah seine Frau an und antwortete: „Es kommt nicht darauf an, was ich von Gott verlange, sondern was er von mir verlangt. Mit unserem Dienst sind wir immer noch an der Oberfläche."

Die lange Pause wurde nur von den fröhlichen Geräuschen rund um das Haus erfüllt. „Aber, Nicky", sagte Gloria, „es ist nicht nur deine Aufgabe. Es ist die Aufgabe aller Christen in der ganzen Welt!"

Er sah nachdenklich vor sich hin. „Erinnerst du dich noch, wie wir letztes Jahr nach Point Loma an der Bucht von San Diego gefahren sind? Erinnerst du dich an den großen Leuchtturm? Jahrelang hat er Schiffe in den Hafen geleitet. Aber die Zeiten haben sich geändert. Letzte Woche habe ich gelesen, daß es dort zuviel Nebel gibt, und sie bauen einen neuen Leuchtturm dichter am Wasser, so daß das Licht unter dem Nebel hindurchleuchten kann."

Gloria hörte aufmerksam zu.

„Das ist genau, was heute vor sich geht. Die Kirche steht noch immer sehr hoch und sendet ihr Licht aus. Aber nur wenige können es sehen, weil sich die Zeiten geändert haben und weil es zuviel Nebel gibt. Ein neues Licht muß viel tiefer leuchten, weit unten, wo die Menschen leben. Ich darf nicht nur Leuchtturmwärter sein, sondern ich muß das Licht auch wirklich zu den Menschen bringen."

„Ich weiß", sagte Gloria, und ihre Stimme verriet Stolz und Verständnis. „Und das wünsche ich dir auch. Aber du mußt den Weg vielleicht ganz allein gehen. Weißt du das?"

„Nicht allein", widersprach Nicky und legte ihr die Hand auf die Schultern. „Gott geht mit mir."

Nicky senkte den Kopf und sah Gloria an. „Heute hat mich eine Mutter aus Pasadena angerufen", sagte er. „Ihr zwölfjähriger Junge ist von der Polizei festgenommen worden, weil er Marihuana verkauft hat. Ihr Mann will, daß der Junge ins Gefängnis geschickt wird ... Aber wir haben keinen Platz mehr, und nur wenig Geld."

Sie saßen schweigend auf den Stufen, und Nicky sah einem Spatzen zu, der über den Rasen hüpfte. Seine Gedanken waren bei dem unbekannten Kind, das so typisch war für Tausende andere, das nach Liebe hungerte, das Jesus Christus suchte, ohne es zu wissen.

Gloria unterbrach seine Gedanken. „Nicky", fragte sie, „was wirst du tun?"

Nicky lächelte sie an. „Genau das, was Jesus auch getan hätte. Ich mische mich ein."

„Ach, Nicky!" sagte sie und umschlang seine Beine mit beiden Armen. „Ich liebe dich! Für einen findet sich immer noch ein Platz, und Gott wird für alles sorgen!"

Jimmy steuerte gerade den Bus durch die Ausfahrt. Die Jungen stiegen ein, um zum Straßengottesdienst ins Getto zu fahren. Nicky zog Gloria in die Höhe. „Vamamos! Los, es wird Zeit, für Jesus zu arbeiten!"